~ EEN NIEUW GESPREK MET GOD ~

D1723166

NEALE DONALD WALSCH

EEN NIEUW GESPREK MET
GOD

Mijn vragen en Zijn antwoorden over onze maatschappij

Kosmos-Z&K Uitgevers, Utrecht/Antwerpen

Lees ook: Neale Donald Walsch, *Een ongewoon gesprek met God*,
Kosmos-Z&K Uitgevers, Utrecht/Antwerpen

Derde druk

Oorspronkelijke titel: *Conversations with God: an uncommon dialogue. Book 2*
Uitgegeven in samenwerking met Hampton Roads Publishing Co. Inc.,
Charlottesville, Virginia
© 1997 Neale Donald Walsch
© 1997, 1998 Nederlandse editie: Kosmos-Z & K Uitgevers B.V., Utrecht
Alle rechten voorbehouden
Vertaling: Ruud van der Helm
Omslagontwerp: Jan de Boer
Illustratie omslag: Benelux Press
Typografie binnenwerk: en/of ontwerp, Vleuten

ISBN 90 215 9478 1
D/1997/0108/139
NUGI 612/631

Voor

Jullie hebben mij veel meer geschonken
dan ik jullie ooit heb gegeven.
Ik ben niet de vader geweest die ik wilde zijn.
Maar wacht. Wij zijn nog niet klaar met elkaar.
Dit is een werk in uitvoering.

Inleiding

Dit is een buitengewoon document.

Het is een boodschap van God, en God stelt daarin een sociale, seksuele, opvoedkundige, politieke, economische en theologische revolutie voor zoals wij op aarde nog nooit hebben meegemaakt en ons nimmer hebben kunnen voorstellen.

Dit voorstel wordt gedaan binnen de context van onze eigen specifieke verlangens als bewoners van deze planeet. Wij hebben gezegd dat we ervoor kiezen een beter leven voor iedereen te scheppen, ons bewustzijn te verhogen, een nieuwere wereld te zoeken. God zal ons niet verdoemen, ongeacht wat wij kiezen, maar indien we dit voorstel aannemen, dan is Hij bereid ons de weg te wijzen. Maar Zij zal ons niet dwingen Haar voorstellen aan te nemen. Nu niet, nooit.

Ik vind de woorden in dit boek tegelijkertijd fascinerend, verontrustend, uitdagend, verheffend. Ze zijn fascinerend in die zin dat zij mij de adem benemen door hun doel en reikwijdte. Zij zijn verontrustend in die zin dat zij mij mijzelf – en de menselijke soort – laten zien op een manier die alles op losse schroeven zet. Zij zijn uitdagend in die zin dat zij een beroep doen op mijn lef zoals niets of niemand ooit eerder heeft gedaan. Het lef om beter te zijn, het lef om groter te zijn dan ik ben geweest, het lef om de Bron te zijn van een wereld, waarin woede, bekrompen jaloezie, seksuele stoornissen, economische onrechtvaardigheid, opvoedkundige onzin, sociale ongelijkheid en politieke verborgenheid, chicanes en machtsspelletjes, geen deel meer uitmaken van de menselijke ervaring. Zij zijn verheffend in die zin dat zij de hoop hooghouden dat dit alles mogelijk is.

Kunnen wij werkelijk zo'n wereld bouwen? God zegt ja, en alles wat ervoor nodig is, is dat wij werkelijk kiezen dit te doen.

Dit boek is een werkelijke dialoog met God. Het is het tweede in een reeks van drie boeken, waarin een gesprek met de godheid wordt vastgelegd, een gesprek dat al meer dan vijf jaar heeft geduurd en dat tot op heden doorgaat.

Je gelooft wellicht niet dat deze tekst echt van God afkomstig is, en wat mij betreft hoeft dat ook niet. Het enige wat voor mij telt, is of deze tekst op zich voor jou waarde heeft, of hij je inzicht geeft, of hij tot een ontwaken aanzet, een vernieuwd verlangen aanwakkert, een vruchtbare verandering in ons alledaagse bestaan op aarde bevordert. God weet dat er iets moet veranderen. Wij kunnen niet langer op dezelfde weg blijven doorgaan. De trilogie van de gesprekken met God begon met Boek 1, dat in 1997 in Nederlandse vertaling is verschenen. Dat boek behandelde hoofdzakelijk persoonlijke aangelegenheden en veranderde mijn leven. Het veranderde een heleboel levens. Binnen enkele weken was al een uitzonderlijk groot aantal exemplaren verkocht en de verspreiding van het boek bereikte een verbazingwekkende omvang. Tegen het einde van het eerste jaar werden er per maand twaalfduizend exemplaren verkocht en dat aantal groeide nog steeds. Natuurlijk was de 'auteur' van het boek niet bepaald een onbekende. En dat is wat dit document zo intrigerend en krachtig maakt.

Ik ben er uitzonderlijk dankbaar voor een onderdeel van dit proces te zijn, het proces waarbij een aantal uitgesproken waarheden opnieuw in de herinnering van duizenden mensen wordt gebracht. Het stemt mij persoonlijk tevreden en uiterst gelukkig dat zovelen dit werk op zijn waarde hebben weten te schatten.

Je moet namelijk weten dat ik aanvankelijk doodsbenauwd was. Ik besefte dat anderen misschien zouden denken dat ik gek was of aan grootheidswaanzin leed. Of dat zij zouden geloven dat deze tekst door God was geïnspireerd en dat zij de gegeven adviezen dan zouden opvolgen. En waarom was ik daar bang voor? Simpel. Ik wist dat alles wat ik opgeschreven had, verkeerd kon zijn.

Toen begonnen echter de brieven te komen. Brieven van mensen over de hele aarde. En toen wist ik het. Diep van binnen wist ik het. Dit is goed. Dit is precies waar de wereld behoefte aan heeft om te horen, en precies op het goede moment!

(Natuurlijk bestaat er geen 'goed' of 'verkeerd', behalve binnen de relatieve ervaring van ons bestaan. Wat ik dus wil zeggen, is dat het boek 'absoluut juist' is, gegeven wie en wat wij beweren te willen zijn op deze planeet.)

Nu is dan Boek 2 aan de beurt, en ik merk op dat ik opnieuw doodsbenauwd ben. Dit boek behandelt de meer omvattende aspecten van onze individuele levens, en ook geofysieke en geopolitieke overwegingen met wereldwijde implicaties. Als zodanig vermoed ik dat dit deel veel meer zaken zal bevatten waarmee de doorsnee lezer het oneens kan zijn. En daarom ben ik bang. Ik ben bang dat wat je hier leest je niet zal bevallen. Ik ben bang dat je mij 'verkeerd' zult vinden wegens sommige dingen die hier staan afgedrukt. Ik ben bang om de knuppel in het hoenderhok te gooien, voor de storm in het glas

water, voor de rimpelingen op het wateroppervlak. En opnieuw ben
ik bang dat alles wat hier staat, verkeerd kan zijn.
Ongetwijfeld moet ik beter weten dan deze angsten te koesteren. Heb
ik dan niet mijn eigen eerste boek gelezen? Nou, hier heb je het dan.
Mijn menselijkheid alweer. Zie je, het is niet mijn intentie deze trans-
cripties te publiceren om mensen door elkaar te schudden. Ik wens
enkel eerlijk en oprecht aan jullie door te geven wat God mij heeft
meegedeeld in antwoord op mijn vragen. Ik heb God beloofd dit te
doen – deze gesprekken openbaar te maken – en ik kan die belofte
niet breken.
Overigens kun jij jouw belofte ook niet breken. Klaarblijkelijk heb jij
een belofte gedaan om al je gedachten, ideeën en overtuigingen
voortdurend op de proef te stellen. Jij bent duidelijk de grote verplichting toegedaan altijd voor groei open te blijven staan. Alleen
een persoon met zo'n overtuiging neemt immers een boek als dit in
de hand.
We zitten kennelijk in hetzelfde schuitje. En we hebben niets te vrezen. Wij zijn wat wij zijn, en ten gevolge daarvan doen wij wat wij
doen, en alles wát wij moeten doen, is daar trouw aan te blijven, er is
niets te vrezen. Wat ik nu begrijp – en wat ik waarschijnlijk altijd al
heb geweten –, is dat wij boodschappers zijn, jij en ik. Als wij dat niet
waren, dan zou ik dit niet schrijven, en jij zou het zonder meer niet
lezen. Wij zijn boodschappers en wij hebben werk te verrichten. Ten
eerste moeten wij ervoor zorgen dat we de boodschap goed begrijpen,
die in ons in deze drie boeken wordt gegeven. Ten tweede moeten wij
die boodschap in ons leven verwerken, zodat zij functioneel wordt.
En ten derde moeten wij de boodschap aan anderen overdragen, haar
waarheid overbrengen op alle levens die wij beroeren, door het eenvoudige, uitgelezen hulpmiddel van ons eigen voorbeeld.
Ik ben blij dat jij ervoor hebt gekozen deze reis samen met mij te
ondernemen. Het is veel gemakkelijker, en veel leuker, met jou dan
zonder jou. Laten wij nu samen door deze bladzijden wandelen. Het
zal zo nu en dan een beetje ongemakkelijk zijn. Niet zoals Boek 1.
Boek 1 was Gods omhelzing; een grote, warme omhelzing helemaal
om je schouders heen. Boek 2 is Gods even liefhebbend, maar zacht
schokkend doen schudden van die schouders. Een oproep om te ontwaken. Een uitdaging om naar het volgende niveau te gaan.
Er is namelijk altijd een volgend niveau. Je ziel – die hier gekomen is
voor de rijkste ervaring, niet de armste; voor de hoogste ervaring,
niet de minste – wil niet dat je rust. En terwijl de keuze altijd aan jou
is, wil je ziel dat je nooit zelfgenoegzaam of zelfvoldaan wordt, en

zeker niet dat je in apathie verzinkt. Want er is te veel in je wereld dat veranderen moet, er is te veel van jezelf dat nog geschapen kan worden. Er is altijd een nieuwe top te beklimmen, een nieuwe grens te verkennen, een nieuwe angst te overwinnen. Er is altijd een mooiere plek, een weidser concept, een grootser visioen.

Dit boek kan dus iets ongemakkelijker op je overkomen dan Boek 1. Houd vast aan dat ongemak indien en waar je het voelt. Houd vast aan de boot als die begint te stampen en te rollen. Stap vervolgens het nieuwe paradigma binnen. Beter zelfs, help een leven te creëren door het wonder en het voorbeeld van je eigen leven.

Dat is Gods uitdaging.

Heb je het lef?

Neale Donald Walsch
Rogue River, Oregon
Januari 1997

Dankbetuiging

Altijd wil ik bovenaan de lijst van mijn dankbetuigingen plaatsen Dat wat alle dingen is, de Bron van alles, onder meer van dit boek. Sommigen onder u verkiezen dat God te noemen, net als ik, maar in feite doet het er niet toe welke naam je de Bron geeft. Het was, is en zal altijd de Eeuwige Bron blijven, tot in de eeuwigheid.

Ten tweede wil ik ervoor danken dat ik prachtige ouders heb gehad, door wie Gods brongeving aan het leven zelf en zoveel van mijn belangrijkste herinneringen het leven instroomden. Samen waren mijn Pa en Ma een geweldig team. Niet iedereen die van de zijlijn toekeek, was het daarmee eens, maar zij tweetjes waren er zeer duidelijk over. Zij noemden elkaar 'Plaag' en 'Vergif'. Ma zei dat pa een onweerstaanbare 'plaag' was en Pa zei dat Ma een 'vergif' was waar hij niet vanaf kon blijven.

Mijn moeder Anne was een buitengewoon mens, een vrouw met een eindeloos medeleven, een diep begrip, een stille en oneindige vergevingsgezindheid, een ogenschijnlijk onbegrensd, aanhoudend geduld, een zachte wijsheid en een onverzettelijk geloof in God. Haar geloof was zo sterk dat enkele momenten voor haar overlijden de jonge (en overduidelijk zenuwachtige) priester die haar de laatste sacramenten van de rooms-katholieke kerk had toegediend, van haar bed naar mij toekwam en trillend van bewondering fluisterde: 'Mijn God, zij probeerde mij te troosten.'

Het is het hoogste eerbewijs aan jou, Ma, om te zeggen dat mij dat niet verbaasde.

Mijn vader Alex verdiende niet bepaald de schoonheidsprijs van het menselijk ras qua vriendelijkheid. Hij was brallerig, grof, kon gênant scherp zijn en er zijn mensen die zeggen dat hij vaak wreed was, met name tegenover mijn moeder. Ik ben niet bereid daarover te oordelen (of over iets anders). Mijn moeder weigerde hem te beoordelen of te veroordelen (ze prees hem daarentegen zelfs tot in haar laatste woorden) en ik kan mij niet voorstellen wat voor zin het voor mij heeft haar duidelijke voorbeeld te negeren door daaronder te zakken.

Bovendien had Pa een enorme berg positieve kwaliteiten, kwaliteiten die mijn moeder nooit uit het zicht verloor. Daartoe behoorden een onversaagd geloof in de onverzettelijkheid van de menselijke geest en een heldere duidelijkheid over het feit dat situaties die veranderd moesten worden, niet veranderden door erover te klagen maar door leiderschap. Hij leerde mij dat ik alles kon bereiken als ik mijn geest ervoor inzette. Hij was een man op wie zijn vrouw en gezin konden bouwen tot aan het einde toe. Hij was de absolute verpersoonlijking van loyaliteit, hij hield nooit afstand maar nam duidelijk een positie in en weigerde 'neen' als antwoord van een wereld die al zoveel anderen had overwonnen. Zijn mantra in zelfs de zwartste uren van tegenspoed was: 'Ach, daar is geen kunst aan.' Ik heb die mantra ook gebruikt tegenover elke uitdaging in mijn leven en ze heeft altijd gewerkt.

Het is het hoogste eerbewijs aan jou, Pa, om te zeggen dat ik daar niet verbaasd over was.

Tussen hen beiden in voelde ik mij uitgedaagd en heen en weer geslingerd tussen een plaats van uiterst zelfvertrouwen en onvoorwaardelijke liefde voor iedereen. Wat een combinatie!

In mijn vorige boek heb ik mijn dank uitgesproken jegens enkele andere leden van mijn familie en vriendenkring die een enorme bijdrage hebben geleverd aan mijn leven, en dat nog steeds doen. Ik wil nu graag twee bijzondere mensen noemen die in mijn leven zijn gekomen sinds het eerste boek geschreven was en die een buitengewoon effect op mij hebben gehad.

Dr. Leo en mevrouw Letha Bush... die mij door hun dagelijkse leven hebben laten zien dat de rijkste beloning van het leven te vinden is in de onbaatzuchtige zorg voor gezin en geliefden, in zorg voor vrienden, in vriendelijkheid voor hen die in nood verkeren, in gastvrijheid voor allen, en in onvoorwaardelijke geloof en liefde voor elkaar. Ik voel mij door hen onderwezen en diep geïnspireerd.

Op deze plek wil ik ook dank zeggen tegenover enkele andere leraren, speciale, door God gezonden engelen die mij een bepaalde boodschap brachten, waarvan ik nu weet dat het belangrijk was dat ik ze te horen kreeg. Sommigen raakten mij persoonlijk, anderen van een afstand en sommigen van een punt dat zover weg ligt op de matrix dat zij niet eens weten (op een bewust niveau) dat ik besta. Niettemin heb ik hun energie in mijn ziel opgevangen. Door deze wezens ben ik in dit specifieke leven begenadigd en geïnspireerd:

Dolly Parton... wier muziek en glimlach en hele persoonlijkheid een natie heeft gezegend, en mijn hart zo vaak heeft opgevrolijkt, zelfs op momenten dat ik dacht dat het niet meer rechtgetrokken kon worden. Dit is nu eens een bijzonder geval van magie.

Terry Cole-Whittaker... wier slimheid en wijsheid en inzicht en levensvreugde en absolute oprechtheid voor mij zowel een voorbeeld als een maatstaf betekende vanaf de eerste dag dat ik haar heb ontmoet. Duizenden zijn door haar vergroot, verbeterd en gerevitaliseerd.

Neil Diamond... die voor zijn kunstenaarschap in de diepte van zijn ziel heeft gereikt, en aldus ook in de diepte van mijn ziel, en die de ziel van een hele generatie heeft geraakt. Zijn talent en de emotionele vrijgevigheid waarmee hij dat heeft gedaan, zijn monumentaal.

Thea Alexander... die gedurfd heeft mij door middel van haar geschriften wakker te schudden met betrekking tot de mogelijkheid menselijke affectie onbegrensd tot uiting te brengen, zonder te kwetsen, zonder verborgen agenda's, zonder verbitterde jaloezie, en zonder behoeftigheid of verwachtingen. Zij heeft opnieuw de rusteloze geest van oneindige liefde in de wereld tot leven gebracht, net als ons allernatuurlijkste verlangen naar seksuele hoogtepunten, waardoor dat weer wonderbaarlijk en mooi en onschuldig puur is.

Robert Simmer... die precies hetzelfde heeft gedaan.

Warren Spahn... die mij leerde dat de realisatie van voortreffelijkheid op elk levensvlak inhoudt dat je de hoogste eisen moet stellen en daar niet vanaf moet wijken; dat je het beste van jezelf moet vragen, terwijl het minste van jezelf verlangen nauwelijks zou opvallen (misschien vooral juist dan). Een sportman van de eerste orde, een held op het slagveld onder vuur, een held voor het leven die er nooit van heeft afgezien het beste van zichzelf te verlangen, ongeacht hoeveel inspanning dat ook kost.

Jimmy Carter... die dapper internationale politiek blijft bedrijven door juist niet aan politiek te doen, die zijn hart laat spreken en handelt naar wat hij weet dat onder de Hoogste Wet goed is. Een heerlijk frisse verademing in een muffe wereld die niet weet wat met hem aan te vangen.

Shirley MacLaine... die bewezen heeft dat intellect en entertainment elkaar niet hoeven uit te sluiten; dat wij ons kunnen verheffen boven het platte en banale van de grootste algemene noemer. Zij staat erop dat we het kunnen hebben over belangrijke zaken en kleine dingen; zware kwesties even goed als lichte zaken; zowel diepe dingen als oppervlakkige. Zij strijdt ervoor om het niveau van onze uiteenzettingen op te krikken en aldus van ons bewustzijn; om constructief haar geweldige invloed aan te wenden op de markt van de ideeën.

Oprah Winfrey... die precies hetzelfde doet.

Stephen Spielberg... die precies hetzelfde doet.

George Lucas... die precies hetzelfde doet.

Ron Howard... die precies hetzelfde doet.

Hugh Downs... die precies hetzelfde doet.

En Gene Roddenberry... wiens Geest dit nu kan horen en die glimlacht... omdat hij in zoveel hiervan de richting heeft aangegeven; die de gok heeft genomen, de drempel betrad en daarheen ging waar werkelijk geen mens eerder was gegaan.

Deze mensen zijn schatten, net als wij allemaal. Anders dan sommigen onder ons hebben zij ervoor gekozen uit de schatkamer van hun Zelf op enorme schaal te schenken; zich daarbuiten op een geweldige manier bloot te stellen; alles te riskeren en hun eigen persoonlijke wereld voor altijd in de waagschaal te stellen, teneinde ons te schenken wie zij werkelijk zijn. Zij wisten niet eens of het geschenk dat ze gaven, zou worden aangenomen. Toch gaven ze het.

Ik betuig hun mijn dank daarvoor. Bedankt, jullie allemaal. Mijn leven is door jullie verrijkt.

1

Bedankt voor je komst. Bedankt dat je hier bent. Je bent hier op afspraak, dat is waar. Je had echter ook niet kunnen komen opdagen. Je kon hebben besloten niet te komen. Je hebt er echter voor gekozen hier te zijn, op het afgesproken uur, op de afgesproken plek, om dit boek in je handen te nemen. Bedankt daarvoor.

Als je dit alles onbewust hebt gedaan, zonder te weten wat je hebt gedaan of waarom, dan komt het een en ander wellicht als een mysterie op je over, en een korte toelichting is dan ook op zijn plaats. Laten we beginnen je erop te wijzen dat dit boek op de juiste en perfecte tijd in je leven is gekomen. Je beseft dat misschien nu nog niet, maar wanneer je klaar bent met de ervaring die nu nog voor je ligt, zul je het absoluut weten. Alles gebeurt volgens een perfecte ordening, en de komst van dit boek in je leven is daar geen uitzondering op.

Wat je hier voor je hebt, is dat waar je al heel lang naar hebt uitgekeken, iets waar je naar hebt verlangd. Wat je hier voor je hebt, is je meest recente – en voor sommigen misschien ook eerste – zeer directe contact met God.

Dit *is* een direct contact, en het is bijzonder echt.

God staat op het punt een echte dialoog met jou te beginnen, door mij. Ik zou dit een aantal jaren geleden niet gezegd hebben; ik zeg het nu omdat ik al eerder een soortgelijke dialoog met God heb gevoerd en daarom weet dat het mogelijk is. Het is zelfs niet alleen mogelijk, het vindt altijd en overal plaats. Net zoals het hier en nu plaatsvindt.

Wat je moet begrijpen, is dat jij ervoor gezorgd hebt dat dit boek zich op dit moment in jouw handen bevindt. Wij zijn allen een oorzaak in de schepping van de gebeurtenissen in ons leven, en wij zijn allen medescheppers met de ene, grote Schepper in het voortbrengen van de omstandigheden die tot deze gebeurtenissen leiden.

Mijn eerste gesprek met God namens jou vond plaats in 1992-1993. Ik had een boze brief aan God geschreven, met de vraag waarom mijn leven zo'n symbool van worsteling en mislukking was. In alles, van mijn relaties tot mijn levenswerk, mijn relatie met mijn kinderen en mijn gezondheid, *in alles*, ervoer ik niets dan worsteling en mislukking. Mijn brief aan God verlangde te weten waarom, en wat er nodig was om mijn leven in orde te krijgen.

Tot mijn grote verbazing werd de brief beantwoord.

Hoe hij werd beantwoord en wat die antwoorden waren, werd een boek dat in 1997 werd gepubliceerd onder de titel *Een ongewoon gesprek met God*. Misschien heb je erover gehoord of heb je het gelezen. Als dat zo is, heb je geen verdere inleiding op dit boek nodig.

Als je het eerste boek niet kent, hoop ik dat je het snel wel zult leren kennen, want het eerste boek gaat veel dieper in op hoe dit alles begon en beantwoordt vragen over ons persoonlijk leven – vragen over geld, liefde, seks, God, gezondheid en ziekte, eten, relaties, 'goed werk' en talrijke andere aspecten van onze alledaagse ervaringen, waar hier niet op wordt ingegaan.

Als er een geschenk is dat ik God zou willen vragen op dit moment aan de wereld te geven, dan is dat de informatie in het eerste boek. Geheel naar Zijn aard (*'Zelfs voordat je iets vraagt, zal Ik geantwoord hebben'*) heeft God dit al gedaan.

Ik hoop dan ook dat je ervoor kiest, nadat je dit boek hebt gelezen (of misschien zelfs al voordat je ermee klaar bent), het eerste boek ook te lezen. Alles is een kwestie van keuze, net als Pure Keuze je tot deze woorden heeft gebracht, precies nu. Net als Pure Keuze al je ervaringen tot nu toe heeft gecreëerd. (Een concept dat in het eerste boek wordt toegelicht.)

Deze eerste paragrafen van Boek 2 zijn geschreven in maart 1996 om een korte inleiding te geven op de informatie erna. Net als bij het eerste boek was de manier waarop de informatie 'aankwam' heerlijk eenvoudig. Ik schreef gewoon op een blanco stuk papier een vraag op, willekeurig wat... meestal de eerste vraag die in mij opkwam, en dat was nog niet gebeurd of het antwoord begon zich in mijn hoofd te vormen alsof Iemand mij in mijn oren fluisterend aan het dicteren was!

Met uitzondering van deze eerste regels is al het materiaal in dit boek opgeschreven tussen het voorjaar van 1993 en ongeveer een jaar later. Ik wil het nu aan jou aanbieden, precies zoals het uit mij gekomen en aan mij gegeven is...

Het is paaszondag 1993 en zoals opgedragen ben ik hier. Ik zit hier, het potlood in de hand, notitieblok voor me, klaar om te beginnen.

Ik veronderstel dat ik je moet zeggen dat God me heeft gevraagd hier te zijn. Wij hadden een afspraak. We zullen vandaag beginnen aan Boek 2, het tweede in een trilogie die God en ik en jij samen ervaren.

Ik heb nog geen idee wat dit boek gaat zeggen, zelfs niet over de specifieke onderwerpen die we gaan behandelen. Dat komt doordat er geen plan voor dit boek in mijn hoofd zit. Dat kan ook niet. Ik ben niet degene die gaat beslissen wat er in komt te staan. God doet dat. Op paaszondag 1992, vandaag een jaar geleden, begon God een dialoog met mij. Ik weet dat het belachelijk klinkt maar dat is wat er gebeurde. Niet lang geleden is die dialoog beëindigd. Ik kreeg de opdracht uit te rusten... maar mij werd ook verteld dat ik vandaag een 'afspraakje' had om voor dit gesprek terug te keren.

Jij hebt ook een afspraak. Je houdt je er nu aan. Ik weet zeker dat dit boek niet alleen voor mij wordt geschreven, maar ook aan jou *door* mij. Klaarblijkelijk was je op zoek naar God, en een Woord *van* God, en dat al voor een heel lange tijd. Net als ik.

Vandaag zullen we God samen vinden. Dat is altijd de beste manier om God te zoeken. Samen. Apart zullen we God nooit kunnen vinden. Ik bedoel dat op twee manieren. Ik bedoel dat we God nooit zullen vinden zolang *wij* apart zijn. Want de eerste stap in het ervaren dat wij niet afgescheiden van God zijn, is dat wij ervaren dat wij niet gescheiden van elkaar zijn, en tot wij weten en realiseren dat wij *allen* Een zijn, kunnen we niet weten en realiseren dat wij en God Een zijn. God is niet afgescheiden van ons, nooit, en wij *denken* alleen maar dat wij van God afgescheiden zijn.

Dat is een algemene vergissing. Wij denken ook dat we gescheiden zijn van elkaar. En dus is de snelste manier om 'God te vinden', zo heb ik ontdekt, elkaar te vinden. Te stoppen met je voor elkaar te verstoppen. En natuurlijk te stoppen met ons voor onszelf te verstoppen.

De snelste manier om met verstoppen te stoppen, is de waarheid te vertellen. Tegen iedereen en altijd.

Begin nu de waarheid te vertellen en stop daar nooit meer mee. Begin ermee jezelf de waarheid over jezelf te vertellen. Vertel daarna jezelf de waarheid over een ander. Vertel dan de waarheid over jezelf aan een ander. Vertel vervolgens de waarheid over een ander aan die ander. Vertel ten slotte aan iedereen de waarheid over alles.

Dit zijn de *Vijf Niveaus van de Waarheid Spreken*. Dit is het vijfvoudige pad naar vrijheid. De waarheid *zal* jou bevrijden.

Dit boek gaat over waarheid. Niet mijn waarheid maar Gods waarheid.

Ons eerste gesprek, tussen God en mij, is net een maand geleden afgesloten. Ik neem aan dat dit gesprek op dezelfde manier zal verlopen. Dat wil zeggen dat ik vragen stel en God antwoordt. Ik houd nu

even op en vraag het direct aan God.
God, is dit de manier waarop het zal verlopen?

Ja.

Dat dacht ik al.

Behalve dan dat Ik in dit boek een paar onderwerpen over Mijzelf naar voren breng zonder het jou te vragen. Dat heb Ik, zoals je weet, in het eerste boek niet zoveel gedaan.

Ja. Waarom geeft U er hier wel die draai aan?

Omdat dit boek op Mijn verzoek wordt geschreven. Ik heb je hier gevraagd, zoals je al hebt aangestipt.
Het eerste boek was een project dat door jou is opgestart.
Voor het eerste boek had je een agenda. Bij dit boek heb jij geen agenda behalve Mijn Wil te doen.

Ja. Dat klopt.

Dat, Neale, is een goed uitgangspunt. Ik hoop dat jij, en andere mensen, vaak dit standpunt zullen innemen.

Maar ik dacht dat Uw Wil mijn wil was. Hoe kan ik *niet* Uw Wil doen als die hetzelfde is als die van mij?

Dat is een lastige vraag, en geen slecht uitgangspunt; helemaal geen slecht uitgangspunt voor ons om deze dialoog te beginnen. Laten we eerst een paar stappen terugdoen. Ik heb nooit gezegd dat Mijn Wil jouw wil was.

Dat heeft U wel gedaan! In het vorige boek zei U heel duidelijk tegen me: 'Jouw wil is Mijn Wil.'

Inderdaad, maar dat is niet hetzelfde.

Is dat zo? U zou mij zo om de tuin hebben kunnen leiden.

Wanneer Ik zeg dat jouw wil Mijn Wil is, dan is dat niet hetzelfde als te zeggen dat Mijn Wil die van jou is.

Indien jij de hele tijd Mijn Wil deed, zou er voor jou niets meer te doen zijn om Verlichting te bereiken. Het proces zou afgelopen zijn. Je zou al het eindpunt hebben bereikt.

Een *dag* niets anders dan Mijn Wil doen, brengt je al Verlichting. Indien je al die jaren Mijn Wil had gedaan, hoefde je nu amper bij dit boek betrokken te zijn geweest.

Het is dan ook duidelijk dat je niet Mijn Wil hebt gedaan. In feite weet je meestal niet eens wat Mijn Wil is.

Weet ik dat niet?

Nee, dat weet je niet.

Waarom vertelt U mij dan niet wat Uw Wil is?

Dat doe Ik. Je luistert alleen niet. En wanneer je wel luistert, hoor je het eigenlijk niet. En wanneer je het wel hoort, geloof je niet wat je hoort. En wanneer je gelooft wat je hoort, volg je de aanwijzingen toch niet op.

Om dus te zeggen dat Mijn Wil jouw wil is, klopt aantoonbaar niet.

Aan de andere kant *is* jouw wil Mijn Wil. Ten eerste omdat Ik hem ken. Ten tweede omdat Ik hem accepteer. Ten derde omdat Ik hem prijs. Ten vierde omdat Ik ervan hou. Ten vijfde omdat hij van Mij is en Ik hem *Mijn Eigen noem.*

Dit betekent dat je over een vrije wil beschikt om te doen wat je wenst, en Ik *maak* jouw wil de Mijne door onvoorwaardelijke liefde.

Als je nu wilt dat Mijn Wil de jouwe is, moet je hetzelfde doen.

Ten eerste moet je hem kennen. Ten tweede moet je hem accepteren. Ten derde moet je hem prijzen. Ten vierde moet je ervan houden. Ten slotte moet je hem *jouw eigen noemen.*

In de hele geschiedenis van jullie ras hebben slechts een paar mensen dit ooit consequent gedaan. Een handjevol anderen hebben het bijna altijd gedaan. Velen hebben het regelmatig gedaan. Een hele stoet mensen heeft het van tijd tot tijd gedaan. En bijna iedereen heeft het ooit wel eens een keertje gedaan, al zijn er sommigen die het nooit hebben gedaan.

Onder welke categorie val ik?

Doet dat ertoe? Onder welke categorie wil je *van nu af aan* vallen? Is dat niet de toepasselijke vraag?

Ja.

En je antwoord?

Ik wil graag tot de eerste categorie behoren. Ik wil voor altijd Uw Wil kennen en ten uitvoer brengen.

Dat is prijzenswaardig, en waarschijnlijk onmogelijk.

Waarom?

Omdat je nog veel te veel moet groeien voordat je dat kunt verlangen. Maar Ik vertel je dit: Je *kunt* dat verlangen, je kunt je naar Goddelijkheid verplaatsen, dit *moment*, als je er maar voor kiest. Je groei hoeft niet zoveel tijd te kosten.

Waarom *heeft* het dan al zoveel tijd gekost?

Inderdaad. Waarom is dat zo? Waar wacht je op? Je gelooft toch niet dat Ik je tegenhoud?

Nee. Ik zie heel helder dat ik mij zelf tegenhoud.

Goed. Helderheid is de eerste stap naar meesterschap.

Ik wil graag het meesterschap bereiken. Wat moet ik ervoor doen?

Blijf dit boek lezen. Meesterschap is precies waar Ik je naartoe leid.

2

Ik weet niet waar dit boek naartoe gaat. Ik weet niet waar te beginnen.

Laten we de tijd nemen.

Hoeveel tijd moeten we nemen? Het heeft mij al vijf maanden gekost om van het eerste hoofdstuk op dit punt aan te komen. Ik weet dat mensen die dit lezen, denken dat het allemaal is neergeschreven in een gelijkmatige, ononderbroken stroom. Zij weten niet dat er twintig *weken* liggen tussen de 32e en 33e alinea van dit boek. Zij begrijpen niet dat er een *halfjaar verschil* kan liggen tussen de momenten van inspiratie. Hoelang moeten we de tijd nemen?

Dat is niet wat Ik bedoelde. Ik wilde zeggen: Laten we 'Tijd' als ons eerste onderwerp nemen, als een plaats om te beginnen.

O, oké. Maar nu we het erover hebben: Waarom *duurt* het soms maanden om een eenvoudige alinea te voltooien? Waarom bent U zolang weg tussen het ene bezoek en het volgende?

Mijn lieve, wonderlijke zoon, Ik ben niet lang weg tussen de 'bezoekjes' door. Ik ben nooit *niet* bij je. Je bent je dat alleen niet altijd bewust.

Waarom? Waarom ben ik mij niet van U bewust als U er altijd bent?

Omdat je leven verstrengeld is geraakt met andere zaken. Laten we er maar voor uitkomen, je hebt vijf aardig drukke maanden achter de rug.

Dat klopt. Ja, ik heb het druk gehad. Er is veel gebeurd.

En je maakte al die dingen belangrijker voor jou dan God.
Dat ervaar ik niet als mijn waarheid.

Ik nodig je uit je daden onder de loep te nemen. Je was diep verwikkeld in je fysieke bestaan. Je hebt heel weinig aandacht aan je
ziel besteed.

Het is een periode vol uitdagingen geweest.

Ja. Des te meer reden om je ziel in het hele proces te betrekken.
De afgelopen maanden zouden heel wat soepeler zijn verlopen
met Mijn hulp. Mag Ik daarom voorstellen dat jíj het contact niet
verliest?

Ik probeer in de buurt te blijven, maar lijk te verdwalen, verstrengeld
zoals U zegt, in mijn eigen levensdrama. En daardoor lijkt het wel
alsof ik geen tijd voor U heb. Ik mediteer niet. Ik bid niet. En aan
schrijven kom ik al helemaal niet toe.

Ik weet het. Het is de ironie van het leven dat je ons contact laat
varen op momenten dat je dat het meeste nodig hebt.

Hoe kan ik daarmee stoppen?

Door ermee te stoppen.

Dat zei ik net. Maar hoe?

Je stopt iets door ermee te stoppen.

Dat is niet zo gemakkelijk.

Dat is het wel.

Ik wou dat het zo was.

Dan zal het dat ook *werkelijk* zijn, omdat jouw wens Mijn bevel is.
Onthoud, Mijn dierbare, jouw verlangens zijn Mijn verlangens.
Jouw wil is Mijn Wil.

In orde. Oké. Dan wens ik dat dit boek in maart voltooid is. Het is nu
oktober. Ik wens dat er geen gaten van vijf maanden meer voorkomen in de komst van het materiaal.

Het zal zo zijn.

Goed.

Tenzij het anders loopt.

O, lieve Heer. Moeten we deze spelletjes spelen?

Nee. Maar tot dusver is dit de manier waarop jij besloten hebt je Leven te leven. Je blijft maar van gedachten veranderen. Onthoud, het leven is een continu scheppingsproces. Je schept iedere minuut je eigen realiteit. De beslissing die je vandaag neemt, is vaak niet de keuze die je morgen maakt. Niettemin is hier een geheim van alle Meesters: *blijf steeds hetzelfde kiezen.*

Steeds weer opnieuw? Is een keer niet voldoende?

Steeds weer opnieuw tot je wil in de werkelijkheid manifest is. Voor sommigen kan dat jaren duren. Voor sommigen maanden. Voor anderen weken. Voor hen die het meesterschap naderen dagen, uren of zelfs minuten. Voor *Meesters* is schepping *ogenblikkelijk.*
Je weet dat je op weg naar het meesterschap bent, wanneer je merkt dat de kloof tussen iets Willen en iets Ervaren kleiner wordt.

U zei dat de beslissing die je vandaag neemt, vaak niet de keuze is die je morgen maakt. Wat dan nog? Zegt U dat we eigenlijk nooit moeten toegeven aan een verandering van mening?

Verander zo vaak en zoveel van mening als je wilt. Maar onthoud dat met iedere verandering van mening een verandering optreedt in de richting van het universum.
Wanneer jij 'tot een besluit komt' over iets, zet je het universum in beweging. Krachten die je voorstellingsvermogen te boven gaan – veel subtieler en complexer dan jij je kunt inbeelden – zijn betrokken bij een proces, waarvan jij de fijnzinnige dynamiek nog maar net begint te bevatten.
Deze krachten en dit proces maken alle deel uit van het buitengewone netwerk van interactieve energieën die de totaliteit van de existentie omvatten, die jij het leven noemt.
Zij zijn, in wezen, *Mij.*

Als ik dus van mening verander, maak ik het moeilijk voor U, is dat het?

> Niets is moeilijk voor Mij, maar je maakt het misschien wel erg moeilijk voor jezelf. Sta daarom met al je gedachten eensgezind achter een zaak. En laat je geest niet afleiden tot je die zaak werkelijk heb gerealiseerd. Blijf geconcentreerd. Houd je aandacht erbij.
> Dit is wat Ik bedoel met een van geest zijn. Als je ergens voor kiest, kies het dan met al je vermogen, met heel je hart. Wees niet flauwhartig. Ga door! Stap erop af. Wees vastberaden.

Accepteer *nee* niet als antwoord.

> Juist.

Maar wat als *nee* het goede antwoord is? Wat als dat wat we wensen, niet voor ons bestemd is, niet voor ons eigen welbevinden, niet in ons belang? Dan zult U het ons ook niet geven, toch?

> Mis. Ik zal jou 'geven' wat je oproept, of het nu 'goed' of 'slecht' voor je is. Heb je recentelijk nog naar je eigen leven gekeken?

Maar men heeft mij geleerd dat we niet altijd krijgen wat we willen, dat God ons iets niet geeft als het niet voor ons hoogste belang is.

> Dat is zoiets wat mensen tegen je zeggen wanneer ze niet willen dat je teleurgesteld bent over een bepaalde uitkomst.
> Laten we eerst terugkomen op duidelijkheid binnen onze relatie. Ik 'geef' niemand iets, je roept het zelf op. Boek 1 legt precies uit hoe dat in zijn werk gaat, tot in detail.
> Ten tweede spreek Ik geen oordeel uit over wat je oproept. Ik noem een ding niet 'goed' of 'slecht'. (Jij doet er ook goed aan dat niet te doen.)
> Je bent een creatief schepsel, geschapen naar het evenbeeld en de gelijkenis van God. Je zult alles hebben wat je maar kiest. Maar alles wat je wilt, zul je niet hebben. In feite zul je *nooit* iets krijgen wat je wilt als je het heel erg begeert.

Ik weet het. U heeft dat ook in Boek 1 uitgelegd. U zei dat wanneer je naar iets verlangt, het gewenste juist verder van je af komt te staan.

Ja, en weet je nog waarom?

Omdat gedachten creatief zijn en de gedachte aan iets dat je wilt, een uitspraak is tegenover het universum, een bekendmaking van een waarheid, die het universum vervolgens voortbrengt in mijn werkelijkheid.

Precies! Exact! Je *hebt* iets geleerd. Je *begrijpt* het. Dat is geweldig. Ja, dat is hoe het werkt. Het moment dat je zegt: 'Ik wil' iets, zegt het universum: 'Dat wil je inderdaad', en geeft jou precies die ervaring, de *ervaring van het iets `willen`!*
Wat je ook achter het woord 'Ik' plaatst, wordt jouw creatieve opdracht. De geest in de fles – dat ben Ik – bestaat enkel om te dienen.
Ik produceer wat jij oproept! Jij roept precies dat op wat je denkt, voelt en zegt. Het is zo eenvoudig als dat.

Vertel me dan nog eens waarom het mij zoveel tijd kost de werkelijkheid die ik kies te scheppen?

Daar is een aantal redenen voor. Omdat jij niet erin gelooft dat je kunt krijgen wat je kiest. Omdat je niet weet *wat* je moet kiezen. Omdat je maar blijft proberen uit te vogelen wat het 'beste' is voor jou. Omdat je garantie vooraf wilt dat je keuzes 'goed' zijn. En omdat je steeds van gedachten blijft veranderen.

Laat me eens zien of ik dit begrijp. Ik moet dus niet proberen uit te vinden wat voor mij het beste is?

Het 'beste' is een relatief begrip dat afhankelijk is van zo'n honderd variabelen. Dat maakt kiezen erg moeilijk. Er moet slechts één overweging meespelen wanneer je kiest: is dit een uitspraak over Wie ik ben? Is dit een mededeling over Wie ik kies te zijn?
Het hele leven zou een dergelijke verkondiging moeten zijn. In feite *is* het hele leven dat. Je kunt ervoor kiezen of die verkondiging mogelijk wordt gemaakt door *toeval* of door *keuze.*
Een leven bepaald door keuze is een leven van bewuste actie. Een leven bepaald door toeval is een leven van onbewuste reactie.
Reactie is niet meer dan een actie die je al eerder hebt ondernomen. Wanneer je 're-ageert', verwerk je eerst de binnenkomende

gegevens, dan zoek je je geheugen af naar dezelfde of bijna zelfde ervaring en vervolgens handel je *zoals je eerder hebt gedaan.* En dat is allemaal het werk van je verstand, niet van de ziel.

Je ziel zou je haar 'geheugen' laten onderzoeken om te kijken hoe je een *oprecht ware ervaring* van Jezelf in het Nu-Moment kunt creëren. Dit is de ervaring van het 'zielenonderzoek' waarover je zo vaak hebt gehoord, maar je moet letterlijk 'buiten zinnen' zijn om het te doen.

Wanneer je tijd doorbrengt met uit proberen te vinden wat het 'beste' voor je is, is dat alles wat je doet: *je tijd doorbrengen.* Je kunt maar beter tijd *sparen* dan hem verspillen.

Het bespaart ontzettend veel tijd wanneer je 'buiten zinnen' bent. Beslissingen worden sneller genomen, keuzes worden snel ten uitvoer gebracht, omdat je ziel alleen schept vanuit de huidige ervaring, zonder terugblik, analyse of kritiek op eerdere krachtmetingen.

Onthoud: de ziel creëert, het verstand reageert.

De ziel weet in Haar wijsheid dat de ervaring die je nu op Dit Moment beleeft, een ervaring is die God je heeft gestuurd nog voordat jij je er verstandelijk van bewust was. Dit is wat wordt bedoeld met een ervaring 'in de pre-sens'. Zij is al naar jou onderweg, zelfs als je er nog naar zoekt, want voor je vraagt, zal Ik al geantwoord hebben. Elk Nu-Moment is een verheven gift van God, die je op een 'pre-senteerblad' aangereikt wordt.

De ziel zoekt intuïtief naar de perfecte omstandigheid en situaties die nu nodig zijn om verkeerde gedachten te helen en jou de juiste ervaring van Wie je werkelijk bent te brengen.

De ziel verlangt ernaar je terug te brengen naar God, je thuis te brengen bij Mij.

De intentie van de ziel is zichzelf *door ervaring* te leren kennen, en aldus Mij te kennen. Want de ziel begrijpt dat Jij en Ik Een zijn, zelfs wanneer het verstand deze waarheid ontkent en het lichaam die ontkenning in zijn daden uitdraagt.

Wees daarom in momenten van belangrijke beslissingen buiten zinnen en pleeg wat zielenonderzoek.

De ziel begrijpt wat het verstand niet kan bevatten.

Wanneer je je tijd besteedt aan proberen uit te vinden wat het 'beste' voor je is, zullen je keuzes behoedzaam zijn, duurt het eeuwen voor je tot een beslissing komt, en gaat je reis van start op een zee van verwachtingen.

Als je niet oppast, *verdrink* je nog in al je verwachtingen.

Jemig! Dat is me een antwoord! Maar hoe luister ik naar mijn ziel? Hoe weet ik wat ik hoor?

De ziel spreekt in je gevoel tot je. Luister naar je gevoel. Respecteer je gevoel.

Waarom heb ik het gevoel dat luisteren naar mijn gevoel juist dat is wat me in eerste instantie in de problemen heeft gebracht?

Omdat je groei kwalificeert als 'problematisch' en stilstand als 'veilig'.

Ik zeg je dit: Je gevoel zal je *nooit* in de 'problemen' brengen, omdat je gevoel jouw *waarheid* is.

Als je een leven wilt leiden waarin je nooit je gevoel volgt en elke emotie door de machinerie van je Verstand wordt gefilterd, ga dan je gang maar. Neem maar beslissingen op grond van de analyse van de situatie door je Verstand. Maar verwacht geen plezier van zulke machinaties, en evenmin een celebratie van Wie je echt bent.

Onthoud dit: Ware cᵉˡᵉᵇratie is verstandeloos.

Wanneer je naar je ziᵉl luistert, zul je weten wat het 'beste' is voor jou, want het beste voor jou is wat *waar* is voor jou.

Wanneer je alleen handelt naar wat waar is voor jou, slaag je er sneller in je weg langs het pad te gaan. Wanneer je een ervaring *creëert* op grond van je 'waarheid nu', in plaats van te *reageren* op een ervaring volgens een 'oudere waarheid', breng je een 'nieuwe jij' voort.

Waarom kost het zoveel tijd de werkelijkheid die je kiest te scheppen? Hierom: omdat je niet je waarheid hebt geleefd.

Ken de waarheid en de waarheid zal je bevrijden.

Maar als je eenmaal je waarheid hebt leren kennen, blijf dan niet *je gedachten erover wijzigen*. Dat doet je verstand, dat probeert uit te dokteren wat het 'beste' is. Stop ermee! Treed buiten zinnen. *Val terug op je zinnelijkheid!*

Dit is wat *bedoeld* wordt met 'doe toch normaal'. Een terugkeer naar hoe je je *voelt*, niet naar hoe je *denkt*. Je gedachten zijn niet meer dan gedachten. Mentale constructies. 'Kunstmatige' creaties van het verstand. Maar je *emoties, die* zijn pas *reëel.*

Emoties zijn de taal van de ziel. En je ziel is jouw waarheid.

Alsjeblieft. Is dit het antwoord op je vragen?

Houdt dit in dat wij elke emotie tot uitdrukking moeten brengen, hoe negatief of destructief ze ook is?

Emoties zijn negatief noch destructief. Zij zijn ronduit de waarheid. Hoe jij je waarheid tot uitdrukking brengt, is wat telt.

Wanneer je je waarheid met liefde uitdrukt, treden slechts zelden negatieve of beschadigende effecten op, en als dat al gebeurt, is dat meestal omdat iemand ervoor heeft gekozen jouw waarheid op een negatieve of beschadigende wijze te ervaren. In zo'n geval is er maar weinig wat jij kunt doen om een dergelijke uitkomst te voorkomen.

Natuurlijk, er niet in *slagen* je waarheid tot uitdrukking te brengen is nauwelijks opportuun. Toch doen mensen het de hele tijd. Zij zijn zo benauwd mogelijke onaangenaamheden te veroorzaken of het hoofd te moeten bieden, dat zij hun waarheid compleet begraven.

Onthoud dit: het is belangrijker dat een boodschap duidelijk wordt verstuurd dan hoe goed zij wordt ontvangen.

Het is niet jouw verantwoordelijkheid hoe goed anderen jouw waarheid accepteren; je kunt alleen ervoor zorgen dat zij goed wordt gecommuniceerd. En met goed bedoel Ik niet hoe duidelijk; Ik bedoel hoe liefdevol, hoe medelevend, hoe gevoelig, hoe moedig, en hoe volledig.

Dit laat geen ruimte voor halve waarheden, de 'harde waarheid' of zelfs de 'volslagen waarheid'. Het gaat om de waarheid, de hele waarheid en niets dan de waarheid, zo helpe je God.

In de frase 'zo helpe je God' liggen de Goddelijke kwaliteiten liefde en medeleven besloten, want Ik zal je helpen altijd op deze manier te communiceren, als je Mij dat vraagt.

Dus inderdaad, breng je 'allernegatiefste' gevoelens tot uitdrukking, maar niet op een destructieve wijze.

Er niet in slagen negatieve gevoelens tot uitdrukking te brengen (namelijk ze weg te drukken) laat ze nog niet verdwijnen; het *houdt ze binnen.* Negativiteit die binnen wordt gehouden, schaadt het lichaam en belast de ziel.

Maar als iemand iedere negatieve gedachte hoort die jij over die persoon hebt, dan zal dat toch de relatie beïnvloeden, ongeacht hoe liefdevol die gedachten zijn overgebracht?

Ik zei je negatieve emoties tot uitdrukking brengen (wegduwen, uit de weg ruimen); Ik zei niet hoe of tegenover wie. Niet alle negativiteit hoeft te worden gedeeld met de betreffende persoon. Het is alleen nodig deze gevoelens te communiceren wanneer het nalaten daarvan ertoe zou leiden dat je je integriteit geweld aandoet of de ander een onwaarheid laat geloven.

Negativiteit is nimmer een teken van de ultieme waarheid, zelfs al lijkt het jouw waarheid op dat moment. Het kan voortkomen uit een ongeheeld deel van jou. In feite *is dat altijd zo.*

Daarom is het zo belangrijk deze negatieve emoties naar buiten te laten, je ervan te bevrijden. Alleen door ze te laten gaan, door ze voor je te plaatsen, kun je ze duidelijk genoeg zien om te weten te komen of je ze echt gelooft.

Jullie hebben allemaal dingen gezegd, lelijke dingen, en vervolgens kunnen vaststellen dat ze, na eenmaal uitgesproken te zijn, niet langer 'waar' aanvoelen.

Jullie hebben allemaal emoties uitgedrukt, van vrees tot woede tot razernij, en vervolgens kunnen vaststellen dat ze, eenmaal tot uitdrukking gebracht, niet langer onthullen hoe jij je *echt* voelt.

Op die manier kunnen emoties verraderlijk zijn. Emoties zijn de taal van de ziel, maar je moet je ervan vergewissen dat je naar je *ware emoties* luistert en niet naar een of ander nepmodel dat je verstand heeft geconstrueerd.

O, help, ik kan dus niet eens mijn eigen *gevoel* vertrouwen. Fijn! Ik meende dat dit de weg naar de waarheid was! Ik dacht dat dit was wat U mij *leerde.*

Maar dat *is* het ook. Dat *leer* Ik je. Maar luister, het is een stuk ingewikkelder dan jij nu begrijpt. Sommige gevoelens zijn *ware gevoelens*; dat zijn gevoelens die in de ziel zijn geboren. Sommige gevoelens daarentegen zijn vals, nep. Zij worden in je verstand geconstrueerd.

Met andere woorden, het zijn helemaal geen 'gevoelens'. Het zijn *gedachten.* Gedachten die *zich voordoen* als emoties.

Dergelijke gedachten zijn gebaseerd op jouw eerdere ervaringen en op de waargenomen ervaringen van anderen. Je hebt gezien hoe iemand grimast wanneer zijn verstandskies wordt getrokken, en *jij* grimast dan ook wanneer *jouw* verstandskies wordt getrokken. Het doet waarschijnlijk niet eens *pijn*, maar toch trek je een lelijk gezicht. Je reactie heeft niets uit te staan met de realiteit,

alleen met hoe je de realiteit *gewaarwordt*, gebaseerd op de ervaring van anderen of op iets wat *jij* in het verleden hebt meegemaakt.
De grootste uitdaging als mens is Hier Nu te Zijn. Hou er daarom
mee op dingen te verzinnen! Stop ermee gedachten te verzinnen
over een moment in de pre-sens (een moment dat je jezelf stuurt
nog *vóór* je *sens*-us zich ervan bewust is). Wees *in het moment* zelf.
Onthoud, je maakt zelf je Zelf als gift *sens-itief* voor dit moment.
Het moment bevat de kiem van een overweldigende waarheid.
Het is een waarheid die jij wenste te onthouden. Maar toen het
moment kwam, begon je er direct gedachten omheen te construeren. In plaats van *in* het moment te zijn, stond je *erbuiten* en oordeelde erover. Daarna re-ageerde je. Dat wil zeggen, je handelde
zoals je al eerder *hebt gedaan*.
Kijk nu naar deze twee woorden:

REACTIEF

CREATIEF

Je ziet dat het bijna dezelfde woorden zijn, alleen de 'c' is *vier*
plaatsen verschoven. Maar je hoeft maar tot *drie* te kunnen tellen
om creatief te zijn in plaats van reactief.

Dat is slim gevonden.

Nu ja, dat is God.
Maar zie je, Mijn punt is dat *je kunt creëren wie je bent* in plaats
van *opnieuw te beleven* wie je ooit was, zolang je elk moment
onbevangen benadert, *zonder enige gedachte vooraf.*
*Leven is een scheppingsproces en jij blijft maar doen alsof het een
proces van reënscenering is!*

Maar hoe kan een rationeel mens eerdere ervaringen negeren op het
moment dat iets plaatsvindt? Is het niet normaal dat je alles wat je
over het onderwerp weet, oproept en van daaruit reageert?

Het is misschien normaal maar het is nog niet *natuurlijk.*
'Normaal' wil zeggen iets dat meestal wordt gedaan. 'Natuurlijk'
is hoe je bent wanneer je niet 'normaal' probeert te zijn!
Natuurlijk en normaal is niet hetzelfde. Op elk willekeurig
moment kun je doen wat je normaal doet, of je kunt doen wat
van nature komt.
Ik zeg je dit: *Niets is natuurlijker dan liefde.*

Wanneer je liefdevol handelt, handel je natuurlijk.
Wanneer je bevreesd reageert, wrokkig, boos, dan doe je misschien *normaal*, maar je zult nooit *natuurlijk* handelen.

Hoe kan ik liefdevol handelen wanneer al mijn eerdere ervaringen uitschreeuwen dat een bepaald 'moment' waarschijnlijk pijnlijk zal zijn?

Negeer je eerdere ervaringen en *duik in het moment*. Wees Hier Nu. Kijk wat er nu *op dit moment* is om *jezelf opnieuw te scheppen*. Onthoud, *dit is wat je hier doet*.
Je bent op deze wereld gekomen, op deze manier, in deze tijd, op deze plek, om te weten Wie je bent, en om te scheppen Wie je wenst te zijn.
Dit is het doel van al het leven. Het leven is een continu, oneindig herscheppingsproces. Jullie blijven jezelf herscheppen naar het beeld van jullie volgende hoogste idee over jezelf.

Maar is dat niet een beetje als de man die van het hoogste gebouw sprong, ervan overtuigd dat hij kon vliegen? Hij negeerde zijn 'eerdere ervaringen' *en* de 'waargenomen ervaringen' van anderen, en sprong van het gebouw, de hele tijd uitroepend dat hij God was. Dat lijkt me toch niet echt slim.

En Ik zeg je dit: De mens heeft grotere resultaten geboekt dan te kunnen vliegen. De mens heeft zieken geheeld. De mens heeft doden doen herrijzen.

Eén mens heeft dat gedaan.

Denk je echt dat maar één mens een dergelijke macht over het fysieke universum is geschonken?

Maar één mens heeft ze ooit getoond.

Niet. Wie deed de wateren van de Rode Zee uiteengaan?

God.

Inderdaad, maar wie deed daarvoor een beroep op God?

Mozes.

En wie deed een beroep op Mij om de zieken te helen en de doden te doen herrijzen?

Jezus.

Ja. En denk jij nu dat wat Mozes en Jezus deden, jij *niet* kunt?

Maar zij *deden* het niet! Zij vroegen het U om te doen! Dat is nogal iets anders.

Oké. We zullen voor het moment jouw constructie volgen. En meen jij dan dat *jij* Mij niet kunt vragen dezelfde wonderbaarlijke dingen te verrichten?

Ik zou het kunnen doen, denk ik.

En zou Ik ze inwilligen?

Dat weet ik niet.

En dat is nu het verschil tussen jou en Mozes! Dat is wat jou scheidt van Jezus!

Velen geloven dat U hun verzoek *zult* inwilligen als zij het in Jezus' naam vragen.

Inderdaad, velen geloven dat. Zij geloven dat ze geen kracht hebben, maar zij hebben de kracht van Jezus gezien (of geloven anderen die dat hebben gezien) en vragen daarom in zijn naam. Ook al heeft hij gezegd: 'Waarom bent u zo verbaasd? Deze dingen, en meer, zult u ook doen.' Maar de mensen konden het niet geloven. Velen geloven het nog altijd niet.
Jullie beelden je in dat je onwaardig bent. Daarom vraag je in Jezusnaam. Of namens de Gezegende Maagd Maria. Of via de 'patroonheilige' van zus of zo. Of namens de Zonnegod. Of in naam van de geest van het Oosten. Jullie zullen elke naam gebruiken, *willekeurig wat*, behalve je eigen naam!
Maar ik zeg je dit: *vraag en je zult ontvangen. Zoek en je zult vinden. Klop en er zal voor je worden opengedaan.*

Spring van een torenflat en je zult vliegen.

Er zijn mensen die levitatie hebben ondergaan. Geloof je daarin?

Tja, ik heb erover gehoord.

En er zijn mensen die door een muur heen zijn gelopen. Die zelfs hun lichaam hebben verlaten.

Ja, ja. Maar ik heb nog nooit iemand door een muur *zien* lopen, en ik raad ook niemand aan om het te proberen. Evenmin geloof ik dat mensen van gebouwen moeten springen. Dat zou wel eens slecht voor je gezondheid kunnen zijn.

Die man viel te pletter, niet omdat hij als hij van een goede Zijnsstaat was uitgegaan niet had kunnen vliegen, maar omdat hij *nimmer* Goddelijkheid kon aantonen door zichzelf als afgescheiden van jullie te presenteren.

Uitleg alstublieft.

De man bovenop het gebouw leefde in een wereld vol zelfmisleiding, waarin hij zich voorstelde *anders dan de rest van jullie te zijn.* Door te zeggen dat hij God was, begon hij zijn demonstratie met een leugen. Hij hoopte zichzelf autonoom te maken. Groter. Machtiger. Het was een daad van het ego.
Ego – dat wat afzonderlijk, individueel, is – kan nooit dat wat Een is dupliceren of demonstreren.
Door ernaar te streven aan te tonen dat *hij* God was, bewees de man op het dak alleen afzonderlijkheid, niet zijn eenheid, ten opzichte van alle dingen. Hij probeerde dus Goddelijkheid te bewijzen door Ongoddelijkheid te tonen en faalde.
Anderzijds demonstreerde Jezus Goddelijkheid door Eenheid te tonen, en zag Eenheid en Heelheid waar (en naar wie) hij maar keek. In die zin waren zijn bewustzijn en Mijn bewustzijn Een, en alles wat hij in zijn staat opriep, werd manifest in zijn Goddelijke Realiteit in dat Heilige Moment.

Ik begrijp het. Het vereist dus 'Christus' bewustzijn' om wonderen te verrichten! Welja, dat maakt de dingen een stuk gemakkelijker...

Dat is inderdaad zo. Gemakkelijker dan je denkt. En velen hebben een vergelijkbaar bewustzijn bereikt. Velen zijn Gezalfd, niet alleen Jezus van Nazaret.
Jij kunt ook Gezalfd zijn.

Hoe?

Door ernaar te streven te zijn. Door ervoor te kiezen te zijn. Maar dat is een keuze die je iedere dag moet maken, elke minuut. Het moet *je eigenste levensdoel* zijn.
Het *is* je levensdoel, je weet het alleen nog niet. En zelfs als je het al weet, zelfs als je je de diepgevoelde reden voor je bestaan herinnert, dan weet je kennelijk niet hoe daar te komen van waaruit je nu bent.

Ja, dat is het geval. Hoe *kan* ik dan van waar ik nu ben geraken waar ik wens te zijn?

Ik zeg je dit, nogmaals: *Zoek en je zult vinden. Klop en er zal voor je worden opengedaan.*

Ik 'zoek' en 'klop' al vijfendertig jaar. U moet me maar vergeven dat ik daar niet meer intuin.

Om niet te zeggen gedesillusioneerd ben, ja? Oké, Ik geef je een goed punt voor je moeite – een 10 voor ijver zogezegd –, maar Ik ben het er niet mee eens dat jij al vijfendertig jaar zoekt en klopt.
Laten we zeggen dat je *af en toe* de afgelopen vijfendertig jaar hebt gezocht en geklopt, en meestal was het toe.
In het verleden, toen je nog erg jong was, kwam je alleen naar Mij toe wanneer je in de moeilijkheden zat of als je iets nodig had.
Toen je ouder en volwassen werd, besefte je dat dit geen *goede relatie* met God was en probeerde je iets zinvollers te creëren.
Zelfs toen was Ik nauwelijks meer dan *iets voor gelegenheden.*
Weer later, toen je door kreeg dat *eenheid* met God alleen kan worden bereikt door gem*eenzaamheid* met God, gaf je je over aan praktijken en gedrag die gemeenzaamheid konden realiseren, maar ook dit gebeurde sporadisch, inconsistent.
Je mediteerde, voerde rituelen uit, riep Mij aan in gebeden en gezang, jij wekte Mijn Geest op in jou, maar alleen wanneer het jou uitkwam, alleen wanneer jij je geïnspireerd voelde.

En hoe stralend jouw ervaring van Mij ook bij die gelegenheden was, toch besteed je meer dan 95 procent van je leven gevangen in de illusie van *afzonderlijkheid* en slechts een flakkerend moment hier en daar in het besef van de *ultieme realiteit*.

Je denkt nog steeds dat je leven gaat om autoreparaties en telefoonrekeningen en wat je uit relaties kunt halen, dat het draait om de *drama's* die jij hebt geschapen in plaats van om de *schepper* van die drama's.

Jij moet nog leren *waarom* je jouw drama's blijft scheppen. Je bent nog te zeer bezig met je rol erin uit te spelen.

Je zegt dat je de betekenis van het leven verstaat, maar je leeft niet naar die verstandhouding. Je zegt dat je de weg naar gemeenzaamheid met God weet, maar je volgt die weg niet. Je stelt dat je je op het *pad* bevindt, maar je loopt het niet af.

En dan kom je naar Mij toe en zegt dat je al vijfendertig jaar zoekende en kloppende bent.

Ik vind het naar dat Ik je moet teleurstellen, maar...

Het wordt tijd dat je niet langer in Mij teleurgesteld wordt en *jezelf* begint te zien zoals je werkelijk bent.

Welnu, Ik zeg je dit: Jij wilt 'Gezalfd' zijn? *Handel* dan als Christus, *elke minuut van iedere dag.* (Het is niet zo dat je niet weet hoe. Hij heeft jullie de weg gewezen.) Wees als Christus onder alle omstandigheden. (Het is niet zo dat je dat niet kunt. Hij heeft jullie *instructies* nagelaten.)

Je staat in dezen niet zonder hulp, mocht je hulp willen zoeken. Ik begeleid je iedere minuut van elke dag. Ik ben dat kleine stemmetje binnenin, dat weet welke weg je moet inslaan, welk pad je moet opgaan, welk antwoord je moet geven, welke daad je moet volbrengen, welk woord je moet zeggen... *welke realiteit je moet creëren* als je waarachtig gemeenzaamheid en eenheid met Mij zoekt.

Je hoeft alleen maar naar Mij te luisteren.

Ik vermoed dat ik niet weet wat ik moet doen om...

Ach, nonsens. *Je doet het toch nu, op dit moment?* Doe dit gewoon *altijd.*

Ik kan toch niet elke minuut van de dag met een notitieblok rondlopen? Ik kan niet alles steeds naast me neerleggen om een briefje aan U te schrijven in de hoop dat U met een van Uw briljante antwoorden op de proppen komt?

Dank je wel. Mijn antwoorden *zijn* inderdaad briljant! En hier is er nog een: *Ja, je zou dat kunnen doen!*
Ik bedoel, als iemand je vertelde dat je een directe Verbinding met God kunt krijgen, een direct contact, een open lijn, en het enige wat je daarvoor hoeft te doen is pen en papier de hele tijd bij de hand te houden, doe je dat dan?

Tja, nou... *natuurlijk.*

Toch zei je zoëven nog *van niet*. Of 'kan-niet'. Wat is er mis met je? Wat wil je nu zeggen? Wat is jouw waarheid?
Het goede nieuws is daarentegen dat je pen en papier eigenlijk niet nodig hebt. *Ik ben altijd bij je.* Ik leef niet in een pen. *Ik leef in jou.*

Dat is waar, niet waar... Ik bedoel, dat is toch iets waaraan ik echt kan geloven, of niet soms?

Natuurlijk kun je dit geloven. Ik *vraag* je al vanaf het begin dit van Mij aan te nemen. Iedere Meester, met inbegrip van Jezus, heeft je dit gezegd. Het is de kern van de leer, de ultieme waarheid.
Ik ben altijd met je, zelfs tot het eind van de tijd. Geloof je dit?

Ja, ik geloof het nu. Meer dan ooit, bedoel ik.

Goed. Maak dan *gebruik* van Me. Als het voor jou werkt wanneer je een pen en notitieblok ter hand neemt (en daar lijkt het wel op), *neem dan pen en notitieblok ter hand.* Liefst *vaker.* Elke dag. Elk uur, als je dat nodig vindt.
Kom dicht bij Me. *Kom dicht bij Me!* Doe wat je kunt. Doe wat je moet doen. Doe wat nodig is.
Draai een rozenkrans af. Kus een boom. Buig naar het oosten. Neurie een mantra. Laat een slinger zwaaien. Oefen een spier.
Of schrijf een boek.
Doe wat ervoor nodig is.
Ieder van jullie heeft zijn eigen constructie. Ieder van jullie heeft Mij begrepen, Mij geschapen, op je eigen wijze.
Voor sommigen onder jullie ben Ik een man. Voor sommigen onder jullie ben Ik een vrouw. Voor sommigen ben Ik man en vrouw. Voor sommigen ben Ik het een noch het ander.
Voor sommigen onder jullie ben Ik zuivere energie. Voor sommi-

gen het ultieme gevoel dat jullie liefde noemen. En sommigen onder jullie hebben geen idee wat Ik ben. Jullie weten eenvoudigweg dat IK BEN.

En zo is het.

IK BEN.

Ik ben de wind die door je haar speelt. Ik ben de zon die je lichaam verwarmt. Ik ben de regen die op je gezicht danst. Ik ben de bloemengeur in de lucht en Ik ben de bloemen die deze geur doen opstijgen. Ik ben de lucht die de bloemengeur *draagt*.

Ik ben het begin van je eerste gedachte. Ik ben het eind van je laatste gedachte. Ik ben het idee dat je meest briljante moment deed ontvonken. Ik ben de glorie van de vervulling ervan. Ik ben de emotie die brandstof gaf aan het meest liefdevolle wat je ooit hebt gedaan. Ik ben het deel van jou dat steeds weer naar die emotie verlangt.

Wat er ook voor jou werkt, wat de dingen ook laat gebeuren, *welke* rituelen, ceremonies, demonstraties, meditaties, gedachten, liedjes, woorden of daden er ook nodig voor zijn voor jou of opnieuw contact te leggen: *doe het*.

Doe dit, Mij indachtig.

3

Dus, als ik teruglees en samenvat wat U mij verteld heeft, kom ik op de volgende lijst met kernpunten uit.

- Het leven is een continu scheppingsproces.
- Een geheim van alle Meesters is dat je moet stoppen steeds van mening te veranderen; blijf steeds hetzelfde kiezen.
- Accepteer geen *nee* als antwoord.
- Wij 'roepen zelf op' wat we denken, voelen en zeggen.
- Het leven kan een proces van creatie of reactie zijn.
- De ziel *creëert*, het verstand *reageert*.
- De ziel begrijpt wat het verstand niet kan bevatten.
- Houd ermee op proberen uit te vinden wat het 'beste' voor je is (hoe je het meest kunt winnen, het minst hoeft te verliezen om te krijgen wat je wilt) en begin met wat aanvoelt als Wie je bent.
- Je gevoel is je waarheid. Wat het beste voor jou is, is wat waar is voor jou.
- Gedachten zijn *geen* emoties; het zijn eerder ideeën hoe jij je zou 'moeten' voelen. Wanneer gedachten en emoties verward raken, raakt de waarheid uit zicht, verloren.
- Ga om terug te keren naar je gevoel *buiten je zinnen* en *keer terug naar je sensus*.
- Als je je waarheid eenmaal kent, *leef* er dan naar.
- Negatieve gevoelens zijn geen ware gevoelens; het zijn eerder je gedachten over iets, gebaseerd op een eerdere ervaring van jou en van anderen.
- Een eerdere ervaring is geen indicator voor de waarheid, aangezien de Zuivere Waarheid hier en nu geschapen wordt en niet kan worden herbeleefd.
- Om je reactie op iets te veranderen, moet je in de pre-sens leven, het moment dat naar jou gezonden is en al was wat het is, voor je er een gedachte over had... Met andere woorden, Wees Hier Nu, en niet in het verleden of in de toekomst.
- Het verleden en de toekomst kunnen alleen in gedachten bestaan. Het moment van de pre-sens is de Enig Mogelijke Realiteit. *Blijf* daar!
- Zoek en je zult vinden.
- Doe alles wat ervoor nodig is om in contact te blijven met

God/Godin/Waarheid. Ga door met je oefeningen, rituelen, meditaties, teksten lezen en schrijven, *'wat er ook voor jou werkt'* om in contact te blijven met Alles Dat Is.
Hoe klinkt dat tot dusver?

Geweldig! Tot nu toe is alles prima. Je hebt de slag te pakken. Welnu, kun je ook hiernaar leven?

Ik zal het proberen.

Goed.

Ja. Kunnen we nu verder gaan op het punt voordat we afdwaalden? Vertel me over Tijd.

Er *is* geen andere Tijd dan de pre-sens!
Dat heb je vast al eerder gehoord, wed ik. Maar toen begreep je het niet en nu wel.
Er is geen tijd behalve *deze* tijd. Er is geen ander moment dan dit moment. Het 'nu' is alles wat er is.

Hoe zit het dan met 'gisteren' en 'morgen'?

Verzinsels van je verbeelding. Constructies van je verstand. Nonexistent in de Ultieme Realiteit.
Alles wat ooit is gebeurd, gebeurt en zal gebeuren, gebeurt *nu* op dit moment.

Dat begrijp ik niet.

En je kunt het ook niet begrijpen. Niet helemaal. Maar je kunt ermee *beginnen*. En alles wat hier vereist is, is een eerste begrip. Als je dus wilt luisteren.
'Tijd' is niet een continuüm. Het is een element van relativiteit dat verticaal bestaat, niet horizontaal.
Beschouw het niet als iets dat van 'links naar rechts' gaat, een zogenoemde tijdbalk die van geboorte tot dood loopt voor ieder individu, en *van* een of ander eindig punt *naar* een ander eindig punt in het universum.
'Tijd' gaat 'op en neer'! Beschouw het als een as die het Eeuwige Nu-Moment vertegenwoordigt.

Stel je blaadjes papier op de as voor, de een boven op de ander. Dit zijn de elementen van tijd. Elke element is afzonderlijk en onderscheiden, maar elk bestaat *simultaan met de ander*. Alle papiertjes zitten tegelijkertijd op de as! Evenveel als er ooit zullen zijn, evenveel als er ooit zijn geweest...

Er is slechts Een Moment, *dit* moment, het Eeuwig Nu-Moment. Precies nu gebeurt alles en word Ik verheerlijkt. Niemand of niets hoeft te wachten op de glorie van God. Ik heb het zo gemaakt omdat *Ik gewoon niet kon wachten*! Ik was zo blij te Zijn Wie Ik ben dat Ik er niet op kon wachten om dat manifest te maken in Mijn realiteit. En daarom: BOEM, hier is het, precies op dit moment, ALLES!

Er is geen Begin en er is geen Einde. Het Al van Alles IS gewoon. *Binnenin de Is-heid* is waar je ervaring, en je grootste geheim, ligt. Je kunt je bewust binnen de is-heid verplaatsen naar iedere 'tijd' of 'plaats' die je kiest.

Bedoelt u dat tijdreizen bestaat?

Inderdaad, velen onder jullie hebben dat gedaan. *Allemaal* doen jullie het feitelijk, routinematig normaal in wat jullie je droomslaap noemen. De meesten zijn zich daar niet eens bewust van. Jullie kunnen je tegenwoordigheid van geest er niet bij houden. Maar de energie ervan blijft plakken als lijm en soms blijft er genoeg residu over dat anderen, die gevoelig zijn voor die energie, elementen uit jullie 'verleden' of 'toekomst' kunnen opvangen. Zij voelen of 'lezen' dit residu en jullie noemen hen zieners of paranormaal begaafden. Soms is er zoveel residu dat zelfs jij met je begrensde bewustzijn aanvoelt dat je hier 'al eerder bent geweest'. Je hele wezen trilt plotseling door de realisatie dat je dit 'al eens eerder hebt gedaan'.

Déjà vu!

Ja. Of dat heerlijke gevoel wanneer je iemand ontmoet dat *je hem al je hele leven hebt gekend*, de hele eeuwigheid dus!

Dat is een spectaculair gevoel. Een prachtig gevoel. En het is een *waar* gevoel. Je *hebt* die ziel *altijd al* gekend!

Voor altijd is een zaak van nu op dit moment!

Je hebt dus vaak naar boven gekeken en naar onder vanaf jouw stukje papier op de as en je hebt alle andere stukjes papier gezien!

En je hebt jezelf daar gezien, omdat *een deel van jou op ieder stukje is!*

Hoe is dat nu mogelijk?

Ik zeg je dit: Je hebt altijd bestaan, je bestaat nu en zult altijd bestaan. Er is *nooit* een tijd geweest dat je niet bestond en die tijd zal er ook nooit komen.

Maar wacht eens even! Wat dan met het concept van de *oude zielen!* Zijn sommige zielen dan niet ouder dan andere?

Niets is 'ouder' dan *wat ook*. Ik heb het ALLEMAAL TEGELIJK GESCHAPEN en Alles Daarvan bestaat nú.

De ervaring van 'ouder' en 'jonger', waar jij naar verwijst, heeft te maken met de *bewustzijnniveaus* van een bepaalde ziel of haar Zijnsaspect. Jullie zijn allen Zijnsaspecten, gewoon delen van Wat is. In ieder deel is het bewustzijn van het Geheel ingebed. Elk element *draagt* hetzelfde stempel.

'Bewustzijn' is de ervaring van de geest die wordt gewekt. Het individuele aspect van het AL wordt van zichzelf bewust. Het wordt inderdaad tamelijk letterlijk *zelf-bewust*.

Daarna wordt het geleidelijk bewust van alle anderen en dan van het feit dat er geen anderen *zijn*, dat Alles Een is.

Dan, uiteindelijk, van Mij. Verheven Ik!

Jongen, U bent nogal met Uzelf ingenomen, is het niet?

Jij niet dan?

Ja, ja! Ik vind U geweldig!

Akkoord. En Ik vind jou ook geweldig! Dat is het enige punt waarover jij en Ik van mening verschillen. *Jij vindt jezelf niet geweldig!*

Hoe kan ik mijzelf geweldig vinden als ik al mijn zwaktes zie, al mijn fouten, mijn slechtheid?

Ik zeg je: Er *is* geen slechtheid!

Ik zou willen dat dat waar was.

Je bent perfect, precies zoals je bent.

Ik zou willen dat dat ook waar was.

Het *is* waar! Een boom is niet minder perfect dan een zaailing. Een klein kind is niet minder perfect dan een volwassene. Het is *de perfectie zelve*. Omdat het iets niet kan *doen*, omdat het iets niet *weet*, dat maakt het echt niet minder perfect.
Een kind begaat soms fouten. Ze gaat staan. Ze wankelt. Ze valt. Ze gaat weer staan, een beetje wiebelig, aan haar moeders benen hangend. Maakt dat het kind imperfect?
Ik zeg je dat het juist tegenovergesteld is! Dat kind is *de perfectie zelve*, geheel en al aanbiddelijk.
En dat ben jij ook.

Maar dat kind heeft nog nooit iets verkeerds gedaan! Het kind is niet bewust ongehoorzaam geweest, heeft niemand opzettelijk pijn gedaan of zichzelf beschadigd.

Het kind kent het verschil tussen goed en kwaad niet.

Precies.

Jij kent dat evenmin.

Maar ik *ken* het wel. Ik weet dat het verkeerd is mensen te doden en dat het goed is van hen te houden. Ik weet dat het verkeerd is iemand pijn te doen en dat het goed is te helen, *beter te maken*. Ik weet dat het verkeerd is te nemen wat niet van mij is, iemand anders te gebruiken, om oneerlijk te zijn.

Ik kan je voorbeelden geven waar elk van deze 'verkeerde' zaken wel *goed* zijn.

U speelt met Mij.

Helemaal niet. Ik houd Me alleen aan de feiten.

Als U wilt zeggen dat er op elke regel een uitzondering bestaat, dan ben ik het daarmee eens.

Als er *uitzonderingen* op een regel bestaan, dan is het geen *regel.*

Wilt U mij vertellen dat het *niet* verkeerd is om te doden, pijn te doen, te stelen?

Dat hangt ervan af wat je probeert te *doen.*

Oké, oké, ik vat hem. Maar dat maakt deze zaken nog niet *goed.* Soms moet je iets slechts doen om een goed doel te bereiken.

Wat zoiets uiteindelijk dus helemaal niet 'slecht' maakt. Het is gewoon een middel om een doel te bereiken.

Beweert U nu dat het doel de middelen heiligt?

Wat denk jij?

Neen. Absoluut niet.

Het zij zo.
Snap je niet wat je aan het doen bent? *Je stelt de regels vast terwijl je bezig bent!*
En snap je het andere ook niet? *Dat is prima in orde.*
Het is precies wat je *geacht* wordt te doen!
Het hele leven is een proces te beslissen Wie je bent en dat vervolgens te ervaren.
Terwijl je je visie blijft uitbreiden, kun je nieuwe regels opstellen om alles in te dekken! Als je je idee over je Zelf blijft vergroten, creëer je nieuwe doen-en-latens en nieuwe ja-of-neens om iets af te grenzen. Dit zijn de grenzen die 'binnenhouden' wat *niet* kan worden binnengehouden.
Je kunt 'jezelf' niet binnenhouden, omdat je voor het Universum onbegrensd bent. Toch kun je een denkbeeld vormen over je grenzeloosheid door je *grenzen* voor te stellen en die daarna te accepteren.
In zekere zin is dit de enige manier waarop je jezelf op enigerwijze kunt kennen.
Dat wat grenzeloos is, is grenzeloos. Dat wat ongelimiteerd is, is ongelimiteerd. Het kan niet ergens op een bepaalde plek bestaan, omdat het overal is. Het is overal en *nergens in het bijzonder.*
God is overal. Daarom is God ook nergens in het bijzonder, want

om ergens in het bijzonder te zijn, zou God ook *niet ergens anders moeten zijn*, hetgeen voor God *niet mogelijk* is.
Er is maar een ding dat 'niet mogelijk' is voor God, en dat is voor God *niet God te zijn*. God kan niet 'niet zijn'. Evenmin kan God niet als Hijzelf zijn. God kan Zichzelf niet 'ont-goddelijken'.
Ik ben overal en daar komt het in feite op neer. En aangezien Ik overal ben, ben Ik nergens. En als Ik NERGENS BEN, waar ben Ik dan? Ergens nergens!

Hier ben ik dol op. U heeft deze noot ook al in Boek 1 gekraakt, maar ik ben er verzot op, dus ik zal U niet verder onderbreken.

Dat is erg aardig van je. Maar begrijp je het nu beter? Snap je dat je je ideeën over 'goed' en 'verkeerd' hebt gecreëerd om eenvoudigweg te *bepalen Wie je bent*?
Snap je dat je zonder deze bepalingen, definities, grenzen, niets bent?
En snap je dat je net als Ik de grenzen blijft verleggen wanneer je je Ideeën over Wie je bent, verandert?

Nou, ik begrijp wat U zegt, maar het lijkt er niet op dat ik mijn grenzen, mijn eigen persoonlijke grenzen, bijzonder veel heb verlegd. Ik heb het altijd verkeerd gevonden te doden. Het is altijd verkeerd geweest te stelen. Het is altijd verkeerd geweest een ander pijn te doen. De grootste concepten waarmee wij onszelf in de hand houden, lijken te hebben bestaan sinds het begin der tijden en de meeste mensen sluiten zich erbij aan.

Waarom voeren jullie dan oorlog?

Omdat er altijd wel iemand is die de regels aan zijn laars lapt. In elke fruitmand maakt een rotte appel de rest tot schand.

Wat Ik je nu en in de volgende passages ga vertellen, is voor sommigen erg moeilijk te begrijpen of accepteren. Het zal veel van wat in jullie huidige gedachtegoed voor waar wordt gehouden, bruskeren. Toch kan Ik jullie niet laten verder leven met deze constructies als deze dialoog voor jullie ergens toe wil dienen. Daarom moeten we nu, in dit tweede boek, een paar van deze concepten direct aanvatten. Maar het zal er een tijdje ruig aan toegaan. Ben je er klaar voor?

Ik denk van wel, ja. Bedankt voor de waarschuwing. Wat is er zo dramatisch of moeilijk om te begrijpen of accepteren dat U mij wilt vertellen?

Ik wil je dit vertellen: er zijn geen 'rotte appels'. Er zijn alleen maar mensen die *het oneens zijn met jouw invalshoek,* mensen die een ander wereldbeeld construeren. Ik wil je dit zeggen: Niemand doet iets ongepasts, gegeven zijn of haar wereldbeeld.

Maar dan ligt dat 'wereldbeeld' wel overhoop. *Ik* weet wat goed en kwaad is, en als sommige andere mensen dat niet weten, dan betekent dat nog niet dat *ik daarom* gek ben. *Zij* zijn degenen die gek zijn!

Het spijt Me dit te moeten zeggen, maar dat is precies de instelling waardoor oorlogen beginnen.

Ik weet het, ik weet het. Ik zei het met opzet. Ik herhaalde eenvoudigweg wat ik veel andere mensen heb horen zeggen. Maar hoe *moet* ik die mensen antwoorden? Wat *kan* ik zeggen?

Je kunt hun vertellen dat de opvattingen over 'goed' en 'kwaad' veranderen, en veranderd zijn, keer op keer, van cultuur tot cultuur, van tijd tot tijd, van religie tot religie, van plaats tot plaats... zelfs van gezin tot gezin en van persoon tot persoon. Je kunt hen erop wijzen dat wat veel mensen in een bepaalde tijd 'goed' vonden, zoals het verbranden van zogenaamde heksen, nu toch echt wel als 'verkeerd' wordt beschouwd.
Je kunt hun vertellen dat een definitie van 'goed' en 'kwaad' een uitspraak is die niet alleen tijdgebonden, maar ook geografisch bepaald is. Je zou hen erop attent kunnen maken dat bepaalde activiteiten op jullie planeet illegaal zijn op de ene plek (prostitutie bijvoorbeeld) en een paar kilometer verderop legaal. En daarom telt voor iemand van wie gezegd wordt dat hij iets 'verkeerds' heeft gedaan, niet zozeer wat hij *feitelijk* heeft gedaan maar *waar hij het heeft gedaan.*
Ik ga nu iets herhalen wat Ik al in Boek 1 heb gezegd en Ik weet dat het voor sommigen uiterst moeilijk was om dat te bevatten, te begrijpen.
Hitler is naar de hemel gegaan.

Ik weet niet zeker of de mensen hier klaar voor zijn.

Het doel van dit boek, en van alle boeken in de trilogie die wij aan het maken zijn, is bereidheid te scheppen, bereidheid voor een nieuw paradigma, een nieuw begrip; een bredere visie, een grootser idee.

Dat zal best wezen, maar ik wil toch de vragen stellen, waarvan ik weet dat ze nu bij veel mensen opkomen. Hoe kan een man als Hitler naar de hemel zijn gegaan? Elke godsdienst op aarde... ik denk zelfs *iedereen* heeft hem schuldig verklaard en direct naar de hel verwezen.

Allereerst kon hij niet naar de hel, want die bestaat niet. Er is dan ook maar één plaats waar hij wel naartoe *kon*. Maar dat is niet waar het om draait. De kwestie is of Hitlers daden 'slecht' waren. Vooralsnog heb Ik keer op keer gezegd dat in het universum 'goed' of 'kwaad' niet bestaat. Een ding is niet intrinsiek goed of fout. Een ding *is* gewoon.
Jullie gedachte nu dat Hitler een monster was, is gebaseerd op het feit dat hij het bevel heeft gegeven miljoenen mensen te vermoorden, correct?

Dat ligt nogal voor de hand ja.

Maar wat als Ik je vertelde dat wat jullie 'dood' noemen *het beste is dat iemand kan overkomen*, wat dan?

Ik vind dat moeilijk om te geloven.

Denk jij dat het leven op aarde beter is dan het leven in de hemel? Ik zeg je dit, op het moment van je dood zul je de grootste vrijheid gewaarworden, de grootste vrede, de grootste vreugde en de grootste liefde die je ooit hebt gekend. Moeten we broer Vos straffen voor het feit dat hij broer Konijn voor eeuwig het knollenveld heeft ingejaagd?

U vergeet dat hoe mooi het leven na de dood ook is, ons leven hier niet tegen onze wil mag worden beëindigd. We zijn hier om iets te bereiken, om iets te ervaren, om iets te leren, en het is niet rechtvaardig dat ons leven bruusk wordt afgesneden door een psychopatische patjepeeër met onfrisse ideeën, om het maar vriendelijk te zeggen.

Allereerst ben je hier niet om *iets te leren*. (Herlees Boek 1!) Het leven is geen school en je doel hier is niet om te leren maar om te herinneren. En op een algemenere schaal, jullie leven kan door zoveel zaken bruusk worden bekort... een orkaan, een aardbeving...

Dat is anders. Nu heeft U het over een Daad van God.

Iedere gebeurtenis is een Daad van God.
Kun jij je voorstellen dat een gebeurtenis plaatsvindt ook al wil Ik het niet? Dacht jij dat je nog iets als een pink kon bewegen als Ik bepaal dat jij niets meer kunt? Je kunt *niets* doen als Ik ertegen ben.
Maar laten we dit idee van de 'onbillijke' dood samen verder uitwerken. Is het 'verkeerd' wanneer een leven wordt bekort door ziekte?

'Verkeerd' is niet het goede woord hier. Dan is er sprake van natuurlijke oorzaken en dat is niet hetzelfde als een zwakzinnige misdadiger als Hitler die mensen vermoordt.

Een ongeluk dan? Een stom ongeluk...?

Hetzelfde. Het is tragisch, ongelukkig, maar het is de Wil van God. We kunnen niet in Gods geest kijken om uit te vinden waarom deze dingen gebeuren. We moeten dat ook niet proberen want Gods geest is onveranderlijk en ondoorgrondelijk. Wie probeert het Goddelijke Mysterie op te lossen, verlangt naar kennis die onze pet te boven gaat. Het is zondig.

Hoe weet jij dat?

Omdat als God had gewild dat we alles begrepen, dan *was* dat zo geweest. Het feit dat we het *niet weten* – kunnen weten – is een bewijs dat God het zo *wil*.

Ik snap het. Het feit dat jullie het niet *begrijpen* is een bewijs van Gods Wil. Het feit dat het *gebeurt*, is *niet* een bewijs van Gods Wil. Hmmm...

Ik veronderstel dat ik niet erg goed ben in dit soort zaken uit te leggen, maar ik weet waarin ik geloof.

Geloof je in Gods Wil, in Gods Almacht?

Ja.

Behalve dan waar het om Hitler ging. Wat daar voorviel, was *niet* Gods Wil.

Nee.

Hoe kan dat nu?

Hitler deed Gods Wil geweld aan.

En hoe, denk je, kon hij dat doen als Mijn Wil almachtig is?

U liet toe dat hij dat deed.

Als Ik hem *toeliet* dat te doen, dan was wat hij deed *Mijn Wil*.

Daar lijkt het dan wel op... Maar welke *reden* zou U daarvoor gehad kunnen hebben? Nee. Het was Uw Wil dat hij over een Vrije Wil beschikte. Het was *zijn* wil te doen wat hij heeft gedaan.

Je zit er al zo dichtbij. Zo dichtbij.
Je hebt gelijk, natuurlijk. Het was Mijn Wil dat jullie *allemaal*, ook die Hitlerman, over een Vrije Wil beschikken. En het is niet Mijn Wil dat jullie ononderbroken, oneindig zouden worden gestraft, wanneer jullie niet de keuzes maken die Ik graag zou willen. Als dat het geval was, hoe 'vrij' had Ik jullie wil dan gemaakt? Ben je werkelijk vrij te doen wat je wilt, indien je weet dat je onbeschrijflijk zult lijden wanneer je niet doet wat Ik wil? Wat voor een soort vrije wil of keuze is dat?

Het is niet een kwestie van bestraffing, maar van Natuurwetten. Het gaat simpelweg om consequenties.

Ik merk dat je goed geschoold bent in de theologische constructies die jou toelaten Mij als een wrekende God te zien, zonder Mij ergens verantwoordelijk voor te houden.

Maar wie heeft die Natuurwetten *gemaakt*? En als we het erover eens zijn dat Ik ze heb ingesteld, waarom zou Ik dan eerst zulke wetten instellen en jullie vervolgens de mogelijkheid geven ze te overwinnen?

Als Ik gewenst had dat jullie niet door die wetten getroffen werden – als het Mijn Wil geweest was dat Mijn heerlijke wezens nooit zouden lijden – waarom zou Ik dan de *mogelijkheid* hebben geschapen dat jullie kunnen lijden?

En vervolgens, waarom zou Ik jullie blijven verleiden, dag en nacht, om de wetten die Ik heb ingesteld te overtreden?

Niet U, maar de duivel brengt ons in verleiding.

Ja, daar ga je weer, ontneem Mij Mijn verantwoordelijkheid maar. Snap je dan niet dat Mij Mijn Almacht ontzeggen de enige manier is waarop jij je theologie kunt rationaliseren? Begrijp je dat jouw constructies alleen zin hebben wanneer die van Mij *zinloos* zijn?

Voel je je echt wel senang met het idee van een God die een wezen schept wiens daden Hij niet onder controle heeft?

Ik zei niet dat U de duivel niet onder controle heeft. U kunt *alles* onder controle houden. *U bent God!* Het is gewoon dat U daar *niet* voor gekozen heeft. U *laat toe* dat de duivel probeert ons te verleiden om onze ziel te winnen.

Maar *waarom?* Waarom zou Ik dat doen als Ik niet *wil* dat jullie niet naar mij terugkeren?

Omdat U wilt dat wij uit eigen keuze naar U toe komen, en niet omdat er geen keuze is. U heeft Hemel en Hel ingesteld zodat er een keuze was. Aldus zouden wij handelen op grond van keuze en niet alleen maar een bepaald pad volgen omdat er geen ander was.

Ik kan Mij voorstellen hoe je op dit idee gekomen bent. Dit is de manier waarop jullie het in jullie wereld hebben opgezet, en jij denkt dat het daarom ook zo in *Mijn* wereld is.

Nochtans zeg Ik je: Er *is* geen 'Kwaad' waar Ik ben. Of 'verkeerd', of 'slecht'. Er is alleen het Al van Alles. De eenheid. En het bewustzijn, de Ervaring daarvan.

Mij behoort het Rijk van het Absolute toe, waar Een Ding niet in relatie tot Een Ander bestaat, maar geheel onafhankelijk van om het even wat.

Mijn plek is de plaats waar Alles wat er is Liefde is.

En niets wat wij op aarde denken, zeggen of doen heeft gevolgen?

O, zeker zijn er gevolgen. Kijk maar om je heen.

Ik bedoel na de dood.

De dood bestaat niet. Het leven gaat eeuwig door. Je verandert gewoon van vorm.

Vooruit, op Uw manier dan: nadat we 'van vorm zijn veranderd'.

Nadat je van vorm bent veranderd, houden de gevolgen op te bestaan. Er is enkel Kennis.
Gevolgen zijn een element van relativiteit. Zij hebben geen plaats in het Absolute omdat ze van lineaire 'tijd' en opeenvolgende gebeurtenissen afhangen. Die bestaan niet binnen het Rijk van het Absolute.
In dat rijk bestaan slechts vrede en vreugde en liefde.
In dat rijk zul je eindelijk het Goede Nieuws leren kennen: dat jullie 'duivel' niet bestaat, dat je bent Wie je altijd dacht dat je was, goedheid en liefde. Jouw idee dat je iets anders zou zijn, komt uit een waanzinnige buitenwereld die veroorzaakt heeft dat je je waanzinnig gedraagt. Een buitenwereld vol oordelen en verdoeming. Anderen hebben jou geoordeeld en je oordeelt over jezelf volgens hun oordeel.
Nu verlang je dat God je oordeelt, en Ik doe dat niet.
En omdat je niet een God kunt begrijpen die niet als de mensen handelt, raak je het spoor bijster.
Jullie theologie is een poging om jezelf te hervinden.

U noemt onze theologie waanzinnig, maar hoe kan een theologie fungeren zonder een systeem van Beloning en Straf?

Alles hangt ervan af wat jij opvat als het doel van het leven, en derhalve als de basis van de theologie.
Indien je gelooft dat het leven als een test is, een oordeel, een periode waarin je moet bewijzen dat je 'waardig' bent, dan lijkt jullie theologie zinvol.
Indien je gelooft dat het leven *mogelijkheden* biedt, een proces is

waardoor je ontdekt – herinnert – dat je waardig *bent* (en *altijd* bent geweest), dan lijkt jullie theologie waanzinnig.

Indien je gelooft dat God vol is van Zijn eigen ego, aandacht verlangt en aanbidding, waardering en affectie – *en dat Hij zal doden om dat te verkrijgen* – begint jullie theologie samenhang te vertonen.

Indien je gelooft dat God geen ego of behoeften heeft, maar de *bron* is van alle dingen, en de zetel van wijsheid en liefde, dan valt jullie theologie uiteen.

Indien je gelooft dat God wraakzuchtig is, jaloers in Zijn liefde en verbolgen in Zijn toorn, dan is jullie theologie perfect.

Indien je gelooft dat God vreedzaam is, vreugdevol in Haar liefde en gepassioneerd in Haar verrukking, dan is jullie theologie zinloos.

Ik zeg je dit: het doel van het leven is niet God te behagen. Het doel van het leven is te weten en te herscheppen, Wie jij bent.

Door dat te doen *behaag* je God, en verheerlijk je Haar tegelijkertijd.

Waarom zegt U toch alsmaar 'Haar'? Bent U een zij?

Ik ben een 'hij' noch een 'zij'. Ik gebruik zo nu en dan het vrouwelijk persoonlijk voornaamwoord om jou uit je bekrompen denken los te wrikken.

Indien je denkt dat God een bepaald iets is, dan zul denken dat God niet iets anders is. En dat zou een grote vergissing zijn.

Hitler ging naar de hemel om deze redenen:

Er is geen hel, dus er was geen andere plek voor hem om naartoe te gaan.

Zijn daden waren wat jij vergissingen zou noemen – de daden van een nog niet ontwikkeld wezen – en vergissingen worden niet bestraft door verdoemenis, maar worden afgehandeld door de mogelijkheid van correctie, van evolutie, te bieden.

De vergissingen die Hitler heeft gemaakt, hebben de personen wier dood hij heeft veroorzaakt geen schade berokkend. Die zielen werden van hun aardse banden bevrijd als vlinders die hun cocon verlaten.

De mensen die zijn achtergebleven, treuren over hun doden alleen omdat ze niet weten in wat voor vreugde die zielen zijn opgenomen. Niemand die ooit de dood heeft ervaren, *treurt ooit om het overlijden van iemand.*

Jouw uitspraak dat hun dood desalniettemin te vroeg kwam, en daarom op de een of andere manier 'verkeerd' was, veronderstelt dat zaken in het universum kunnen voorvallen, *ook wanneer ze niet zouden moeten plaatsvinden.* Gegeven Wie en Wat Ik ben nochtans, is dat onmogelijk.

Alles wat in het universum gebeurt, gebeurt op een perfecte wijze. God heeft al een eeuwigheid geen fouten gemaakt.

Wanneer je de pure perfectie ziet in alles – niet alleen in die dingen waarmee je het eens bent, maar ook (en misschien vooral) in die dingen waarmee je het oneens bent – bereik je meesterschap.

Natuurlijk weet ik dit alles al. We hebben het allemaal in Boek 1 besproken. Maar voor hen die Boek 1 niet hebben gelezen, lijkt het me belangrijk om aan het begin van dit boek een gemeenschappelijk uitgangspunt te bepalen. Daarom heb ik deze reeks van vragen en antwoorden ingevoegd. Maar nu, voordat we verder gaan, wil ik nog wat praten over enkele van de zeer ingewikkelde leerstukken die wij mensen hebben gecreëerd. Ik leerde bijvoorbeeld als kind dat ik een zondaar ben, dat alle mensen zondaars zijn en dat wij daar niets aan kunnen doen; we worden zo geboren. We worden *in zonde* geboren.

Ongetwijfeld een interessant concept. Hoe krijgen ze het voor elkaar dat jullie daarin geloven?

Ze vertelden ons het verhaal van Adam en Eva. Ze vertelden in de vierde-, vijfde- en zesdegraads catechese dat, nu ja, *wij* misschien niet gezondigd hebben, en *baby's* al helemaal niet, maar Adam en Eva *wel.* En omdat wij allen van hen afstammen, hebben wij zowel hun schuld als hun zondige natuur geërfd.

U weet, Adam en Eva aten van de verboden vrucht – deelden in de kennis van Goed en Kwaad – en veroordeelden aldus al hun nageslacht tot de scheiding van God vanaf de geboorte. Wij worden allen geboren met de 'Oerzonde' drukkend op onze ziel. Iedereen deelt in deze schuld. En daarom is ons, denk ik, de Vrije Wil gegeven om vast te stellen of we hetzelfde zullen doen als Adam en Eva, dat wil zeggen ongehoorzamen aan God zijn, of dat we onze natuurlijke, aangeboren neiging het 'slechte' te doen kunnen overwinnen en in plaats daarvan, ondanks de verleidingen van de wereld, goed zullen doen.

En als jullie 'slechte' dingen doen?

Dan stuurt U ons naar de hel.

Doe Ik dat?

Ja. Tenzij wij berouw tonen.

Ik begrijp het.

Als we zeggen dat het ons spijt – een perfecte akte van berouw bidden –, dan verlost U ons van de Hel, maar niet van *al* het lijden. We moeten dan alsnog een tijdje in het Vagevuur om van onze zonden te worden gereinigd.

En hoelang moeten jullie in dat vagevuur blijven?

Dat hangt ervan af. Onze zonden moeten worden weggebrand. Dat is geen aangename ervaring, dat kan ik U wel vertellen. En hoe meer zonden we hebben begaan, des te langer moeten de vlammen likken en des te langer moeten we blijven. Zo heeft men het mij verteld.

Ik begrijp het.

Maar we hoeven tenminste niet naar de hel, want daar blijf je voor eeuwig. Als we echter in doodzonde sterven, gaan we *linea recta* naar de hel.

Doodzonde?

Doodzonde is weer anders dan pekelzonde. Als we sterven met een pekelzonde op ons geweten, hoeven we alleen naar het Vagevuur. Elke doodzonde is een enkele reis naar de hel.

Kun je voorbeelden geven van deze verschillende categorieën zonden, waarover men je verteld heeft?

Zeker. Doodzonden zijn zeer ernstig, te vergelijken met misdaden. Theologische felonie. Zaken als moord, verkrachting, diefstal. Pekelzonden zijn eerder als overtredingen. Theologische misdrijven. Een pekelzonde is bijvoorbeeld zondag de kerkdienst missen. Of in vroeger tijden het eten van vlees op vrijdag.

Wacht eens even. Die God van jullie stuurt je naar het Vagevuur als je vlees eet op vrijdag?

Ja. Maar tegenwoordig niet meer. Niet meer sinds begin jaren vijftig. Maar als je vlees at op vrijdag *voor* begin jaren vijftig kon je het wel schudden.

Werkelijk?

Absoluut.

Wat is er dan in de jaren vijftig gebeurd dat deze 'zonde' niet langer een 'zonde' was?

De paus zei dat het niet langer een zonde was.

Ik begrijp het. En deze God van jullie *dwingt* jullie om Hem op zondag te aanbidden en naar de kerk te gaan? Op risico van bestraffing?

De mis niet bijwonen is inderdaad een zonde. En als je die zonde niet opbiecht, als je sterft met die zonde op je geweten, dan ga je naar het Vagevuur.

Maar hoe zit het dan met kinderen? Hoe zit het met een onschuldig klein kind dat al deze 'regels', waar God kennelijk zo van houdt, niet kent?

Een kind dat sterft voordat het in het geloof is gedoopt, belandt in de limbus.

Is dat niet in het zuiden?

Nee, limbus. Dat is niet een plek waar je gestraft wordt, maar het is ook niet de hemel. Het is... tja, de limbus, het voorgeborchte. Je bent niet bij God, maar je hoeft tenminste ook niet 'naar de duivel'.

Maar waarom kan dat mooie, onschuldige kind niet bij God zijn? Het heeft niets verkeerds gedaan...

Dat is zo, maar het kind is ook niet gedoopt. Ongeacht hoe volmaakt

of onschuldig baby's zijn – en ieder andere persoon ook wat dat
betreft – ze moeten gedoopt zijn om in de hemel te komen. Anders
kan God ze niet accepteren. Daarom is het belangrijk je kinderen snel
na de geboorte te laten dopen.

Wie heeft je dit allemaal verteld?

God. Door Zijn kerk.

Welke kerk?

De heilige rooms-katholieke kerk natuurlijk. Dat *is* Gods kerk. Als je
overigens als katholiek een *andere* kerk zou bezoeken, dan is dat ook
een zonde.

Ik dacht dat het een zonde was *niet* naar de kerk te gaan!

Dat is het ook. Maar het is ook een zonde om naar de *verkeerde* kerk te
gaan.

Wat is nu weer een 'verkeerde' kerk?

Voor katholieken elke kerk die niet rooms-katholiek is. Je mag niet in
de verkeerde kerk worden gedoopt, je mag niet in de verkeerde kerk
trouwen, je mag zelfs niet in de verkeerde kerk aanwezig zijn. Ik heb
dat zelf meegemaakt, want als jongen wilde ik eens met mijn ouders
naar het huwelijk van een vriend – ik was zelfs gevraagd *in* de huwe-
lijksmis te participeren als bruidsjonker – maar de nonnen zeiden me
dat ik de uitnodiging niet kon aannemen omdat het in de *verkeerde*
kerk was.

Gehoorzaamde je ze?

De nonnen? Nee. Ik stelde me zo voor dat God, U, even bereidwillig
in die andere kerk zou verschijnen als in mijn kerk, en daarom ging
ik. Ik stond daar in mijn jacquet in het sanctuarium en voelde me
prima.

**Goed. Laten we even recapituleren. We hebben een hemel, een
hel, het vagevuur en de limbus, en we hebben doodzonde en
pekelzonde. Is er nog meer?**

Nou, je hebt het heilig vormsel, de communie en de biecht; er zijn nog exorcisme, het laatste oliesel...

Stop...

Er zijn nog de patroonheiligen en de verplichte feestdagen...

Elke dag is geheiligd. Elke *minuut* is heilig. *Dit, nu, is het heilige ogenblik.*

Vanzelfsprekend, ja, maar sommige dagen zijn pas *echt* heilig, de verplichte feestdagen, en op die dagen moeten wij ook naar de kerk.

Daar begin je weer met 'verplichtingen'. En wat gebeurt er als je je daar niet aan houdt?

Dat is een zonde.

En dus ga je naar de hel.

Nou, je gaat naar het Vagevuur wanneer je met die zonde op je geweten sterft. Daarom is het zo goed om te biechten. Werkelijk zo vaak als je maar kunt. Sommige mensen gaan iedere week. Sommigen gaan elke *dag*. Op die manier kunnen ze altijd weer met een schone lei beginnen, voor het geval dat ze plotseling komen te overlijden...

Anders gezegd, ze leven voortdurend in angst.

Ja, snapt U, dat is de bedoeling van godsdienst: ons vrees voor God in te prenten. Dan doen we alleen goede dingen en bieden we verzet tegen verleiding.

Aha. Maar wat nu als je tussen de ene biecht en de volgende een zonde pleegt en dan bij een ongeluk of zoiets betrokken raakt en overlijdt?

Dat is oké, hoor. Geen reden tot paniek. Je bidt gewoon een perfecte akte van berouw. 'O, mijn God, ik voel zo'n berouw dat ik U heb beledigd...'

Oké, oké. Genoeg.

Maar wacht even. Dit is slechts een van de wereldgodsdiensten. Wilt U niet nog enkele andere nader bekijken?

Nee, het beeld is nu wel duidelijk.

Ik hoop maar dat de mensen niet denken dat ik hun geloof belachelijk wil maken.

Je maakt niets of niemand belachelijk. Je beschrijft gewoon waar het op staat. Net zoals jullie Amerikaanse president Harry Truman gewoon was te zeggen: 'Geef ze op hun donder, Harry!' riepen de mensen, en Harry zei dan: 'Ik geef ze niet op hun donder. Ik citeer hen gewoon letterlijk en dat is al bedonderd genoeg.'

4

Tjonge, we zijn hier nogal op een zijspoor geraakt. We begonnen over Tijd te praten en hebben het nu over geïnstitutionaliseerde godsdiensten.

Tja, zo gaat het nu eenmaal als je met God praat. Dan is het moeilijk om de gespreksstof beperkt te houden.

Laat me eens zien of ik de punten kan samenvatten, die U in hoofdstuk 3 naar voren heeft gebracht.
• Er is geen tijd behalve *deze* tijd; er bestaat geen moment behalve *dit* moment.
• Tijd is geen continuüm. Het is een aspect van Relativiteit, bestaand in een 'op-en-neer'-paradigma, met 'momenten' of 'voorvallen' die op elkaar gestapeld liggen, en 'tegelijkertijd' gebeuren of plaatsvinden.
• We reizen constant op en neer tussen werkelijkheden in dit rijk van tijd/geen tijd/alles tijd, gewoonlijk in onze slaap. Een 'déjà vu' is een van de manieren waarop we dit kunnen beseffen.
• Er is nooit een tijd geweest dat wij er 'niet' waren, evenmin zal die tijd er ooit zijn.
• Het concept van 'Ouderdom' met betrekking tot onze ziel heeft te maken met bewustzijnniveaus en niet met een bepaalde 'houdbaarheidsdatum'.
• Er bestaat geen kwaad.
• We zijn volmaakt, precies zoals we zijn.
• 'Verkeerd' of 'slecht' is een conceptualisering van het verstand, gestoeld op Relatieve Ervaring.
• We stellen de regels al doende vast, passen ze steeds aan onze Huidige Werkelijkheid aan en dat is prima in orde. Het is zoals het *moet* zijn indien we wezens in ontwikkeling zijn.
• Hitler ging naar de hemel.
• Alles wat gebeurt is Gods wil, *alles*. Hieronder vallen niet alleen orkanen, tornado's en aardbevingen, maar ook Hitler. Het geheim van begrip is het *Doel* achter alle gebeurtenissen te kennen.
• Er is geen straf na de dood en alle gevolgen bestaan alleen in de

Relatieve Ervaring, niet in het Rijk van het Absolute.
• Theologie is de waanzinnige poging van de mensheid een waanzinnige God te verklaren die niet bestaat.
• De enige manier waarop menselijke godsleren zinvol kunnen zijn, is als we accepteren dat God geheel en al zonder zin is.
Wat denkt U ervan? Wederom een goede samenvatting?

Uitstekend.

Goed. Want nu heb ik een miljoen vragen. Uitspraak 10 en 11 vragen bijvoorbeeld om verdere uitleg. Waarom *ging* Hitler naar de hemel? (Ik weet dat U net heeft geprobeerd dit toe te lichten, maar ik heb gewoon extra uitleg nodig.) En wat *is* het doel achter alle gebeurtenissen? En hoe staat dit Hogere Doel in relatie tot Hitler en andere despoten?

Laten we eerst het Doel doen.
Alle gebeurtenissen, alle ervaringen hebben tot doel *kansen* te scheppen. Gebeurtenissen en ervaringen zijn Kansen. Niets meer, niets minder.
Het is een vergissing ze te beoordelen als 'het werk van de duivel', 'de straf van God', 'een beloning uit de hemel' of iets daar tussenin. Het zijn eenvoudigweg Gebeurtenissen en Ervaringen, dingen die gebeuren.
Ze ontlenen hun betekenis aan wat wij erover *denken*, wat wij eraan *doen*, hoe wij tegenover hen *zijn*.
Gebeurtenissen en ervaringen zijn door jullie aangetrokken kansen, *door* jullie individueel of collectief bewustzijn geschapen mogelijkheden. Bewustzijn schept ervaring. Jullie proberen je bewustzijn te verhogen. Jullie trekken deze kansen aan, opdat jullie ze kunnen gebruiken als het gereedschap, waarmee jullie kunnen scheppen en ervaren Wie je bent. Wie je bent is een wezen van een hoger bewustzijn dan waarvan jullie nu blijk geven.
Omdat het Mijn Wil is dat jullie weten en ervaren Wie je bent, laat Ik jullie iedere gebeurtenis of ervaring aantrekken, die jullie kiezen te scheppen teneinde dit doel te bereiken.
Andere Spelers in het Universele Spel voegen zich van tijd tot tijd bij jullie, bijvoorbeeld in de vorm van Korte Ontmoetingen, Perifere Participanten, Tijdelijke Teamgenoten, Langetermijntussenpersonen, Familie- en Gezinsleden, Teder Beminden en Levenspartners.

Deze zielen voelen zich tot jou aangetrokken *door* jou. Jij voelt je tot hen aangetrokken *door* hen. Dit is een wederzijds creatieve ervaring die de keuzes en verlangens van beiden tot uitdrukking brengt.

Niemand komt toevallig tot je.
Toeval bestaat niet.
Niets gebeurt willekeurig.
Het leven is geen toevalstreffer.

Gebeurtenissen worden net als mensen *door* jou aangetrokken, voor je eigen doeleinden. Ontwikkelingen op grotere schaal en ervaringen op aarde zijn het resultaat van een groepsbewustzijn. Zij worden als een totaal door jouw groep aangetrokken ten gevolge van keuzes en verlangens van jouw groep als geheel.

Wat bedoelt U met de term 'jouw groep'?

Niet iedereen begrijpt het *groepsbewustzijn*. Toch is het uitzonderlijk krachtig en het kan, als je niet goed oplet, het individuele bewustzijn overwinnen. Je moet daarom altijd nastreven groepsbewustzijn te creëren, waar je ook gaat en wat je ook doet, indien je wenst dat je hogere levenservaring op aarde harmonieus is.

Indien je in een groep bent, waarvan het bewustzijn niet jouw bewustzijn weerspiegelt, en je bent niet in staat om op dit moment effectief het groepsbewustzijn te veranderen, dan is het beter die groep te verlaten. Anders gaat de groep *jou* nog leiden. De groep gaat daarnaartoe waar *zij* wil, ongeacht wat jij wil.

Indien je geen groep kunt vinden, waarvan het bewustzijn met jouw bewustzijn overeenkomt, wees dan een *bron* voor een groep. Anderen, gelijkgezinden, zullen dan tot jou worden aangetrokken.

Individuen en kleinere groepen moeten grotere groepen beïnvloeden – en uiteindelijk de allergrootste groep, namelijk de HELE mensheid – voordat er permanente en wezenlijke veranderingen op aarde kunnen plaatsvinden.

Jullie wereld, en de conditie waarin zij verkeert, is een weerspiegeling van het totale, gecombineerde bewustzijn van iedereen die leeft.

Als je om je heen kijkt, zie je dat er nog veel werk moet gebeuren. Tenzij je tevreden bent, natuurlijk, met jouw wereld zoals die is.

Verbazingwekkend genoeg *zijn de meeste mensen tevreden*.

Daarom verandert de wereld niet.
De meeste mensen *zijn* tevreden met een wereld, waarin verschillen – niet overeenkomsten – worden beloond, waarin meningsverschillen worden opgelost door conflicten en oorlog.
De meeste mensen zijn tevreden met een wereld, waarin de strijd om het bestaan, 'macht is kracht' en competitie levensvoorwaarden zijn en winnen het hoogste goed wordt genoemd.
Als zo'n systeem toevallig ook 'verliezers' voortbrengt, dan is dat maar zo – het zij zo – zolang jij daar maar niet tussen zit.
De meeste mensen *zijn* tevreden, ook al brengt zo'n model regelmatig mensen voort die de dood vinden omdat ze als 'slecht' worden beoordeeld, die uitgehongerd en dakloos raken omdat zij 'verliezers' zijn, die onderdrukt en uitgebuit worden omdat zij niet 'sterk' zijn.
De meeste mensen definiëren 'verkeerd' of 'slecht' als dat wat anders is dan zij. Met name godsdienstige verschillen worden niet getolereerd, evenals veel sociale, economische en politieke verschillen.
Uitbuiting van de lagere klassen wordt gerechtvaardigd door zelfingenomen verklaringen van de bovenklasse die benadrukken hoeveel beter de slachtoffers het nu hebben, in vergelijking met hun situatie voordat zij werden uitgebuit. Volgens die maatstaf kan de bovenklasse het onderwerp negeren hoe alle mensen *zouden moeten* worden behandeld als men werkelijk *rechtvaardig* was, in plaats van een vreselijke situatie iets beter te maken en tegelijkertijd daarvan op bijna obscene wijze een graantje mee te pikken.
De meeste mensen *lachen*, wanneer je een ander systeem voorstelt dan het huidige, bestaande systeem. Ze zeggen dat concurreren, doden, 'de hoofdprijs voor de winnaar', hun beschaving juist *groot* heeft gemaakt! De meeste mensen denken dat er zelfs geen andere natuurlijke wijze van *bestaan* is, dat het in de *aard* van de mens ligt zo te handelen, en dat op een andere wijze handelen de geest doodt die de mens tot slagen aanzet. (Niemand stelt de vraag: slagen waarin?)
Voor waarlijk verlichte geesten is het moeilijk te begrijpen, maar de meeste mensen op jullie aarde geloven in deze filosofie, en dat is waarom velen niet *geven* om de lijdende massa's, de onderdrukking van minderheden, de woede van de onderklasse of de *overlevingsbehoeften* van anderen dan zijzelf en hun directe verwanten.
De meeste mensen snappen niet dat zij hun aarde aan het ver-

woesten zijn – de planeet nota bene die hen het *Leven* schenkt – omdat zij in hun daden alleen naar verbetering van hun levensomstandigheden streven. Verbazingwekkend genoeg zijn ze niet verziend genoeg om te beseffen dat voordelen op de korte termijn nadelen op de lange termijn kunnen veroorzaken, en dat ook vaak doen en zullen doen.

De meeste mensen voelen zich *bedreigd* door groepsbewustzijn, een concept als het collectief belang, een verenigde wereldvisie of een God die in eenheid met de hele schepping bestaat, eerder dan er apart van te staan.

Deze vrees voor alles wat tot eenwording leidt en de verheerlijking door jullie planeet van Alles dat scheidt, produceert verdeling, disharmonie, twist; toch lijken jullie niet in staat te leren van jullie eigen ervaringen en blijven jullie in je gedrag volharden, met altijd dezelfde resultaten.

Door het onvermogen het lijden van een ander als je eigen lijden te ervaren, kan het lijden blijven voortbestaan.

Scheiding veroorzaakt onverschilligheid, valse superioriteit. Eenheid brengt medeleven voort, oprechte gelijkwaardigheid.

De gebeurtenissen op jullie planeet – zoals ze nu al 3000 jaar op regelmatige basis plaatsvinden – zijn, zoals Ik al zei, een weerspiegeling van het Collectieve Bewustzijn van 'jullie' of 'jouw groep', de hele groep op jullie planeet.

Dat bewustzijnsniveau kan het best worden omschreven als primitief.

Hmmm. Ja. Maar het lijkt alsof we van de oorspronkelijke vraag zijn afgedwaald.

Niet echt. Je stelde een vraag over Hitler. De Hitler-Ervaring werd mogelijk als gevolg van een groepsbewustzijn. Veel mensen willen zeggen dat Hitler een groep manipuleerde – in dit geval zijn landgenoten – door de listigheid en het meesterschap van zijn retoriek. Maar dit legt gemakkelijk genoeg alle schuld bij Hitler, en dat is precies wat de grote massa verlangt.

Maar Hitler vermocht niets zonder de samenwerking, steun en willige onderwerping van miljoenen mensen. De subgroep die zichzelf het Duitse volk noemde, heeft een enorme schuldenlast te aanvaarden voor de Holocaust. Net zoals tot op zekere hoogte de grotere groep die zich Wereldbevolking noemt, omdat zij, als ze al iets anders deed, onverschillig en apathisch bleef tegenover het lijden in Duitsland totdat dat zo'n enorme omvang bereikte dat zelfs de meest verstokte, ongevoelige isolationist in de Verenigde Staten het niet langer kon negeren.

Zie je, het was het *collectieve bewustzijn* dat een vruchtbare voedingsbodem bood voor de groei van de nazi-beweging. Hitler greep de omstandigheden aan, maar hij creëerde ze niet.

Het is belangrijk de *les* hier te begrijpen. Een groepsbewustzijn dat voortdurend over segregatie en superioriteit spreekt, veroorzaakt verlies aan medeleven op een enorme schaal, en verlies aan medeleven wordt onvermijdelijk gevolgd door gewetensverlies.

Een collectief concept dat in strikt nationalisme is geworteld, negeert de plichten tegenover anderen, maar maakt alle anderen verantwoordelijk tegenover die *van jou*, en rechtvaardigt aldus vergelding, 'rechtzetting' en oorlog.

Auschwitz was de nazi-oplossing voor hun 'joodse probleem', een poging om dat 'recht te zetten'.

De horror van de Hitler-Ervaring was niet dat hij die aan de mensheid oplegde, maar dat *de mensheid hem liet begaan*.

De verbazing is niet dat er een Hitler *was*, maar dat zovelen hem *volgden*.

De schande is niet alleen dat Hitler miljoenen joden vermoordde, maar ook dat miljoenen joden vermoord moesten worden voordat Hitler werd tegengehouden.

Het doel van de Hitler-Ervaring was de mensheid haar ware gezicht te tonen.

Door de geschiedenis heen hebben jullie opmerkelijke leraren gehad, die allen een buitengewone mogelijkheid vertegenwoordigden jullie eraan te herinneren Wie je werkelijk bent. Deze leraren hebben jullie het hoogste en het laagste van het menselijk potentieel getoond.

Zij hebben op kleurrijke, adembenemende wijze het voorbeeld gegeven wat het kan betekenen mens te zijn, waar je heen kunt gaan met de ervaring, waar het gros van jullie heen kan gaan en zal gaan, *gegeven jullie bewustzijn*.

Het ding om te onthouden: bewustzijn is alles en schept je ervaring. *Groepsbewustzijn* is krachtig en produceert uitkomsten van onuitsprekelijke schoonheid of lelijkheid. De keuze ligt altijd bij jullie.

Indien je niet tevreden bent over het bewustzijn van je groep, probeer het dan te veranderen.

De beste manier om het bewustzijn van anderen te veranderen, is door jouw voorbeeld.

Indien jouw voorbeeld niet volstaat, vorm dan je eigen groep; *jij* zult de *bron* zijn van het bewustzijn dat je anderen wilt laten ervaren. Zij *zullen* dat doen, als jij het doet.

Het begint met *jou*. Alles. Alle dingen.

Wil je de wereld veranderen? Verander de dingen in je eigen wereld.

Hitler gaf jullie een gouden kans dat te doen. De Hitler-Ervaring is – net als de Christus-Ervaring – diepgaand in haar implicaties en de waarheden die zij tegenover jullie over jullie heeft onthuld.

Maar dit bredere bewustzijn leeft – net als in het geval van Hitler *of* Boeddha, Djenghis Khan *of* Hare Krishna, Atilla de Hun *of* Jezus de Christus – slechts even lang als jullie herinnering aan hen leeft.

Daarom bouwen joden monumenten voor de Holocaust en vragen ze jullie deze nooit te vergeten. Want er zit een beetje van Hitler in jullie allen, en dat is slechts een kwestie van niveau. Een volk uitroeien is een volk uitroeien, of dat nu in Auschwitz, Wounded Knee, Atjeh of in de Kongo gebeurt.

Dus Hitler is erop uitgezonden om ons een lesje te leren over de gruweldaden die de mens kan plegen, hoe diep de mens kan zakken?

Hitler is jullie niet gezonden; hij is *door* jullie gecreëerd. Hij rees op uit jullie Collectieve Bewustzijn en zou daarzonder niet hebben kunnen bestaan. *Dat* is de les.

Het bewustzijn van scheiding, segregatie, superioriteit – van 'wij' tegen 'zij', van 'ons' en 'hen' – is wat de Hitler-Ervaring schept.

Het bewustzijn van de Goddelijke Broederschap, van samenwerking, Eenheid, van 'ons' eerder dan 'jouw/mijn' is wat de Christus-Ervaring schept.

Wanneer de smart van 'ons' is, niet slechts van 'jou', wanneer de vreugde van 'ons' is en niet alleen van 'mij', wanneer de *hele levenservaring* van Ons is, dan is dat uiteindelijk waarachtig een Hele Levenservaring.

Waarom ging Hitler naar de hemel?

Omdat Hitler niets 'verkeerds' deed. Hitler deed eenvoudigweg wat hij deed. Ik herinner je nogmaals eraan dat vele jaren lang miljoenen dachten dat hij 'goed' was. Hoe kon hij dan helpen hetzelfde te denken?

Als je een of ander waanzinnig idee verkondigt en tien miljoen

mensen zijn het met je eens, dan geloof je niet meteen dat je waanzinnig bent.
De wereld besloot – uiteindelijk – dat Hitler 'slecht' was. Dat wil zeggen, de mensen van de wereld stelden opnieuw vast Wie zij zijn en Wie zij wensten te zijn met betrekking tot de Hitler-Ervaring.
Hij stelde een maatstaf op! Hij legde een parameter vast, een grens waartegen wij onze ideeën over onszelf konden afmeten en bepalen. Christus deed hetzelfde, maar wel aan het andere uiteinde van het spectrum.
Er zijn andere Christussen en andere Hitlers geweest en er zullen nog wel meer komen. Wees dan ook altijd waakzaam. Want onder jullie verkeren mensen met een hoog en een laag bewustzijn, zelfs als *jullie* onder anderen verkeren. Welk bewustzijn draag je met je mee?

Ik begrijp nog steeds niet hoe Hitler naar de hemel is kunnen gaan, hoe hij een beloning heeft kunnen krijgen voor wat hij heeft gedaan.

Begrijp ten eerste dat de dood niet een einde is maar een begin; geen gruwel maar een vreugde. Het is niet een afsluiting maar een opening.
Het gelukkigste moment van je leven is wanneer het aan zijn einde komt.
De verklaring hiervoor is dat het *niet* eindigt maar doorgaat op manieren die zo schitterend zijn, zo vervuld van vrede, wijsheid en vreugde, dat het moeilijk te beschrijven is en voor jou onmogelijk om te begrijpen.
Het eerste wat je dus moet begrijpen – zoals Ik je al heb uitgelegd – is dat Hitler niemand *gegriefd* heeft. In zekere zin legde hij het lijden *niet* op, maar maakte er een *einde* aan.
Boeddha heeft gezegd dat het leven lijden is, en Boeddha had gelijk.

Maar zelfs als ik dat accepteer, dan nog *wist* Hitler niet dat hij in feite *goed* deed. Hij dacht dat hij iets *slechts* deed.

Neen, hij dacht niet dat hij iets 'slechts' deed. Hij meende werkelijk dat hij zijn volk vooruithielp. En dat is wat jij niet begrijpt, wat voor iedereen nu moeilijk te begrijpen is.
Niemand doet *iets* wat 'verkeerd' is gegeven zijn wereldbeeld. Als

jij denkt dat Hitler als een waanzinnige handelde en dat hij tegelijkertijd *wist* dat hij waanzinnig was, dan begrijp je niets van de complexiteit van de menselijke ervaring.

Hitler dacht dat hij iets *goeds* deed voor zijn volk. En zijn volk dacht dat ook! *Dat was de waanzin ervan!* Het grootste deel van de natie was het *met hem eens!*

Jullie hebben verklaard dat Hitler 'verkeerd' was. Goed. Op die manier hebben jullie jezelf gedefinieerd, zijn jullie meer over jezelf te weten gekomen. Uitmuntend. Maar veroordeel Hitler er niet om dat *hij jullie dat duidelijk heeft gemaakt.*

Iemand moest dat doen.

Je kunt koud niet kennen tenzij er warm is, boven niet tenzij er beneden is, links niet tenzij er rechts is. Veroordeel niet de een terwijl je de ander zegent. Wie dat doet, heeft die het begrepen?

Eeuwenlang hebben mensen Adam en Eva veroordeeld. Zij zouden de oerzonde hebben begaan. Ik zeg jullie dit: het was de Oerzegen. Want zonder deze gebeurtenis, zonder de kennis van Goed en Kwaad, zouden jullie niet eens weten dat deze twee mogelijkheden bestonden! Inderdaad, voor de zogenaamde Val van Abraham bestonden ze ook *niet.* Er bestond geen 'kwaad'. Iedereen en alles bestond in een staat van constante perfectie. Het was letterlijk paradijs. Nochtans wisten jullie niet dat dit het paradijs was, jullie konden het niet als volmaaktheid ervaren, omdat jullie *niets anders kenden.*

Zul je Adam en Eva dan veroordelen of hen bedanken?

En wat, zeg je, moet ik doen met Hitler?

Ik zeg jullie dit: Gods liefde en Gods medeleven, Gods wijsheid en Gods vergevingsgezindheid, Gods intentie en Gods *doeleinde* zijn groot genoeg om de gruwelijkste misdaad en de meest godvergeten misdadiger te omvatten.

Misschien ben je het hier niet mee eens, maar dat geeft niet. Je hebt net geleerd wat je hier kwam ontdekken.

5

In Boek 1 heeft U beloofd in dit boek een groot aantal globale onderwerpen uit te werken, zoals tijd en ruimte, liefde en oorlog, goed en kwaad, evenals sommige planetaire, geopolitieke overwegingen van het hoogste niveau. U heeft ook beloofd gedetailleerd de menselijke ervaring met betrekking tot seks uit te leggen.

Ja, Ik heb al die dingen beloofd.
Boek 1 ging over meer persoonlijke onderwerpen, onder meer je leven als individu. Boek 2 behandelt jullie collectieve bestaan op de planeet. Boek 3 besluit deze trilogie met de grootste waarheden: de kosmologie, het hele plaatje, de reis van de ziel. Alles samengenomen, Mijn beste huidige advies en informatie over alles van het vastknopen van je schoenveters tot het begrijpen van je universum.

Heeft U alles al gezegd wat U over tijd kwijt wilde?

Ik heb alles gezegd wat jij moet weten.
Er is geen tijd. Alle dingen bestaan tegelijkertijd. Alle gebeurtenissen vinden direct plaats.
Dit Boek wordt nu geschreven en erin staat geschreven dat het *al* geschreven is; het bestaat al. Feitelijk is dat waar jij al je informatie vandaan krijgt, uit dat boek dat al bestaat. Jij geeft er slechts deze vorm aan.
Dit wordt bedoeld met: 'zelfs voor je vraagt, heb Ik al geantwoord.'

Al deze informatie over Tijd lijkt... nu ja, interessant maar nogal esoterisch. Is het op enigerlei wijze toepasbaar voor het gewone leven?

Goed inzicht in de tijd maakt dat je veel vrediger leeft in jouw realiteit van relativiteit, waar tijd eerder als een beweging, een stroom, wordt ervaren dan als een constante.
Jij beweegt, niet de tijd. Tijd *kent* geen beweging. Er is slechts Een Moment.

Op een bepaald, diep niveau snappen jullie dit wel. Daarom zegt iemand die iets werkelijk prachtigs of belangrijks heeft gemaakt, dat het net was 'alsof de tijd stilstond'. Tijd *staat stil*. En wanneer *jij ook stilstaat*, ervaar je meestal een van die levensbepalende momenten.

Ik kan dit maar moeilijk geloven. Hoe is dat mogelijk?

Jullie wetenschap heeft dit al wiskundig *aangetoond*. Er zijn formules die laten zien dat als je in een ruimteschip stapt en maar ver weg genoeg en *snel* genoeg vliegt, je een bocht terug kunt maken om *jezelf* van aarde te zien *vertrekken*.

Dit laat zien dat Tijd niet een *beweging* is, maar een veld waar je je doorheen beweegt, in jullie geval op het Ruimteschip Aarde.

Jullie zeggen dat het 365 'dagen' kost om een jaar vol te maken. Maar wat is een 'dag'? Jullie hebben – tamelijk willekeurig, als Ik dat zo mag zeggen – besloten dat een 'dag' de 'tijd' is die het jullie Ruimteschip kost om een omwenteling om zijn as te maken.

Hoe weet je dat het zo'n omwenteling heeft volbracht? (Je *voelt* het niet bewegen!) Jullie hebben een referentiepunt aan de hemel gekozen, de zon. Je zegt dat het een hele 'dag' kost voor het deel van het Ruimteschip waarop jij je bevindt, om tegenover de zon te staan, weg te draaien van de zon en weer tegenover de zon te staan.

Jullie hebben deze 'dag' in 24 'uren' verdeeld, alweer tamelijk willekeurig. Je had net zo gemakkelijk '10' of '73' kunnen zeggen.

Daarna verdeelden jullie elk 'uur' in 'minuten'. Jullie zeiden dat iedere uureenheid 60 kleinere eenheden bevat, de 'minuten', en dat ieder *daarvan* 60 kleine eenheden telt, de 'seconden'.

Op een dag merkten jullie dat de aarde niet alleen om haar as draaide, maar dat zij ook *zweefde*. Jullie begrepen dat zij door de ruimte in een baan *om de zon* draaide.

Jullie rekenden zorgvuldig uit dat het 365 omwentelingen van de aarde duurde voordat zij een baan om de zon had voltooid. Dit aantal omwentelingen van de aarde noemden jullie een 'jaar'.

Er ontstonden wat problemen toen jullie besloten dat jullie een 'jaar' in kleinere eenheden wilden opsplitsen dan een 'jaar' maar groter dan een 'dag'.

Jullie creëerden de 'week' en de 'maand', kregen het voor elkaar een zelfde aantal maanden in ieder jaar te stoppen, maar jullie slaagden er niet in iedere maand een zelfde aantal dagen te geven.

Jullie wisten geen manier te vinden een oneven aantal dagen (365) door een even aantal maanden (12) te delen, en daarom namen jullie de beslissing dat *sommige maanden meer dagen tellen dan andere!*

Jullie vonden dat je aan twaalf moest vasthouden als een onderverdeling voor het jaar omdat dat overeenkwam met het aantal Maancycli die jullie de maan zagen maken tijdens een 'jaar'. Teneinde deze drie ruimtelijke gebeurtenissen te verenigen – omwenteling om de zon, rotatie van de aarde om haar as en maancycli – pasten jullie gewoon het aantal 'dagen' van iedere 'maand' aan.

Zelfs deze benadering loste niet alle problemen op en jullie eerdere bedenksels bleven een hoeveelheid 'tijd opbouwen', waarmee jullie je geen raad wisten. Daarom besloten jullie uiteindelijk dat er om de zoveel jaar *een hele dag extra* moest komen. Jullie noemden dat een schrikkeljaar en maakten daar grapjes over, maar jullie *leven* in feite wel volgens zo'n constructie. En dan noemen jullie *Mijn* uitleg van Tijd 'ongelooflijk'!

Jullie hebben geheel willekeurig 'decennia' en 'eeuwen' geschapen (interessant genoeg gebaseerd op '10' en niet op '12') voor de verdere meting van het verloop van de 'tijd', maar het enige wat jullie in feite hebben gedaan, is een maatstaf ontwikkelen voor *bewegingen door de ruimte.*

Aldus zien we dat niet de tijd 'voorbijgaat', maar dat *objecten* voorbij komen *door* en rondtollen *in* een statisch veld dat jullie *ruimte* noemen. 'Tijd' is eenvoudigweg jullie manier om *bewegingen te tellen!*

Wetenschappers begrijpen deze connectie heel erg goed en spreken dan ook over het 'ruimte-tijd-continuüm'.

Jullie doctor Einstein en anderen begrepen dat tijd een geestelijke constructie was, een *relationeel concept*. 'Tijd' was wat het was *in relatie tot de ruimte* die bestond tussen objecten! (Indien het universum uitzet – wat inderdaad het geval is – dan duurt het 'langer' voor de aarde om haar baan om de zon te voltooien omdat een grotere ruimte dan miljoenen jaren geleden moet worden overbrugd.)

Het kost dus meer minuten, uren, dagen, weken, maanden, jaren, decennia en eeuwen voor al deze cyclische gebeurtenissen om plaats te vinden dan het in 1492 kostte! (Wanneer is een 'dag' niet een dag? Wanneer is een 'jaar' niet een jaar?)

Jullie nieuwe, uiterst verfijnde tijdmetingsinstrumenten leggen nu deze discrepantie in 'tijd' vast, en ieder jaar worden wereldwijd klokken aangepast om te voldoen aan een universum dat gewoon niet stil wil blijven zitten! Die zogenaamde GMT (Greenwicht Mean Time) kun je maar beter niet samen met je GFT weggooien, want het maakt van het universum een stuk televisietoestel!

Einstein bedacht dat als het niet de 'tijd' was die bewoog, maar *hij* die zich met een bepaalde snelheid door de ruimte verplaatste, dat hij dan alleen maar de ruimte tussen de objecten hoefde te verkleinen of de *snelheid* waarmee hij zich van het ene object naar het andere bewoog, om de 'tijd' aan te passen.

Zijn Algemene Relativiteitstheorie breidde jullie eigentijdse begrip van de correlatie tussen tijd en ruimte uit.

Je begint nu misschien te begrijpen waarom je, als je een lange reis door de ruimte maakt en terugkeert, slechts tien jaar ouder bent en je vrienden op aarde dertig jaar erop hebben zitten! Hoe verder je gaat, des te meer je het Ruimte-Tijd-Continuüm kromtrekt; de kans dat je bij landing nog iemand aantreft die leefde toen jij vertrok, wordt dan steeds kleiner!

Indien wetenschappers op aarde echter ergens in de 'toekomst' een manier ontwikkelen om je *sneller* voort te bewegen, dan zou je het universum kunnen misleiden en synchroon kunnen blijven met de 'sterrentijd' op aarde, zodat je bij terugkomst slechts evenveel tijd bent weggeweest als er op aarde is verstreken.

Vanzelfsprekend zou je als je voldoende snelheid weet te ontwikkelen, kunnen terugkeren naar aarde nog voordat je vertrokken bent! Dat wil zeggen dat de tijd op aarde zich *langzamer* ontwikkelt dan de tijd in het ruimteschip. Je zou kunnen terugkeren in tien van jouw 'jaren' en de aarde is slechts vier jaar 'ouder' geworden! Laat de snelheid toenemen en tien jaar in de ruimte betekenen slechts tien minuten op aarde.

Kom je nu een 'plooi' in het weefsel van de ruimte tegen (Einstein en anderen geloofden dat dergelijke 'plooien' bestaan, en ze hadden gelijk!), dan word je plotseling in een oneindig klein 'moment' door de 'ruimte' voortbewogen. Zou een dergelijk tijd-ruimte fenomeen je letterlijk kunnen 'terugslingeren in de tijd'?

Het zal nu niet zo moeilijk meer zijn in te zien dat 'tijd' niet bestaat, behalve als een constructie van je verstand. Alles wat ooit is voorgevallen en alles wat ooit staat te gebeuren, gebeurt *nu*. Het vermogen om dit waar te nemen hangt slechts van je standpunt af, van je 'plaats in de ruimte'.

Als je in Mijn plaats was, kon je Alles zien, *nu op dit moment!*

Gesnopen?

Wow, ik *begin* het – op een theoretisch niveau – te begrijpen, *ja!*

Goed. Ik heb het je hier op een heel eenvoudige wijze uitgelegd, zodat zelfs een kind de ruimtewas kan doen. Het is misschien geen wetenschappelijk hoogstandje, maar het leidt wel tot inzicht.

Op dit moment zijn fysieke objecten beperkt in termen van hun snelheid, maar *immateriële zaken* – mijn gedachten, mijn ziel – kunnen in theorie met ongelooflijke snelheid de ether doorkruisen.

Exact! Precies! En dat gebeurt vaak in dromen, bij paranormale ervaringen of wanneer mensen buiten hun lichaam treden.
Nu begrijp je *déjà vu.* Je bent daar waarschijnlijk al eerder geweest!

Maar... als alles al is *gebeurd*, dan volgt daaruit dat ik niet in staat ben mijn toekomst te veranderen. Is dat predestinatie?

Nee! Trap daar niet in! Dat is niet waar. Deze 'stand der zaken' moet jou *dienen*, niet *tegenwerken!*
Je bevindt je altijd op een plek met vrije wil en totale keuze. Wanneer je in staat bent in de toekomst te 'kijken' (of wanneer je dat anderen laat doen), dan moet dat de kans dat je je eigen leven kunt leiden vergroten, niet beperken.

Hoe? Ik heb hier hulp nodig.

Als je een toekomstige gebeurtenis 'ziet' die je niet bevalt, *kies* er dan niet voor! Kies opnieuw. Selecteer een andere gebeurtenis!
Verander je gedrag of pas het aan, zodat je *een ongewenste uitkomst kunt vermijden.*

Maar hoe vermijd je iets dat al gebeurd is?

Het is jou nog niet overkomen, nog niet! Jij bevindt je op een plek in het Ruimte-Tijd-Continuüm waar je je niet *daadwerkelijk bewust* bent van de gebeurtenis. Jij 'kent' haar niet als iets dat heeft 'plaatsgevonden'. Je hebt je niet je toekomst 'herinnerd'!

(Deze vergeetachtigheid is het geheim van *alle tijd*. Dit maakt het voor jou mogelijk om het grote levensspel te 'spelen'. Ik leg dat later nog uit!)
Wat je niet 'kent', is niet 'zo'. Aangezien 'jij' je niets 'herinnert' van je toekomst, is het 'jou' nog niet 'overkomen'. Een ding 'gebeurt' alleen wanneer het 'ervaren' wordt. Een ding wordt alleen 'ervaren' wanneer het 'gekend' is.
Laten we eens veronderstellen dat je gezegend bent met een korte blik, een fractie 'kennis' van je 'toekomst'. Wat gebeurt is, is dat je Geest – het immateriële deel van jou – zich gewoon naar een ander deel van het Ruimte-Tijd-Continuüm heeft gespoed en daar wat restjes energie van mee heeft teruggebracht, een paar beelden of indrukken van dat moment of die gebeurtenis.
Deze kun je 'voelen', of anders 'voelt' of 'ziet' iemand die een metafysische gave heeft ontwikkeld, deze beelden en energieën om jou heen wervelen.
Als het je niet aanstaat wat je 'gewaarwordt' over je toekomst, neem er dan gewoon afstand van! Neem er afstand van! Op dat moment verander je je ervaring en ieder van jullie slaakt een diepe zucht van opluchting!

Wacht eens even! Huh?

Je moet weten – je bent er nu klaar voor om het te horen – dat je *terzelfdertijd* op ieder niveau van het Ruimte-Tijd-Continuüm bestaat.
Dat wil zeggen, je ziel Was Altijd, Is Altijd, en Zal Altijd Zijn een einde-loze wereld, amen.

Ik besta op meer dan één plaats?

Natuurlijk. Je bestaat overal en te allen tijde!

Er bestaat een toekomstige 'ik' en een 'ik' in het verleden?

Hoor eens, 'toekomst' en 'verleden' bestaan niet, zoals we net met veel moeite hebben leren begrijpen, maar als je de woorden gebruikt zoals jij ze gewoon bent te gebruiken, ja.

Er zijn meerdere exemplaren van mij?

Er is *slechts* een exemplaar van jou, maar je bent meer *omvattend* dan je denkt!

Dus wanneer de 'ik' in het 'nu' iets verandert wat hem niet bevalt over zijn 'toekomst', dan deelt de 'ik' in de 'toekomst' niet langer in zijn ervaring?

In principe, ja. Het hele mozaïek verandert. Maar hij verliest nooit de ervaring die hij zichzelf heeft gegeven. Hij is gewoon blij en opgelucht dat 'jij' dat niet hoeft mee te maken.

Maar de 'ik' in het 'verleden' moet deze 'ervaring' nog opdoen en trapt er met open ogen in?

In zekere zin, ja. Maar 'jij' kan hem natuurlijk helpen.

Kan ik dat?

Natuurlijk. Ten eerste, door te veranderen wat de 'jij' *vóór* jou heeft ervaren, hoeft de 'jij' *achter* jou het misschien nooit te ervaren! Door die kunstgreep kan je ziel zich ontwikkelen.
Op dezelfde manier krijgt de *toekomstige jij* hulp van zijn eigen toekomstige zelf, terwijl hij daarmee *jou* helpt te voorkomen wat hij niet deed.
Kon je het volgen?

Ja. En het is intrigerend. Maar nu heb ik een andere vraag. Hoe zit het met vorige levens? Indien ik altijd 'mijzelf' ben geweest – in het 'verleden' en in de 'toekomst' – hoe kan ik dan iemand *anders*, een andere persoon, in een vorig leven zijn geweest?

Je bent als Goddelijk Wezen in staat meer dan een ervaring 'terzelfdertijd' door te maken; je kunt jouw Zelf in zoveel 'zelven' splitsen als je wilt.
Je kunt hetzelfde leven op verschillende manieren steeds weer opnieuw beleven, zoals Ik zoëven heb uitgelegd. En je kunt ook verschillende levens op verschillende 'tijden' binnen het continuüm leven.
Terwijl je dus de hele tijd jezelf bent, hier, nu, kun je ook andere 'zelven' zijn – en dat ben je ook geweest – in andere 'tijden' en op andere 'plaatsen'.

Heremijntijd, dit wordt almaar ingewikkelder en ingewikkelder.

Ja, en we hebben alleen nog maar het oppervlak verkend.
Weet echter dit: jij bent een wezen van Goddelijke Afmetingen en kent geen beperkingen. Een deel van jou heeft ervoor gekozen je in jouw, op dit moment ervaren identiteit te kennen. Nochtans is dit in de verste verte niet de limiet van jouw Wezen, *al denk je dat dit wel zo is.*

Waarom?

Je *moet* dat denken, want anders kun je niet doen wat je jezelf als opdracht hebt gegeven in dit leven.

En wat is die opdracht? U heeft me dat al eerder verteld, maar vertel het nog maar eens, 'hier' en 'nu'.

Je gebruikt het hele Leven – het totaal van *vele* levens – om te *zijn* en *bepalen* Wie je werkelijk bent; om te kiezen en te scheppen Wie je werkelijk bent; om je huidige idee over jezelf te ervaren en te vervullen.
Je verkeert in een Eeuwig Moment van Zelfschepping en Zelfvervulling door het proces van Zelfexpressie.
Je hebt de mensen, gebeurtenissen en omstandigheden in je leven aangetrokken als het gereedschap waarmee je de Verhevener Versie vormgeeft van het Grootste Visioen dat je ooit over jezelf hebt gehad.
Dit proces van schepping en herschepping is continu, oneindig en kent vele lagen. Het gebeurt allemaal 'op dit moment' en op diverse niveaus.
In je lineaire realiteit vat je de ervaring op als een belevenis uit het Verleden, het Heden of de Toekomst. Je verbeeldt je slechts een leven te hebben, of misschien meerdere, maar altijd maar eentje *per keer.*
Maar wat nu als 'tijd' *niet* bestaat? Dan beleef je al je 'levens' *tegelijkertijd!*
Dat doe je!
Je leeft *dit* leven, je nu gerealiseerde leven, in je Verleden, je Heden en je Toekomst, allemaal tegelijk! Heb je ooit een 'vreemd voorgevoel' over een toekomstige gebeurtenis gehad, dat zo sterk was dat je je ervan moest afkeren?

In jullie taal noemen jullie dat een voorgevoel, maar in Mijn visie is het gewoon een plotselinge bewustwording van iets dat je in je 'toekomst' hebt ervaren.

Je 'toekomstige ik' zegt: 'hé, dit was niet leuk. Doe het niet!'

Je leeft ook andere levens – wat jij vorige levens noemde – op dit moment, hoewel jij ze ervaart alsof ze in het verleden liggen (als je ze al ervaart), en dat maakt eigenlijk niets uit. Het zou erg moeilijk zijn als je dit prachtige levensspel moet spelen terwijl je je *volledig* bewust bent van wat er gaande is. Zelfs de beschrijving die Ik hier geef, kan je niet alles geven. Als dat wel zo was, dan was het 'spel' gedaan! Het proces *hangt ervan af* of het Proces voltooid is, zoals het is, met inbegrip van jouw tekort aan totaal bewustzijn in deze fase.

Gezegend zij daarom het Proces, accepteer het als de mooiste gift van de Allerbeminnelijkste Schepper. Omhels het Proces en doorloop het in vrede en wijsheid en vreugde. Gebruik het Proces en verander het in iets van wat je moet *doorstaan* tot iets wat je *aangaat*, als een gereedschap bij de schepping van de allerschitterendste ervaring Aller Tijden: de vervulling van je Goddelijke Zelf.

Hoe? Hoe kan ik dat het beste doen?

Verspil de allermooiste momenten van je huidige realiteit niet, streef ernaar alle geheimen van het leven te ontsluieren.

Die geheimen zijn met *reden* geheim. Gun je God het voordeel van de twijfel. Gebruik je Nu-Moment voor het Hoogste Doel, de creatie en de expressie van Wie je werkelijk bent.

Beslis Wie je bent – Wie je wilt zijn – en doe alles wat in je macht ligt om dat te *zijn*.

Gebruik wat Ik heb verteld over tijd als een raamwerk, binnen je beperkte inzicht, waarop je de constructie van je Verhevener Idee plaatst.

Als een indruk van de 'toekomst' tot je komt, *respecteer* die dan. Als een idee over een 'vorig leven' tot je komt, kijk dan of het enig nut voor je heeft en negeer het niet zonder meer. Bovenal, als je een weg wordt gewezen om je Goddelijke Zelf nu nog glorieuzer te creëren, tentoon te stellen, uit te drukken en te ervaren, *volg* die weg dan.

En jou zal een *weg* worden geopenbaard, omdat je erom gevraagd hebt. De totstandbrenging van dit boek is tekenend voor jouw vragen, want je zou het niet kunnen produceren, nu op dit moment recht voor jouw ogen, zonder een open geest, een open hart en een ziel die bereid is te weten.

Hetzelfde geldt voor hen die dit nu *lezen*. Want *zij hebben het ook geschapen*. Hoe zouden ze het *anders* nu kunnen *ervaren*?

Iedereen creëert alles wat nu wordt ervaren, wat een andere manier is om te zeggen dat Ik alles creëer wat nu wordt ervaren, want *Ik ben iedereen*.

Zie je de symmetrie hier? Zie je de Perfectie?

Het ligt allemaal besloten in een enkele waarheid:

ER IS SLECHTS EEN VAN ONS.

6

Vertel me over ruimte.

Ruimte is aangetoonde tijd...
In feite bestaat ruimte niet, pure, 'lege' ruimte die niets bevat.
Alles is *iets*. Zelfs de leegste ruimte is gevuld met zulke dunne dampen, zo uitgestrekt over oneindige gebieden, dat ze er niet lijken te zijn.
Dan, wanneer de dampen er niet meer zijn, is er energie. Zuivere energie. Deze manifesteert zich als vibratie. Oscillaties.
Bewegingen van het Al volgens een bepaalde frequentie.
Onzichtbare 'energie' is de 'ruimte' die 'materie bijeenhoudt'.
Ooit – om jullie lineaire tijd als model te gebruiken – was alle materie in het universum in een kleine stip samengebracht. Jullie kunnen je de dichtheid daarvan niet voorstellen, maar dat is omdat jullie denken dat materie zoals die *nu* bestaat dicht is.
In feite is wat jullie materie noemen hoofdzakelijk ruimte. Alle 'vaste' objecten zijn 2 procent vaste 'materie' en 98 procent 'lucht'! De ruimte tussen de kleinste materiedeeltjes in alle objecten is enorm. Het is te vergelijken met de afstanden tussen de hemellichamen aan jullie nachthemel. Niettemin noemen jullie deze objecten *vast*.
In een punt was het hele universum eigenlijk 'solide'. Er was virtueel *geen ruimte* tussen de materiedeeltjes. Uit alle materie was de 'ruimte' weggehaald, en toen al die enorme 'ruimte' verdwenen was, vulde alle materie een gebied kleiner dan een speldenknop.
Er was overigens een 'tijd' voor die 'tijd', toen er helemaal geen materie was, enkel de zuiverste vorm van de Hoogste Vibratie-Energie, die jullie *antimaterie* zouden noemen.
Dit was de tijd 'voor' de tijd, voordat het fysieke universum zoals jullie dat kennen bestond. Sommige mensen herkennen hierin de paradijselijke of 'hemelse' hand van God, omdat er 'niets aan de hand was'.
(Het is geen toeval dat wanneer er iets ergs lijkt te zijn gebeurd, jullie vragen: 'wat is er aan de hand?')
In den beginne vibreerde, oscilleerde pure energie – Ik! – gigan-

tisch snel om materie te vormen, *alle materie van het universum!*
Ook jullie kunnen hetzelfde kunststuk volbrengen. Jullie *doen* het
zelfs iedere dag. Jullie *gedachten* zijn pure vibratie, en zij *kunnen*
fysieke materie scheppen en *doen* dat ook! Als maar voldoende
mensen dezelfde gedachte hebben, kunnen jullie delen van jullie
fysieke universum beïnvloeden en zelfs creëren. Dit is in detail in
Boek 1 uitgelegd.

Dijt het universum nu uit?

Met een snelheid die jij je niet kunt voorstellen!

Zal het eeuwig uitdijen?

Nee. Er komt een tijd dat de energieën die de uitdijing aandrijven,
zullen oplossen; de energieën die dingen bij elkaar houden,
nemen het dan over en zullen alles dan weer 'terug'trekken.

U bedoelt dat het universum zal krimpen?

Ja. Alles zal tamelijk letterlijk 'op zijn plaats vallen'! En jullie zullen
weer het paradijs ervaren. Geen materie. Zuivere energie.
Met andere woorden: *Ik!*
Uiteindelijk zal alles weer bij Mij terugkomen. Dat is de oorsprong
van jullie zinsnede: 'daar komt alles op neer.'

Dat houdt dus in dat wij dan niet meer bestaan!

Niet in een fysieke vorm. Maar jullie zullen *altijd bestaan.* Jullie
kunnen niet *niet* bestaan. Jullie *zijn* dat wat *Is.*

Wat gebeurt er wanneer het universum 'instort'?

Dan begint het hele proces opnieuw! Er zal een andere zoge-
naamde Oerknal zijn en een ander universum geboren worden.
Dat zal ook uitdijen en krimpen. En dan zal het alles op dezelfde
wijze overdoen. En opnieuw. En opnieuw. Voor eeuwig en altijd.
Wereld zonder einde.
Dit is het in- en uitademen van God.

Nou, dit is allemaal opnieuw heel boeiend, maar het heeft maar heel weinig te maken met mijn leven van alledag.

Zoals Ik al eerder zei, is een buitensporig gebruik van tijd om de diepste mysteries van het universum te ontrafelen waarschijnlijk niet de meest efficiënte manier om je leven in te richten. Maar er kan voordeel worden behaald uit deze eenvoudige lekenallegorieën en beschrijvingen van het Grotere Proces.

Zoals?

Je leert bijvoorbeeld in te zien dat alles cyclisch verloopt, ook het leven zelf.

Inzicht in het leven van het universum helpt je het leven van het universum binnen in jezelf te begrijpen.

Het leven beweegt in cirkels. Alles is cyclisch. Alles. Als je dat begrijpt, kun je beter van het Proces genieten en hoef je het niet alleen maar te verdragen.

Alle dingen bewegen zich cyclisch. Het leven heeft een natuurlijk ritme en alles beweegt volgens dat ritme; alles volgt de stroom. Aldus staat geschreven: 'alles heeft zijn seizoen; en er is een tijd voor elk Doel onder de Hemelen.'

Wijs is hij die dit begrijpt. Slim is hij die er gebruik van maakt.

Vrouwen begrijpen het ritme van het leven het best. Zij leven hun hele bestaan volgens bepaalde ritmes. Zij zijn *in* ritme met het leven zelf.

Vrouwen gaan gemakkelijker 'met de stroom mee' dan mannen. Mannen willen duwen, trekken, zich verzetten, de stroom *sturen*. Vrouwen *ervaren* het en geven er dan vorm aan om harmonie te produceren.

Een vrouw hoort de melodie van bloemen in de wind. Zij ziet de schoonheid van het Ongeziene. Zij voelt het rukken en stoten van de behoeften van het leven. Zij *weet* wanneer het tijd is om te rennen of om te rusten; tijd om te lachen of te huilen; tijd om ergens aan vast te houden of om iets te laten varen.

De meeste vrouwen verlaten hun lichaam bevallig. De meeste mannen vechten tegen het vertrek. Vrouwen verzorgen hun lichamen ook gracieuzer wanneer zij *erin* verblijven. Mannen verzorgen hun lichaam afschuwelijk. En ze doen hetzelfde met het leven.

Natuurlijk zijn er uitzonderingen op iedere regel. Ik spreek hier in algemeenheden. Ik heb het erover hoe de zaken tot nu toe liggen. Ik spreek in de meest algemene termen. Maar als je naar het leven kijkt, als je tot jezelf toelaat wat je ziet, als je bevestigt wat er aan de hand is, dan vind je waarheid in deze algemeenheid.

Toch maakt dat me triest. Het lijkt alsof vrouwen op de een of andere manier superieure wezens zijn. Alsof ze uit 'beter hout' zijn gesneden dan mannen.

Een deel van het verheven levensritme is de yin en de yang. Een Aspect van het 'Zijn' is niet 'perfecter' of 'beter' dan een ander. Beide aspecten zijn gewoon, en wonderbaarlijk niet meer en niet minder dan aspecten.

Mannen belichamen kennelijk andere reflecties van de Goddelijkheid, waar vrouwen met evenveel nijd naar kijken als jullie naar hen.

Toch wordt weleens gezegd dat man-zijn een test is, je proeftijd. Wanneer je lang genoeg man bent geweest; wanneer je voldoende onder je eigen domheid hebt geleden; wanneer je voldoende leed hebt ervaren door de rampen die je zelf in het leven hebt geroepen; wanneer je anderen meer dan genoeg hebt gekwetst om je eigen gedrag te stoppen – bijvoorbeeld door agressie door rede te vervangen, minachting door medeleven, altijd winnen door niemand hoeft te verliezen – dan kun je misschien vrouw worden.

Wanneer je hebt geleerd dat macht *niet* 'recht' is; dat kracht *niet* macht *over*, maar macht samen *met* is; dat absolute macht niets van anderen verlangt. Wanneer je deze zaken begrijpt, dan verdien je het misschien het lichaam van een vrouw te dragen, want dan heb je uiteindelijk haar Wezen begrepen.

Een vrouw is dus beter dan een man.

Nee! Niet 'beter', anders! *Jij* trekt die conclusie. 'Beter' of 'erger' bestaat niet in de objectieve realiteit. Er bestaat alleen wat Is, en wat jij wenst te Zijn.

Heet is niet beter dan koud, boven niet beter dan beneden; een punt dat Ik al eerder heb aangevoerd. Vrouwelijk is dus niet 'beter' dan mannelijk. Het *is* gewoon wat het is. Net zoals jij bent wat je bent.

Niemand van jullie wordt in zijn mogelijkheden beperkt. Jullie kunnen Zijn wat jullie wensen te Zijn, kiezen wat jullie wensen te ervaren. In dit leven of het volgende of het leven weer daarna, net zoals je in het leven hiervoor hebt gedaan. Ieder van jullie beschikt altijd over een keuzemogelijkheid. Ieder van jullie is gemaakt van Al van Het. Er is vrouwelijk en mannelijk in ieder van jullie. Breng het tot uitdrukking en ervaar dat aspect van jezelf dat je graag tot uitdrukking wilt brengen en ervaren. Maar weet dat *alles* voor ieder van jullie openstaat.

Ik wil nog niet op andere thema's overstappen. Ik wil nog eventjes vasthouden aan dit man-vrouw-paradigma. U heeft aan het eind van Boek 1 beloofd veel gedetailleerder het hele seksuele aspect van deze dualiteit te bespreken.

Ja, Ik geloof dat het tijd wordt dat jij en Ik het eens over seks gaan hebben.

7

Waarom heeft U twee geslachten geschapen? Was dat de enige manier die U voor ons kon bedenken, waarop wij ons konden voortplanten? Hoe moeten we omgaan met deze ongelooflijke ervaring die wij seksualiteit noemen?

Niet met schaamte, dat staat vast. En niet met schuld en niet met vrees.
Want schaamte is geen deugd, en schuld is geen goedheid, en in vrees is geen eer.
En niet met wellust, want lust is geen passie; en niet met losheid want losheid is geen vrijheid; en niet met agressiviteit want agressiviteit is geen geestdrift.
En, vanzelfsprekend, niet met ideeën over controle of macht of overheersing, want die hebben niets met Liefde te maken.
Maar... mag seks worden gebruikt voor doeleinden als persoonlijke voldoening? Het antwoord is verrassend ja, want 'persoonlijke voldoening' is gewoon een andere term voor Eigenliefde.
Persoonlijke voldoening heeft over de jaren een slechte naam gekregen en dat is de belangrijkste reden dat er zoveel schuld wordt verbonden aan seks.
Je wordt verteld dat je iets niet voor persoonlijke voldoening mag gebruiken wat *intens persoonlijk voldoet!* Je voelt dat dit overduidelijk tegenstrijdig is, maar je weet niet wat je met die conclusie moet aanvangen! Dus besluit je dat alles in orde is wanneer je je *schuldig* voelt voor, tijdens en na de seksbeleving.
Het is ongeveer als die beroemde zangeres die Ik hier niet met name noem en die miljoenen verdient met haar liedjes. Toen haar om een commentaar werd gevraagd over haar ongelooflijke succes en alle rijkdom die dat haar bracht, zei ze: 'Ik voel me bijna *schuldig* omdat ik dit zo graag doe.'
De implicatie is duidelijk. Als je iets heel graag doet, zou je niet daarenboven ook nog in geld moeten worden beloond. De meeste mensen verdienen geld *door iets te doen wat ze haten* of in ieder geval door *hard werken,* niet door *oneindige vreugde!*
De boodschap van de wereld is dus: als je ergens een negatief gevoel over hebt, *dan pas kun je ervan genieten!*

Je gebruikt schuld vaak in een poging je slecht te voelen over iets waarover je je goed voelt, om je aldus te verzoenen met God... van wie jij denkt dat Hij wil dat je je *nergens* goed over voelt.

Je mag je met name niet prettig voelen bij de genietingen van het lichaam. En *absoluut* niet over (zoals onze grootmoeders nog fluisterden) 's-e-k-s'...

Wel, het goede nieuws is dat *het prima is om van seks te genieten.*

Het is prima *om van je Zelf te houden!*

Het is zelfs verplicht.

Wat echter niet goed is, is om *seksverslaafd* te raken (geen enkele verslaving is goed). Maar het is prima in orde om er verliefd op te worden.

Oefen dit door tien keer per dag te roepen:

IK HOUD VAN SEKS!

Oefen *dit* door tien keer per dag te zeggen:

IK HOUD VAN GELD!

En durf je deze enorme uitdaging aan? Probeer *dit* tien keer per dag te zeggen:

IK HOUD VAN MIJ!

Hier zijn nog wat zaken waarvan je niet geacht wordt te houden. Oefen wel ervan te houden:

MACHT

GLORIE

ROEM

SUCCES

WINNEN

Zin in nog meer? Probeer *deze.* Je zou je *echt* schuldig moeten voelen als je van *deze* hield:

DE OPHEMELING VAN ANDEREN

BETER ZIJN

MEER HEBBEN

WETEN HOE TE

WETEN WAAROM

Genoeg gehad? Wacht! Hier is het *ultieme schuldgevoel.* Hier behoor je je uiterst schuldig te voelen: Ik

KEN GOD

Is dat niet boeiend? Je hele leven lang hebben ze je je schuldig laten voelen aangaande

DE ZAKEN DIE JE HET LIEFSTE WILT

Nochtans zeg Ik je dit: houd, houd, houd van de dingen die je verlangt, want je liefde voor hen *trekt ze naar je toe.*

Deze zaken vormen de essentie van het leven. Wanneer je ervan houdt, *houd je van het leven.* Wanneer je uitspreekt dat je ernaar verlangt, verkondig je dat je alle goede dingen kiest die het leven te bieden heeft!

Kies daarom *seks,* alle seks die je kunt krijgen! En kies *macht,* alle macht die je aankunt! En kies *roem,* alle roem die je kunt verwerven! En kies *succes,* al het succes dat je maar behalen kunt! En kies *winnen,* alle overwinningen die je kunt beleven.

Maar kies seks niet in plaats van liefde, *maar als een celebratie daarvan.* En kies niet macht over, *maar macht samen met.* En kies niet roem als doel op zich, *maar als middel tot een hoger doel.* En kies niet succes ten koste van anderen, *maar als middel om anderen bij te staan.* En kies niet winnen tegen iedere prijs, *maar juist overwinningen die niet ten koste gaan van anderen en zelfs ook hun voordeel brengen.*

Vooruit, kies de ophemeling van anderen, maar zie alle anderen als wezens waarover jij je lof kunt uitstorten en *doe* het!

Vooruit, kies beter zijn, maar niet beter dan anderen; eerder beter dan *jij voordien was.*

Vooruit, kies meer hebben, maar alleen zo dat je meer bezit om *weg te geven.*

En ja, kies 'weten hoe te' en 'weten waarom', zodat je al je kennis met anderen kunt delen.

En kies bovenal ervoor GOD TE KENNEN. *Kies hier zelfs* HET EERSTE VOOR *en al het andere zal vanzelf volgen.*

Heel je leven is je geleerd dat het beter is te geven dan te krijgen. *Maar je kunt niet geven wat je niet bezit.*

Daarom is zelfvoldoening zo belangrijk en daarom is het zo jammer dat dit woord tegenwoordig zo naar klinkt.

Natuurlijk hebben we het hier niet over zelfvoldoening ten koste van anderen. Maar het leven komt ook niet neer *op het verplicht negeren van je eigen behoeften.*

Verstrek jezelf voldoende plezier en je zult over voldoende plezier beschikken om aan anderen te schenken.

De meesters van tantrische seks weten dit en moedigen daarom zelfbevrediging aan, wat sommigen onder jullie zelfs als een zonde beschouwen.

Zelfbevrediging? O jee, hier heeft U echt een laatste grens overschreden. Hoe kunt U zoiets naar voren brengen – hoe kunt U het zelfs maar zeggen – in een boek dat verondersteld van God zou komen?

Ik leid hieruit af dat jij zo je eigen oordeel over masturbatie hebt.

Nou ja, ik niet, maar een hoop lezers misschien wel. En ik dacht dat U had gezegd dat we dit boek maakten voor anderen om te lezen.

Dat doen we ook.

Waarom beledigt U hen dan zo opzettelijk?

Ik 'beledig' niemand 'opzettelijk'. Het staat mensen vrij om zich 'beledigd' te voelen of niet, wat ze maar willen. Maar denk jij dat wij echt frank en vrij over menselijke seksualiteit kunnen praten zonder dat *iemand* zich 'beledigd' zal voelen?

Nee, maar er is wel zoiets als een brug te ver gaan. Ik denk niet dat veel mensen erop voorbereid zijn God over masturbatie te horen spreken.

Als we dit boek moeten beperken tot dat waarop de meeste mensen voorbereid zijn God te horen spreken, wordt het een heel dun boekje. De meeste mensen zijn nooit gereed om te horen waarover God spreekt wanneer Hij spreekt. Zij wachten meestal 2000 jaar.

Goed, ga verder. We zijn over de eerste schok heen.

Goed. Ik gebruikte deze levenservaring (waarin jullie allen delen of hebben gedeeld, maar waarover niemand lijkt te willen praten) om een breder concept te verduidelijken.
Dat concept is, hergeformuleerd: *geef jezelf voldoende genot en je zult over voldoende genot beschikken om aan anderen te schenken.*
Onderwijzers in de zogenaamde tantrische seks – een zeer hoogstaande vorm van seksbeleving overigens – weten dat je vermogen om je partner genot te verschaffen en een continue, gelukzalige vereniging van ziel en lichaam te ervaren – hetgeen een zeer edel motief is om seksualiteit te ervaren – grotendeels minder wordt wanneer je *hongerend naar seks* aan die ervaring begint.
Tantrische minnaars bevredigen daarom eerst zichzelf voordat ze elkaar genot verschaffen. Dit wordt regelmatig in het bijzijn van de ander gedaan, en meestal met hulp en liefhebbende begeleiding van elkaar. Dan, wanneer de initiële geilheid bevredigd is,

kan aan de diepere dorst van beiden – de dorst naar verrukking door continue vereniging – op verheven wijze worden voldaan.
Het wederzijdse zelfgenot maakt geheel deel uit van de vreugde, speelsheid, lieflijkheid van seksualiteit die volledig tot uitdrukking komt. Het is een van de *diverse* onderdelen. De ervaring die jullie coïtus noemen, of geslachtsgemeenschap, kan al tot een einde komen na een twee 'uur' durende liefdesontmoeting. Of niet. Voor de meesten van jullie is het het enige aspect van een twintig 'minuten' durende oefening. Als je die twintig 'minuten' al haalt, bofkont!

Ik had geen idee dat dit op een sekshandboek zou uitdraaien.

Dat gebeurt ook niet, maar het zou ook niet slecht zijn als het wel zo was. De meeste mensen hebben genoeg te leren over seksualiteit en het is het wonderbaarlijkste, heilzaamste uitdrukkingsmiddel.
Ik probeerde niettemin nog steeds een meer algemeen punt toe te lichten. Hoe meer genot je jezelf verschaft, des te meer genot kun je de ander geven. Evenzo kun je, als je jezelf het genot van macht verschaft, meer macht met anderen delen. Hetzelfde geldt voor roem, rijkdom, glorie, succes en al het andere waarbij je je goed voelt.
Laten we overigens eens bestuderen waarom bepaalde dingen je een 'goed gevoel' geven.

Oké, ik geef het op. Waarom is dat zo?

'Een goed gevoel' is de manier waarop de ziel roept: 'dit is Wie ik ben!'
Kun je je herinneren hoe de leraar vroeger op school de namenlijst doornam en dat je, als hij jouw naam riep, iets moest antwoorden als 'present'?

Ja.

Nou, 'een goed gevoel' is de manier waarop de ziel 'present' zegt!
Een heleboel mensen steken echter de draak met dit 'je goed voelen'. Ze beweren dat het de weg naar de hel is. Maar Ik zeg dat het de weg naar de *hemel* is!

Veel hangt natuurlijk af van wat jij vindt dat 'goed voelt'. Anders gezegd, welke ervaringen geven jou dat gevoel? En Ik zeg je ook dit: er is nooit enige evolutie voortgekomen uit *ontkenning*. Als je klaar bent voor ontwikkeling, dan zal dat niet zijn doordat je in staat bent met succes de dingen te ontkennen die je een goed gevoel geven. Je hebt jezelf immers deze zaken, dat genot, *geschonken* en zelfs iets groters gevonden. Want hoe kun je weten dat iets 'groter' is als je het 'kleinere' nooit geproefd hebt?

Godsdiensten verlangen dat je ze op hun woord gelooft. Daarom falen alle godsdiensten uiteindelijk.

Spiritualiteit aan de andere kant zal altijd slagen.

Godsdiensten eisen dat je leert van de ervaring van anderen. Spiritualiteit dringt erop aan dat je je eigen ervaring zoekt.

Godsdienst weegt niet op tegen Spiritualiteit. Godsdienst kan Spiritualiteit niet het hoofd bieden. Want Spiritualiteit leidt je misschien tot een *ander besluit* dan een bepaalde godsdienst, en geen enkele godsdienst kan dat verdragen.

Godsdiensten moedigen je aan de gedachten van anderen te verkennen en die als je eigen gedachten te accepteren. Spiritualiteit nodigt je uit de gedachten van anderen te verwerpen en met eigen gedachten te komen.

'Een goed gevoel' is jouw manier om te zeggen dat je laatste gedachte *waar* was, dat je laatste woord *wijsheid* was, dat je laatste daad *liefde* was.

Kijk om vast te stellen hoeveel je bent vooruitgegaan, om te meten hoe ver je je hebt ontwikkeld, eenvoudig naar wat je 'een goed gevoel' geeft.

Probeer je evolutie nochtans niet te *forceren*, door te ontkennen wat goed voelt of door daar afstand van te nemen.

Zelfontkenning is zelfdestructie.

Maar weet ook dit: zelfregulering is niet zelfontkenning. Je gedrag reguleren is een *actieve keuze* iets wel of niet te doen op grond van je beslissing Wie je bent. Als je stelt dat je de rechten van anderen respecteert, dan is de beslissing om niet te stelen of te roven, te verkrachten of te plunderen, nauwelijks 'zelfontkenning'. Het is 'zelf*proclamatie*'. Daarom wordt ook gezegd dat de maat voor iemands ontwikkeling neerkomt op wat die persoon een goed gevoel geeft.

Als je onverantwoordelijk handelt, als je je gedraagt op een manier waarvan je weet dat je anderen kwetst of dat je leed en ellende veroorzaakt, en als dat jou een goed gevoel geeft, dan ben je nog niet erg ver ontwikkeld.

Bewustzijn is hier de sleutel. En het is de taak van de ouderen in jullie families en gemeenschappen om dit bewustzijn te creëren en te verbreiden onder jongeren. Het is evenzo de taak van Gods boodschappers om het bewustzijn onder *alle* mensen te vergroten, opdat zij begrijpen dat alles wat door of voor een persoon wordt gedaan, dóór of vóór allen wordt gedaan, want wij zijn allen Een.

Wanneer je uitgaat van Eenheid, kan het je geen 'goed gevoel' geven een ander te kwetsen. Zogenaamd onverantwoordelijk gedrag verdwijnt. Binnen deze parameters wensen zich ontwikkelende wezens het leven te ervaren. Binnen deze parameters zeg Ik: *schenk jezelf toestemming alles* te hebben wat het leven te bieden heeft, en je zult ontdekken dat *het meer te bieden heeft dan je je ooit hebt verbeeld.*

Je bent wat je ervaart. Je ervaring is wat je tot uitdrukking brengt. Je brengt dat tot uitdrukking waaraan je uitdrukking wil geven. Je hebt wat je jezelf schenkt.

Ik ben hier dol op, maar kunnen we terugkeren tot de oorspronkelijke vraag?

Ja. Ik heb twee geslachten geschapen om dezelfde reden waarom Ik alles 'yin' en 'yang' heb gemaakt in het hele universum! Vrouwelijk en mannelijk maken *deel* uit van yin en yang. Zij zijn de hoogste levende expressie daarvan in jullie wereld. Zij zijn yin en yang... in *vorm*. In een van de *vele fysieke vormen*.

Yin en yang, hier en daar... dit en dat... boven en beneden, heet en koud, groot en klein, snel en langzaam, materie en antimaterie...

Dit *Alles* is noodzakelijk voor jullie om het leven te ervaren zoals jullie het kennen.

Hoe kunnen we het best de zogenaamde seksuele energie tot uitdrukking brengen?

Liefdevol. Openlijk.
Speels. Vreugdevol.
Buitenzinnig. Gepassioneerd. Geheiligd. Creatief. Onbeschaamd.
Sensueel.
En natuurlijk regelmatig.

Sommige mensen beweren dat het enige legitieme doel van seksualiteit voortplanting is.

Nonsens. Voortplanting is het gelukkige effect van, niet de opzet vooraf van de meeste seksuele ervaringen. Het idee dat seks alleen bestemd is om baby's te maken is naïef, en de aanverwante gedachte dat je moet stoppen met seks als het laatste kind is verwekt, is zelfs erger dan naïef. Het doet de menselijke natuur geweld aan, en dat is per slot van rekening de natuur die Ik jullie heb gegeven.

Seksuele expressie is het onvermijdelijke resultaat van een eeuwig proces van attractie en de ritmische energiestroom die heel het leven aandrijft.

Ik heb in al deze dingen een energie ingebouwd die zijn signaal door het hele universum heen uitstraalt. Iedere persoon, ieder dier, iedere plant, rots of boom – elk fysiek wezen – zendt energie uit als een radiozender.

Jij zendt nu energie uit, scheidt het af vanuit het centrum van je wezen naar alle richtingen toe. Die energie – die jij bent – verplaatst zich in golfpatronen. De energie verlaat je, beweegt door muren, over bergen, voorbij de maan, en gaat Eeuwig door. Het stopt nooit en te nimmer.

Elke gedachte die je ooit hebt gehad, kleurt deze energie. (Wanneer je aan iemand denkt en die persoon is gevoelig genoeg, dan voelt hij of zij dat.) Ieder woord dat je ooit hebt gesproken, geeft daar vorm aan. Alles wat je ooit hebt gedaan, beïnvloedt het.

De vibratie, de mate van snelheid, de golflengte, de frequentie van je emanatie verschuift en verandert constant met je gedachten, stemmingen, gevoelens, woorden en daden.

Je kent de uitdrukking 'op de goede golflengte zitten' en die is zeer waar, uiterst accuraat!

Nu doet ieder persoon natuurlijk hetzelfde. En daarom is de ether, de 'lucht' tussen jullie, gevuld met energie; een Matrix van verstrengelde, verweven persoonlijke 'vibraties' die samen een tapijt vormen dat complexer is dan jij je kunt voorstellen.

Dit weefsel is het gecombineerde energieveld waarbinnen je leeft. Het is krachtig en raakt iedereen. Ook jou.

Je zendt vervolgens nieuw geschapen 'vibraties' uit, getroffen als je bent door de inkomende 'vibraties' waaraan je onderworpen bent, en deze dragen op hun beurt bij tot de verandering van de

Matrix. Die verandert en treft vervolgens het energieveld van alle anderen, hetgeen weer hun *vibraties* beïnvloedt en als zodanig de Matrix, wat jou weer beïnvloedt... enzovoort.

Nu denk je misschien dat dit allemaal leuk en aardig verzonnen is, maar ben je ooit een ruimte binnengegaan waar je de sfeer kon snijden?

Of heb je ooit gehoord over twee wetenschappers die tegelijkertijd aan de oplossing van hetzelfde probleem werkten – op twee tegenover elkaar gelegen plaatsen op de wereldbol en zonder wetenschap van de kennis van de ander – en die allebei plotseling hetzelfde antwoord vonden, *onafhankelijk* van elkaar?

Dit zijn gewone gebeurtenissen, enkele van de meer voor de hand liggende manifestaties van de Matrix.

De Matrix, het gecombineerde, actuele energieveld binnen elke gegeven parameter, is een krachtige vibratie. Het kan direct invloed uitoefenen en fysieke objecten en gebeurtenissen creëren. ('Want waar twee of drie vergaderd zijn in Mijn naam...')

Jullie algemeen aanvaarde psychologie heeft de Matrix het 'collectieve bewustzijn' gedoopt. Zij kan *alles op jullie planeet* beïnvloeden en doet dat ook: de kans op oorlog en het vooruitzicht op vrede; geofysieke onrust of een kalme aardkorst; wijdverspreide ziekten of een wereldwijde gezondheid.

Alles is het resultaat van bewustzijn.

En dit geldt ook voor de meer specifieke gebeurtenissen en voorwaarden van je persoonlijke bestaan.

Uiterst fascinerend, maar wat heeft dit met seks te maken?

Geduld, Ik kom daar zo aan toe.

De hele wereld wisselt dus de hele tijd energie uit.

Jouw energie stroomt naar buiten en beroert al het andere. Iedereen en alles beroert ook jou. Maar nu gebeurt er iets interessants. Ergens halverwege tussen jou en iedereen en alles *ontmoeten* die energieën elkaar.

Laten we ons twee mensen in een ruimte voorstellen om een levendigere beschrijving te kunnen geven. We noemen ze Tom en Mary.

Toms persoonlijke energie straalt signalen over Tom uit, het universum in, over een cirkel van 360 graden. Een deel van die energie raakt Mary.

Mary zendt ondertussen haar eigen energie uit en een deel daarvan raakt Tom.

Maar deze energieën ontmoeten elkaar op een manier waaraan jij misschien nog niet gedacht had. Zij ontmoeten elkaar *halverwege tussen* Tom en Mary.

Hier verenigen de energieën zich (onthoud: deze energieën zijn *fysieke fenomenen*; ze kunnen worden gevoeld en gemeten) en vormen een nieuwe energie-eenheid die we 'TOMARY' zullen noemen. Dit is de gecombineerde energie van Tom en Mary.

Tom en Mary zouden deze energie het Lichaam-tussen-ons kunnen noemen, want dat is het: een energielichaam waarop beiden zijn aangesloten, dat beiden voeden met continue energiestromen en dat *energie* terugstuurt naar beide 'sponsors' langs de draad of pijplijn die altijd binnenin de Matrix bestaat. (Deze pijplijn is inderdaad de Matrix.)

Het is *deze ervaring* van 'TOMARY' die de waarheid is over Tom en Mary. Beiden voelen zich tot deze Heilige Communie aangetrokken. Want ze voelen door de pijplijn heen de sublieme vreugde van het Tussenlichaam, van de verenigde Eenheid, van de Gezegende Unie.

Tom en Mary, die een eindje van elkaar staan, *voelen* op een fysieke wijze aan wat er in de Matrix gebeurt. Beiden voelen zich acuut aangetrokken tot deze ervaring. Zij willen naar elkaar toe bewegen! Nu meteen!

Maar nu grijpt hun 'training' in. De wereld heeft hen getraind vaart te minderen, het gevoel te wantrouwen, zich te beschermen tegen verdriet, afstand te bewaren.

Maar de ziel... wil 'TOMARY' nu kennen, *nu meteen*!

Als ze geluk hebben, zijn ze vrij genoeg om al hun angsten opzij te zetten en te beseffen dat liefde alles is wat telt.

Zij worden nu onherroepelijk tot elkaar aangetrokken, deze twee, door het Lichaam-tussen-hen. TOMARY wordt metafysisch al ervaren en Tom en Mary willen het *fysiek* ervaren. Daarom bewegen ze zich naar elkaar toe. Niet om de *ander* te krijgen. Dat denkt de toevallige toeschouwer misschien. Maar zij proberen allebei tot TOMARY te komen. Zij proberen die plaats van Goddelijke Unie te bereiken die al tussen hen bestaat. De plaats waar zij al weten dat ze Een zijn, en wat het is om Een te Zijn.

Daarom bewegen ze zich naar dit 'gevoel' dat ze ervaren toe, en terwijl ze de kloof tussen hen dichten, terwijl ze 'het koord inkorten', reist de energie die zij beiden naar TOMARY sturen over kortere afstand en wordt dus intenser.

Ze naderen elkaar steeds meer. Hoe korter de afstand, hoe grote de intensiteit. Ze komen steeds dichterbij. Nogmaals verhoogt de intensiteit zich.

Nu staan ze nog maar een halve meter van elkaar. Het Lichaam-tussen-hen is gloeiend heet. Vibreert met immense snelheid. De 'connectie' met en van TOMARY is dikker, breder, feller, brandend door de transfer van ongelooflijke energie. Beiden branden van verlangen. Zweetdruppeltjes parelen over hun voorhoofd.

Ze naderen elkaar nog een beetje meer.

En nu raken ze elkaar aan.

De sensatie is bijna niet te verdragen. Verrukkelijk. Zij voelen op het moment van hun aanraking alle energie van TOMARY, alle compacte, intens verenigde substantie van hun Gecombineerde Wezens.

Als je jezelf openstelt voor je grootste sensitiviteit, kun je deze subtiele, sublieme energie voelen als een linteling wanneer je iets aanraakt – soms trekt zo'n 'tinteling' in één keer *door* je lijf – of als warmte op het puntje van je tastzin – warmte die je ook ineens je hele lijf kan doen gloeien – maar dan geconcentreerd diep in je lagere chakra of energiecentrum.

Het kan uitzonderlijk warm 'branden' en Tom en Mary zouden niets liever doen dan direct alle verstikkende kleren van hun lijf rukken!

Beiden omhelzen elkaar en ze dichten de kloof nog verder zodat Tom, Mary en TOMARY de hele ruimte vullen. Tom en Mary *voelen* Tomary tussen zich in en ze willen nog dichter bij elkaar komen, letterlijk tot TOMARY *versmelten*, TOMARY in één *fysieke vorm* worden.

Nu heb Ik in het lichaam van man en vrouw voorzieningen getroffen, waardoor dat mogelijk is. Op dit moment zijn Tom en Mary er klaar voor om dit te ondergaan. Toms lichaam is nu letterlijk klaar om Mary *in te gaan*. Mary is nu letterlijk klaar om Tom te *ontvangen*.

Het getintel, het vuur, is nu meer dan intens. Het is te veel voor woorden. De twee fysieke lichamen begaan daarom de daad. Tom, Mary *en* TOMARY worden Een, verenigd in het *vlees*.

Nog steeds stroomt er energie tussen hen. Onblusbaar. Gepassioneerd.

Ze manoeuvreren. Ze bewegen. Ze kunnen niet genoeg van elkaar krijgen, kunnen niet dicht genoeg op elkaar kruipen. Ze proberen nog dichter bij elkaar te komen. Dichterbij. DIEPGAANDER.

Zij exploderen letterlijk en heel hun fysieke lichaam stuipt. De vibratie stuurt tintelingen naar hun vingertoppen. In de explosie

van hun eenheid kennen zij God en de Godin, de Alfa en de Omega, het Al en het Niets – de Essentie van het leven – de Ervaring van Dat wat is.
Er is ook een fysiek aspect. De twee zijn Een, en een *derde* entiteit komt vaak uit de twee voort *in een fysieke vorm.* Aldus is een afdruk van TOMARY geschapen. Vlees van hun vlees. Bloed van hun bloed.
Ze hebben letterlijk *leven geschapen!*
Zei Ik niet dat *jullie Goden zijn?*

Ik houd van U.

Ik houd ook van jou.

Dit is de mooiste beschrijving van de menselijke seksualiteit die ik ooit heb gehoord.

Je ziet schoonheid waar je haar wilt zien. Je ziet lelijkheid waar je bang bent schoonheid te zien. Het zou je verbazen hoeveel mensen lelijk vinden wat Ik net heb gezegd.

Nee, dat verbaast me niets. Ik heb al gezien hoeveel vrees, *en* lelijkheid, de wereld rond seks plaatst. Maar U laat nog wel veel vragen open.

Ik ben hier om ze te beantwoorden. Maar laat Mij eerst nog even doorgaan met Mijn verhaal voordat je je vragen op mij afvuurt.

Ja, *alstublieft.*

Deze... *dans* die Ik net heb beschreven, deze interactie van energie die Ik heb uitgelegd, vindt de hele tijd plaats, in en met *alles.*
Jouw energie, stralend vanuit jou met een Gouden Licht, gaat steeds een interactie aan met alles en iedereen. Hoe dichter bij, hoe intenser de energie. Hoe verder weg, hoe subtieler. Maar je bent nooit helemaal compleet *ergens* van afgesloten.
Er is een punt tussen Jou en iedere andere persoon, plaats of elk ding. Daar ontmoeten de twee energieën elkaar en vormen een derde, minder dichte maar even reële energie-eenheid.
Iedereen en *alles* op de planeet – en in het universum – zendt energie in alle richtingen uit. Deze energie vermengt zich met alle

andere energieën, kriskras en in dermate ingewikkelde patronen dat zelfs Deep Blue het niet zou kunnen analyseren.

Deze kriskras verstrengelde, vermengde energieën die heen en weer racen tussen alles wat fysiek is, houden *al het fysieke* ook bij elkaar.

Dit is de Matrix, waarover Ik al sprak. Langs deze Matrix zenden jullie boodschappen naar elkaar – berichten, meningen, genezingen en andere fysieke effecten – die soms door individuen worden geschapen, maar meestal door bewustzijn van de massa.

Deze ontelbare energieën worden, zoals Ik heb verklaard, door elkaar, tot elkaar aangetrokken volgens de zogenaamde Wet van de Aantrekkingskracht. Soort zoekt Soort, zo stelt deze wet.

Dezelfde Gedachten trekken Dezelfde Gedachten aan langs de Matrix, en wanneer voldoende energieën aldus zijn 'samengeklonterd', zogezegd, worden hun vibraties sterker, de energieën vertragen en worden in sommige gevallen Materie.

Gedachten *kunnen* echt fysieke vormen creëren, en wanneer veel mensen *hetzelfde* denken, dan is er een grote kans dat hun gedachten Realiteit zullen worden.

(Daarom is 'Wij bidden voor u' zo'n krachtige uitspraak. Er zijn genoeg bewijzen van de effectiviteit van het gezamenlijk gebed om een boek mee te vullen.)

Het is ook waar dat gedachten die niet in gebedsvorm worden verwoord, bepaalde 'effecten' kunnen creëren. Een wereldwijd bewustzijn van angst, woede, gebrek of onvolkomenheid bijvoorbeeld kan een dergelijke ervaring creëren, waar ook ter wereld, maar ook binnen een gegeven lokaliteit waar die collectieve ideeën het sterkst zijn.

Jouw land op aarde bijvoorbeeld, de Verenigde Staten van Amerika, heeft zich lange tijd beschouwd als een natie 'onder God, ondeelbaar, met vrijheid en rechtvaardigheid voor allen'. Het is dan ook geen toeval dat het zich tot een van de welvarendste landen ter wereld heeft ontwikkeld. Maar het is ook geen toeval dat deze natie geleidelijk alles verliest, waarvoor zij zo hard gewerkt heeft, want deze natie lijkt haar visie te hebben verloren.

De begrippen 'onder God, ondeelbaar' betekenden niet meer en niet minder dan dat; zij brachten de Universele Waarheid van Eenheid tot uiting; van Eensgezindheid, een Matrix die moeilijk te vernietigen is. Maar de Matrix is verzwakt. Vrijheid van godsdienst is vrijheid van godsdienstige eigengerechtigheid, grenzend aan godsdienstige intolerantie, geworden. Individuele vrijheid is op sterven na dood en individuele verantwoordelijkheid is verdwenen.

De notie *individuele verantwoordelijkheid* is verdraaid tot 'ieder voor zich'. Dit is de nieuwe filosofie die zich erop beroemd terug te gaan tot de vroeg-Amerikaanse traditie van ruig individualisme. Maar de oorspronkelijke betekenis van individuele verantwoordelijkheid, waarop de Amerikaanse visie en de Amerikaanse droom was gebaseerd, lag veel dieper en verwees naar de hoogste expressie van *Broederliefde*.

Wat de Verenigde Staten groot heeft gemaakt, was niet dat iedereen worstelde om te overleven, maar dat iedereen individuele verantwoordelijkheid accepteerde voor de overleving van *allen*.

De Verenigde Staten keerden hongerigen de rug niet toe, zeiden geen nee tegen de behoeftigen, strekten de armen uit naar de afgematten en daklozen, en deelden alle overvloed met de wereld.

Toen de sterren van de Verenigde Staten echter rezen, werden de Amerikanen inhalig. Niet iedereen, maar wel velen. En naarmate de tijd verstreek, steeds meer.

Zodra de Amerikanen zagen hoe goed je het *kon* hebben, streefden ze ernaar het nog beter te krijgen. Maar er was slechts een manier om meer en meer en *meer* te krijgen. Anderen kregen steeds minder en minder en minder.

Terwijl inhaligheid grootsheid verdrong uit het Amerikaanse paradigma, kwam er steeds minder ruimte voor medeleven met de minderbedeelden. Hun werd verteld dat het hun 'eigen dikke schuld' was dat ze niet beter af waren. Waren de Verenigde Staten per slot van rekening niet het Land van de Onbeperkte Mogelijkheden? Niemand, *behalve* de minderbedeelden, wilde toegeven dat Amerika's mogelijkheden beperkt bleven, *institutioneel*, tot hen die al een goed plekje hadden gevonden. Over het algemeen vielen talrijke minderheden daar buiten, zoals mensen met een bepaalde huidskleur of van een bepaald geslacht.

Amerikanen stelden zich internationaal ook arrogant op. Terwijl miljoenen wereldwijd hongersnood lijden, gooien Amerikanen dagelijks zoveel voedsel weg, dat je er hele naties mee zou kunnen voeden. De Verenigde Staten stelden zich soms genereus op tegenover anderen, maar steeds nadrukkelijker werd de buitenlandse politiek een verlengstuk van de gevestigde Amerikaanse belangen. De Verenigde Staten hielpen anderen wanneer het de Verenigde Staten goed uitkwam. (Dat wil zeggen wanneer het de

Amerikaanse machtsstructuur diende, de rijke elite of het militair apparaat dat die elite en haar collectieve bezit beschermt.) Het Amerikaanse stichtingsideaal – Broederliefde – is uitgesleten. Tegenwoordig wordt elke uitspraak je 'broeders hoeder' te zijn, geconfronteerd met een nieuw type Amerikanisme, namelijk een scherp verstand voor wat er nodig is om je eigendom te beschermen, en een scherpe tong tegen alle minderbedeelden die om hun rechtmatige deel durven te vragen als compensatie voor doorstaan leed.

Ieder persoon *moet* zijn of haar eigen verantwoordelijkheid dragen, dat is ontegenzeggelijk waar. Maar de Verenigde Staten – en de rest van jullie wereld – kunnen alleen werken wanneer iedereen bereid is verantwoordelijkheid te tonen voor *allen* als *Geheel*.

Het Collectieve Bewustzijn produceert dus collectieve resultaten?

Precies, en dit kom je in heel jullie neergeschreven geschiedenis steeds weer tegen.

De Matrix trekt zichzelf aan, net zoals jullie wetenschappers het verschijnsel Zwarte Gaten beschrijven. Zij trekt soortgelijke energieën tot elkaar aan en zelfs fysieke objecten.

Deze objecten moeten elkaar vervolgens afstoten – afstand van elkaar nemen – of ze versmelten voor eeuwig, verdwijnen in hun huidige vorm, om weliswaar weer in een nieuwe vorm te verschijnen.

Alle bewuste wezens voelen dit intuïtief aan, *daarom* nemen alle bewuste wezens afstand van Permanente Vermenging teneinde hun relatie met andere wezens te handhaven. Als ze dat niet doen, raken ze vermengd met alle andere wezens en ervaren de Eenheid Eeuwig.

Dit is de staat waaruit wij zijn voortgekomen.

En door er afstand van te nemen, voelen we ons constant *ertoe* aangetrokken.

Deze eb en vloed, 'heen-en-weer-'beweging is het basisritme van het universum en *alles wat in het universum is*. Dit is seks, de Synergetische-Energie-Keuze-Seks.

Jullie worden constant aangetrokken, verleid tot eenheid met elkaar (en met al het andere in de Matrix), om vervolgens, op het Moment van Eenheid, weer te worden afgestoten door een bewuste keuze weg van die Eenheid. Jullie keuze is vrij te blijven, zodat jullie haar weer kunnen *ervaren*. Want zodra je deel uitmaakt van de Eenheid, kun je niet *weten* wat Eenheid is, omdat je niet langer Scheiding kent.

Anders gezegd: als God zichzelf wil *kennen* als het Al van Alles, moet God Zichzelf kennen als *niet* het Al van Alles.

In jou, en in iedere energie-eenheid van het universum, kent God Zichzelf als de *Delen van het Al*, en geeft Zichzelf aldus de mogelijkheid Zichzelf te kennen als het Al in Allen en als Alles in Zijn Eigen Ervaring.

Ik kan alleen ervaren wat Ik ben door te ervaren wat Ik niet ben. Toch ben Ik wat Ik niet ben, en aldus luidt de Goddelijke Dichotomie. Vandaar de uitspraak: Ik ben wat Ik ben.

Welnu, zoals Ik zei typeert deze natuurlijke eb en vloed, dit natuurlijke *ritme* van het universum, heel het leven, met inbegrip van de bewegingen zelf die leven *scheppen* in jullie werkelijkheid.

Jullie worden tot elkaar gebracht, als door een dwingende noodzaak, enkel om weer afstand van elkaar te nemen en uit elkaar te gaan, om elkaar vervolgens weer persistent op te zoeken, en weer te scheiden, en opnieuw hongerig, gepassioneerd, hardnekkig totale vereniging te zoeken.

Samen-apart, apart-samen, samen-apart, dansen jullie lichamen in een dermate elementaire beweging, zo *instinctmatig*, dat jullie je amper bewust zijn van opzettelijke daden. Op gegeven moment schakelen jullie over op de automatische piloot. Niemand hoeft jullie lichamen te vertellen wat te doen. Ze *doen het* gewoon, met de volhardendheid van *heel het leven*.

Dit is het leven zelf, dat zich uit als leven.

En dit is het leven zelf dat zelf nieuw leven voortbrengt in de boezem van zijn eigen ervaring.

Heel het leven werkt volgens een dergelijk ritme, heel het leven is ritme.

En zo is heel het leven doordrenkt van het zachte ritme van God, dat jullie de cycli van het leven noemen.

Voedsel groeit in dergelijke cycli. Seizoenen komen en gaan. Planten draaien en cirkelen. Zonnen exploderen en imploderen, en exploderen weer. Universa ademen in en uit. Het gebeurt allemaal, *alles*, in cycli, in ritmes, in vibraties die passen bij de frequentie van God/Godin, het Al.

Want God *is* het Al, en de Godin is *alles*, en er is niets anders dat is; en alles dat *ooit* was, is *nu*, en alles dat ooit *zal* zijn, is jullie wereld zonder einde.

Amen.

8

Wat praten met U zo interessant maakt, is dat ik meestal met meer vragen dan antwoorden blijf zitten. Nu heb ik vragen over politiek én seks!

Sommigen zeggen dat politiek en seks veel gemeen hebben. Volgens hen komt politiek er alleen op neer wie wie een goeie beurt gee...

Ahum, God, wacht even! U wilt toch niet dat we hier *obsceniteiten* afdrukken?

Nu ja, waarom niet? Ik dacht: het wordt weer eens tijd om je te shockeren.

Ho. Ho! Stop daarmee. God hoeft zich niet te misdragen.

Waarom doen jullie dat wel?

De meesten onder ons doen dat niet.

Om de drommel wel.

Godvrezende mensen doen dat niet.

Aha, Ik snap het. Je moet godvrezend zijn als je Hem niet wilt beledigen.
En wie beweert dat Ik beledigd ben door een enkel misplaatst woord?
En bovendien, is het niet curieus dat jullie die woorden die je in het vuur van je bronst gebruikt om seks aan te duiden, ook gebruiken voor de grofste beledigingen? Zegt dat niet iets over hoe jullie met seksualiteit omgaan?

Ik denk niet dat U het hier helemaal bij het goede eind heeft. Ik geloof niet dat mensen dergelijke krachttermen bezigen om een verheven, oprecht romantisch seksueel moment te verwoorden.

Is dat zo? Heb jij de laatste tijd nog veel onder open slaapkamer-
ramen staan luisteren dan?

Nee. U wel?

Ik ben in *alle* slaapkamers, de hele tijd.

Dat lijkt me een hele geruststelling voor iedereen.

Wat? Beweer jij nu dat je dingen in je slaapkamer doet die je niet
voor Gods ogen zou doen?

De meeste mensen voelen zich al ongemakkelijk bij het idee dat
iemand toekijkt, laat staan *God*.

Toch is in het openbaar vrijen onder sommige volkeren heel normaal, bijvoorbeeld bij de Aboriginals en de Polynesiërs.

Tja, de meeste mensen hebben dat niveau van vrijheid nog niet
bereikt. Ze beschouwen dergelijk gedrag zelfs eerder als regressie, een
terugval naar een primitievere, heidense staat.

Die mensen die jij heidens noemt, hebben een gigantisch respect
voor het leven. Verkrachting kennen ze niet en in hun samenlevingen wordt nauwelijks gemoord. Jullie samenleving stopt seks, een
uiterst natuurlijke, normaal menselijke functie, diep weg, keert
zich ervan af en laat vervolgens mensen openlijk moorden. *Dat* is
pas obsceen!
Jullie hebben seks zo vies gemaakt, zo schandelijk, taboe, dat jullie
je ervoor schamen het te doen!

Nonsens. De meeste mensen hanteren andere – ze beweren misschien
zelfs hogere – fatsoensnormen met betrekking tot seks. Zij beschouwen het als een individuele aangelegenheid. Voor sommigen is het
een heilig deel van hun relatie.

Gebrek aan privacy is niet hetzelfde als gebrek aan heiligheid. Tal
van heilige rituelen worden in het openbaar uitgevoerd.
Verwar privacy niet met heiligheid. Veel van jullie *ergste* daden
worden in beslotenheid verricht, en jullie bewaren je beste gedrag
voor de openbaarheid.

Ik voer hier geen pleidooi voor seks in het openbaar. Ik merk slechts op dat privacy niet noodzakelijkerwijs gelijkstaat aan heiligheid; evenmin berooft openbaarheid je van heiligheid. Wat betreft het fatsoen: dat ene woord en de achterliggende gedragscodes hebben meer dan enig ander concept mannen en vrouwen van hun grootste vreugde berooft, uitgezonderd het idee dat God straft, maar dat *maakte* het karwei *af.*

Klaarblijkelijk gelooft U niet in fatsoen.

Het probleem met 'fatsoen' is dat iemand de normen moet bepalen. Dat houdt automatisch in dat jouw gedrag aan banden wordt gelegd, gestuurd, *gedicteerd* door iemand *anders'* ideeën over wat jou vreugde kan verschaffen.
Ten aanzien van seksualiteit en alle andere zaken kan dit meer dan 'beperkend' werken; het kan verwoestend zijn.
Ik kan Mij niets triesters voorstellen dan een man of vrouw die voelt dat hij of zij *graag* iets wil ervaren, maar dat niet doet omdat dat waarover zij droomden, fantaseerden, de 'Fatsoensnormen' zou overtreden!
Let wel, het is niet iets dat *zij* anders niet zouden doen, het is slechts iets wat 'ongepast' is.
Laat nooit, nimmer, iets achterwege – of het nu om seksualiteit gaat of heel je leven – omdat het iemand anders' fatsoensnormen geweld zou kunnen aandoen.
Als Ik een auto had, zou Ik op de bumper een sticker plakken met de tekst:

FATSOEN VERBODEN

En Ik zou zeker zo'n tekst in alle slaapkamers ophangen.

Maar ons gevoel voor 'goed' en 'kwaad' houdt onze samenleving in stand. Hoe kunnen wij samenleven als we het daar al niet over eens worden?

'Fatsoen' heeft niets te maken met jullie relatieve waarden van 'goed' en 'kwaad'. Jullie zijn het er misschien allemaal over eens dat het 'verkeerd' is iemand te vermoorden, maar is het 'verkeerd' om naakt door de regen te rennen? Jullie zijn het er misschien allemaal over eens dat het 'verkeerd' is met de vrouw van je buurman naar bed te gaan, maar is het 'verkeerd' als je vrouw op een bijzondere, heerlijke manier met jou naar bed gaat?

'Fatsoen' verwijst zelden naar wettelijke beperkingen, maar eerder naar eenvoudiger zaken die geacht worden al dan niet 'gepast' te zijn.
'Fatsoenlijk gedrag is niet altijd het gedrag dat jou zogenaamd het beste dient. Het is hoogst zelden het gedrag dat jou de grootste vreugde oplevert.

Terugkomend op seksualiteit, U zegt dus dat elk gedrag acceptabel is zolang er wederzijdse toestemming is onder hen die erbij betrokken zijn en erdoor beïnvloed worden?

Geldt dat niet voor heel het leven?

Maar soms weten we niet wie erdoor beïnvloed wordt of hoe...

Daar moet je gevoel voor hebben. Je moet je daar helder bewust van zijn. En als je echt geen idee hebt, en het ook niet kan raden, moet je het zekere voor het onzekere nemen ten gunste van de Liefde.
De kernvraag bij ELKE vraag is: `wat zou liefde nu doen?'
Liefde voor *jezelf* en liefde voor *alle anderen die erdoor worden beïnvloed of erbij betrokken zijn.*
Als jullie van elkaar houden, dan onderneem je niets waarvan je vermoedt dat het de ander schaden kan. Als er maar een greintje twijfel is, wacht je tot je zekerheid hebt over de desbetreffende zaak.

Maar dat betekent dat de ander je kan 'gijzelen'. Alles wat ze hoeven te zeggen is dat dit of dat hen zou kwetsen, en dan wordt jij beperkt in je mogelijkheden.

Alleen door jezelf. *Wil* jij dan niet je eigen daden beperken tot die waarvan je weet dat ze de persoon van wie je houdt niet zullen kwetsen?

Maar wat als *jij* je gekwetst voelt door iets *niet* te doen?

Dan moet je jouw geliefde de waarheid vertellen, dat je je gekwetst voelt, gefrustreerd, beperkt door een bepaald iets niet te kunnen doen; dat je het wel graag zou willen doen; dat je wil dat je geliefde akkoord gaat dat je het doet.

Je moet ernaar streven een dergelijke overeenkomst te bereiken. Zet je ervoor in om een compromis te sluiten; zoek een handelwijze waarbij er alleen maar winnaars zijn.

En als die handelwijze niet gevonden kan worden?

Dan herhaal Ik wat Ik al eens eerder heb gezegd:

> Verraad
> van jezelf
> om de ander
> niet te verraden
> is
> verraad
> hoe dan ook.
> Het is het
> Hoogste verraad.

Jullie Shakespeare zei het op een andere manier:

> Blijf getrouw aan uw eigen persoonlijkheid, en,
> zo zeker als de dag op de nacht volgt,
> kunt ge dan niet vals zijn
> jegens wie ook.

Maar de man die zich altijd laat 'meevoeren' door wat hij wil, wordt zeer egoïstisch. Ik kan niet geloven dat U dit bepleit.

Je neemt aan dat de mens altijd een zogenaamde egoïstische keuze zal laten prevaleren. Ik zeg je dit: de mens is in staat de *hoogste* keuze te maken.
En Ik zeg je dit: de Hoogste Keus is niet *altijd* de keus die de ander lijkt te dienen.

We moeten met andere woorden onszelf soms op de eerste plaats stellen.

O, je moet jezelf *altijd* op de eerste plaats stellen. Dan, afhankelijk van wat je probeert te doen, of wat je wenst te ervaren, kun je je keuze bepalen.
Wanneer je levensdoel – jouw *levens*doel – heel hoog gesteld is, dan zullen je keuzes dat ook zijn.

Jezelf op de eerste plaats stellen houdt niet in dat je egoïstisch bent, het wil zeggen dat je *zelfbewust* bent.

U legt nogal een brede basis voor de manier waarop wij zaken moeten afhandelen.

Alleen door de uitoefening van de grootste vrijheid wordt de grootste groei bereikt; alleen dan is groei mogelijk. Als je alleen maar iemands regels volgt, dan groei je niet, je gehoorzaamt slechts. Anders dan jullie constructies stellen, verlang Ik geen gehoorzaamheid van jullie. Gehoorzaamheid is geen groei en Ik verlang groei.

En als we niet groeien, gooit U ons in de hel, toch?

Mis. Maar daar heb Ik het in Boek 1 over gehad, en we zullen het er uitgebreid over hebben in Boek 3.

Oké. Mag ik U nu binnen de ruime parameters die U heeft aangegeven, een aantal laatste vragen stellen over seks voor we dit onderwerp laten rusten?

Steek maar van wal.

Als seks zo'n prachtig deel is van de menselijke ervaring, waarom onderwijzen zoveel spirituele leraren dan onthouding? En waarom lijken zoveel meesters celibatair?

Om dezelfde redenen waarom hun leven zo vaak als eenvoudig wordt voorgesteld. Zij die een hoog begripsniveau bereiken, brengen hun lichamelijke verlangens in evenwicht met hun verstand en ziel.
Jullie zijn drievoudige wezens, en de meeste mensen ervaren zichzelf als een lichaam. Zelfs het verstand wordt vergeten na de leeftijd van 30. Niemand leest meer. Niemand schrijft. Niemand onderwijst. Niemand leert. Het verstand wordt vergeten. Het wordt niet onderhouden. Het wordt niet vergroot. Geen nieuwe input. Er wordt slechts minimale output verlangd. Het verstand wordt niet gevoed. Het wordt niet gewekt, maar in slaap gesust, tot vervelens toe. Jullie doen alles om je verstand uit te schakelen.

Televisie, film, pulp, paperbacks. Wat jullie ook doen, nadenken doen jullie in ieder geval niet. *Denk niet na!*
De meeste mensen leven dus op een lichamelijk niveau. Voed het lichaam, kleed het, geef het lichaam wat het nodig heeft. De meeste mensen hebben in jaren geen goed boek gelezen, Ik bedoel een boek waar je iets van *leert.* Maar ze kunnen je wel de complete televisiegids voor de komende week navertellen. Ik vind dat nogal triest.
De waarheid is, de meeste mensen willen niet *nadenken.* Ze kiezen leiders, ze steunen regeringen, ze nemen godsdiensten aan, zolang *onafhankelijk denken* maar niet vereist is.
'Houd het maar simpel. Vertel me wat ik moet doen.'
De meeste mensen willen dat. Waar zit ik? Wanneer moet ik opstaan? Hoe moet ik groeten? Wanneer betaal ik? Wat wil je dat ik voor je doe?
Wat zijn de regels? Waar liggen mijn grenzen? Zeg het me, zeg het me, *zeg* het me. Ik doe het, als iemand me maar *zegt* wat!
Dan raken ze gedesillusioneerd of gaan ze walgen. Ze hebben alle regels opgevolgd, ze hebben gedaan wat hun verteld werd dat ze moesten doen. Wat is er misgegaan? Waarom is alles nu zo wrang? Waarom is alles uiteengevallen?
Alles viel uiteen vanaf het moment dat jullie je verstand in de steek hebben gelaten, het beste creatieve gereedschap dat jullie ooit hebben gehad.
Het wordt tijd weer vriendschap te sluiten met je verstand. Wees zijn maatje, het heeft zich zo alleen gevoeld. Voed het, het heeft zo moeten hongeren.
Sommigen – een kleine minderheid – begrijpen dat jullie een lichaam *en* een verstand bezitten. Jullie hebben je verstand goed behandeld. Niettemin hebben zelfs onder jullie die je verstand – en de zaken die met je verstand samenhangen – wel goed hebben verzorgd, maar weinigen geleerd je verstand met meer dan een tiende van zijn vermogen te gebruiken. Als jullie wisten waartoe je verstand in staat is, zouden jullie nooit ophouden deel te hebben aan zijn wonderen, en aan zijn kracht.
En als jullie menen dat het aantal mensen, dat een evenwicht weet te bewaren tussen lichaam en verstand, klein is, besef dan dat het aantal dat zichzelf als een *drie*-eenheid – Lichaam, Verstand en Geest – ziet, minuscuul is.
Toch zijn jullie een drie-eenheid. Je bent meer dan je lichaam, en meer dan een lichaam met een verstand.

Voeden jullie je ziel? Merken jullie wel dat er een ziel is? Helen jullie je ziel of kwetsen jullie haar? Bloeien jullie of verwelken jullie? Dijen jullie uit of krimpen jullie in? Is je ziel al even eenzaam als je verstand? Wordt zij zelfs nog meer verwaarloosd? En wanneer was de laatste keer dat jullie voelden dat jullie je ziel tot *uitdrukking brachten*? Wanneer hebben jullie voor het laatst van vreugde geroepen? Poëzie geschreven? Muziek gemaakt? In de regen gedanst? Een taart gebakken? *Iets* geschilderd? Iets gerepareerd dat kapot was? Een baby gekust? Je gezicht tegen je kat aangedrukt? Een heuvel opgewandeld? Naakt gezwommen? Met zonsopgang opgestaan? Harmonica gespeeld? Tot het ochtendgloren gepraat? Urenlang de liefde bedreven... op een strand, in het bos? Een geweest met de natuur? Naar God gezocht?

Wanneer heb je het laatst alleen in de stilte gezeten om af te reizen naar het diepste deel van je wezen? Wanneer heb je voor het laatst je ziel begroet?

Wanneer je leeft als een enkelvoudig wezen, raak je geheel bezoedeld door de zaken van het lichaam: Geld. Seks. Macht. Bezit. Fysieke stimuli en bevrediging. Veiligheid. Roem. Financiële voordelen.

Wanneer je leeft als een dubbelzijdig wezen, breid je je interesses uit tot verstandszaken. Gezelschap; creativiteit; stimulering van nieuwe gedachten, nieuwe ideeën; creatie van nieuwe doelen, nieuwe uitdagingen; persoonlijke groei.

Wanneer je leeft als een driedelig wezen, raak je eindelijk in balans met jezelf. Je interesses omvatten ook zielenzaken: spirituele identiteit; levensdoel; relatie met God; ontwikkelingspad; spirituele groei; ultieme bestemming.

Wanneer je je tot steeds hogere niveaus van bewustzijn ontwikkelt, breng je elk aspect van je wezen volledig in de realiteit.

Maar evolutie houdt niet in een paar aspecten van het Zelf te laten *vallen* ten gunste van andere. Het betekent gewoon je focus uitbreiden; je neemt afstand van bijna exclusieve betrokkenheid bij een aspect, in ruil voor ware liefde en waardering voor *alle* aspecten.

Waarom omhelzen zoveel leraren dan complete onthouding van seks?

Omdat zij niet geloven dat mensen een evenwicht kunnen bereiken. Zij geloven dat de seksuele energie – en de energieën rond
andere wereldlijke ervaringen – te krachtig zijn om te kunnen
worden gematigd of in evenwicht gebracht. Zij geloven dat onthouding *de enige weg* is naar spirituele evolutie, eerder dan
slechts een mogelijk *gevolg* daarvan.

Maar het is toch waar dat sommige wezens die hogelijk ontwikkeld
zijn, 'seks opgegeven' *hebben?*

Niet in de klassieke zin van het werkwoord 'opgeven'. Het is geen
gedwongen laten gaan van iets wat je toch nog graag wilt, maar
waarvan je weet dat het 'niet goed is om te doen'. Het is meer
een eenvoudig vrijlaten, een beweging weg van – ongeveer zoals
je afziet van een tweede toetje. Niet omdat het dessert niet goed
is. Zelfs niet omdat het nagerecht niet goed is *voor jou.* Maar
gewoon omdat, heerlijk als het was, je genoeg hebt gehad.
Wanneer je om die reden je betrokkenheid bij seks kunt laten
gaan, dan zul je dat ook willen doen. Maar misschien ook niet.
Misschien zul je nooit besluiten dat je 'genoeg' hebt gehad en
besluit je dat je deze ervaring altijd blijft wensen, in balans met de
andere ervaringen van je Zijn.
Dat is oké. Dat is in orde. Seksueel actieven komen even goed in
aanmerking voor verlichting en zijn spiritueel even ontwikkeld als
zij die seksueel inactief zijn.
Wat je wel door verlichting en evolutie kwijtraakt, is je *verslaving*
aan seks, je diepste *behoefte* om het te ervaren, je dwangmatige
gedragingen.
Ook je preoccupatie met geld, macht, veiligheid, bezit en andere
lichamelijke ervaringen zal verdwijnen. Nochtans zal jouw oprechte *waardering* voor dergelijke zaken blijven, zoals het ook hoort.
Door waardering voor *heel* het leven eer je het Proces dat Ik heb
geschapen. Minachting voor het leven of zijn vreugdes – zelfs de
meest elementaire, fysieke aspecten ervan – betekent minachting
voor Mij, de Schepper.
Want wanneer je Mijn schepping niet heilig noemt, wat noem je
Mij dan? Maar wanneer je Mijn schepping gewijd noemt, verklaar
je je ervaring ervan heilig, net als Mij.
Ik zeg je dit: Ik heb *niets* verachtelijks geschapen, en zoals jullie
Shakespeare zei: *niets* is 'slecht' tenzij je er zo over denkt.

Dat brengt me op enkele andere, laatste vragen over seks. Is elke soort seks tussen volwassenen die daarmee instemmen oké?

Ja.

'Bizarre' seks ook, bedoel ik? En seks zonder liefde? Of seks tussen homo's?

Allereerst moet maar weer eens duidelijk worden gesteld dat God niets afkeurt.
Ik zit hier niet om te oordelen of om de ene daad *Goed* en de andere *Slecht* te noemen.
(Zoals je weet, heb Ik dit tamelijk uitgebreid in Boek 1 besproken.)
Vervolgens ligt de beslissing over wat je wel of niet op jouw Evolutiepad van pas komt geheel bij *jou*.
Er is echter een zeer brede richtlijn, waarover de meeste zielen overeenstemming hebben bereikt.
Geen enkele daad die een ander pijn veroorzaakt, leidt tot een spoedige ontwikkeling.
Er is nog een tweede richtlijn.
Geen enkele daad waarbij een ander betrokken is, mag worden verricht zonder overeenstemming en toestemming van die ander.
Laten we nu de vragen die je zonet hebt gesteld bestuderen binnen de context van deze richtlijnen.
'Bizarre' seks? Wel, als niemand eronder lijdt en iedereen heeft zijn toestemming verleend, waarom zou je het dan 'verkeerd' noemen?
Seks zonder liefde? Seks omwille van de seks is al sinds mensenheugenis een onderwerp van discussie. Telkens wanneer Ik deze vraag hoor, voel Ik de aandrang op een dag een ruimte vol mensen binnen te gaan en te vragen: 'wil iedereen die nog nooit seks heeft bedreven buiten een diepe, toegewijde, duurzame liefdesrelatie zijn of haar hand opsteken?
Laat Mij in ieder geval dit zeggen: *wat dan ook* zonder liefde is nooit de snelste weg naar de Godin.
Of het nu liefdeloze seks of liefdeloze spaghetti met gehaktballen is, als jij het feest hebt voorbereid en je ervaart het zonder liefde, dan mis je het uitzonderlijkste deel van de ervaring.
Is het verkeerd dat te missen? Ook hier geldt dat 'verkeerd' niet het efficiënte woord is. 'Nadelig' komt dichter in de buurt, indien je je zo snel mogelijk naar een hoger niveau wilt ontwikkelen.

Homoseksualiteit? Zoveel mensen willen dat Ik tegen homoseksualiteit ben of het uitdragen daarvan. Nochtans oordeel Ik niet over deze of enige andere keuze die jij maakt.

Mensen verlangen allerlei waardeoordelen – over van *alles* – en Ik bederf in zeker zin hun feestje. Ik sluit Mij niet aan bij hun oordelen, en dat is in het bijzonder verontrustend voor hen die zeggen dat die oordelen *van Mij afkomstig* zijn.

Ik neem het volgende waar: er was eens een tijd dat mensen dachten dat huwelijken tussen mensen van verschillend *ras* niet alleen af te raden was, maar ook *tegen Gods wet.* (Verbazend genoeg geloven sommigen dit *nog* steeds.) Zij verwezen naar de Bijbel als hun autoriteit, net als ze doen voor hun autoriteit op het gebied van vragen rondom homoseksualiteit.

U bedoelt dat het oké is wanneer mensen van verschillend ras met elkaar trouwen?

De vraag is absurd, maar nog niet zo absurd als de zekerheid van sommigen dat het antwoord 'nee' is.

Is de vraag over homoseksualiteit even absurd?

Beslis zelf maar. Ik heb geen oordeel over *wat dan ook.* Ik weet dat jullie graag hadden dat Ik wel oordeelde. Dat zou jullie leventjes een stuk gemakkelijker maken. Geen beslissingen hoeven nemen. Geen moeilijke telefoontjes. Alles is al voor jullie besloten. Niets anders hoeven te doen dan te gehoorzamen. Het is wel nauwelijks een leven, althans in termen van creativiteit, zelfbekrachtiging, maar wat geeft dat... je hebt in ieder geval geen stress.

Laat mij U enkele vragen stellen over seks en kinderen. Op wat voor leeftijd is het gepast kinderen toe te staan zich bewust te worden van seksualiteit als een levenservaring?

Kinderen zijn bewuste seksuele wezens – dat wil zeggen *mensen* – vanaf het begin. Wat veel ouders op jullie planeet nu proberen te doen, is hen te ontmoedigen in hun besef daarvan. Wanneer het handje van de baby naar de 'verkeerde' plek gaat, halen jullie het weg. Wanneer een klein kind genot begint te beleven aan het onschuldige spel met zijn eigen lichaam, reageren jullie verschrikt en dragen die verschrikking over op het kind. Dat vraagt zich af

wat het gedaan heeft. Mama is woest, wat heb ik gedaan?
Met jullie ras van wezens is het niet de vraag wanneer je je nageslacht met seks bekendmaakt, maar wanneer je ermee ophoudt
van hen te verlangen dat zij hun eigen identiteit als seksuele
wezens ontkennen. Ergens tussen het twaalfde en zeventiende
levensjaar geven de meesten van jullie het gevecht op en zeggen
(niet letterlijk natuurlijk, want jullie praten niet over dit soort
zaken): 'oké, nu mag je opmerken dat je geslachtsdelen hebt,
waarmee je het een en ander kunt doen.'
Maar tegen deze tijd is alle schade al aangericht. Jullie kinderen
hebben tien jaar of langer niets anders gezien dan dat je je moet
schamen voor die lichaamsdelen. Van sommigen weten ze zelfs
niet de goede benaming. Ze horen van alles, van 'plassertje' en
'achtereind' tot de met veel inspanning en moeite bedachte
woorden voor 'penis' of 'vagina'.
Nadat jullie je nageslacht met de neus op het feit hebben gedrukt
dat alles wat met die lichaamsdelen te maken heeft, moet worden
verstopt, verzwegen en ontkend, barst datzelfde nageslacht uit in
de puberteit, volstrekt onwetend wat ze moeten denken over wat
er met hen aan de hand is. Zij zijn totaal onvoorbereid. Natuurlijk
klunzen ze er dan op los, onhandig of zelfs ongepast reagerend
op hun nieuwste, allerurgentste aandrang.
Dit is niet nodig en Ik beschouw het ook niet als bevorderlijk voor
jullie nageslacht. Veel te veel jongeren stappen hun volwassen
leven binnen met seksuele taboes, remmingen en 'frustraties' buiten de boot te vallen.
In verlichte samenlevingen wordt het nageslacht daarentegen
nooit ontmoedigd, gekapitteld of 'gecorrigeerd' wanneer ze een
vroeg genot beginnen te ontdekken in hun eigen zijnsaard.
Evenmin wordt de seksualiteit van hun ouders – dat wil zeggen de
identiteit van hun ouders als seksuele wezens – in het bijzonder
gemeden of noodzakelijkerwijs verstopt. Naakte lichamen van
ouders, kinderen of verwanten worden geheel en al als natuurlijk
geaccepteerd, beschouwd als iets wonderbaarlijks, tip top oké, en
niet als iets waarvoor je je moet schamen.
Seksuele functies worden ook beschouwd en behandeld als geheel
en al natuurlijk, totaal prachtig en totaal oké.
In sommige samenlevingen paren ouders frontaal in het zicht van
hun nageslacht, en wat kan kinderen nu een beter gevoel voor de
schoonheid, pracht, zuivere vreugde en totale okéheid van de seksuele expressie van liefde bijbrengen dan dat? Want ouders geven

permanent vorm aan het 'goede' en 'verkeerde' van *alle* gedrag, en kinderen pikken van hun ouders subtiele en minder subtiele signalen op over *alles* wat zij hen zien denken, zeggen en doen. Zoals eerder gesteld kun je dergelijke samenlevingen wel 'heidens' of 'primitief' noemen, maar het is opmerkenswaardig dat in zulke samenlevingen verkrachting en crime passionnel nauwelijks voorkomen, prostitutie als absurditeit wordt weggelachen en seksuele remmingen en disfuncties onbekend zijn.

Hoewel zulke openheid niet een twee drie voor jullie eigen samenleving kan worden aanbevolen (in alle behalve de meest buitengewone situaties zou dat ongetwijfeld al te zeer cultureel stigmatiserend werken), *wordt* het wel tijd dat de zogenaamd moderne samenlevingen op jullie planeet er iets aan doen om de onderdrukking, schaamte en schuldgevoelens te beëindigen, die meestal de totaliteit van de seksuele expressie en ervaring van jullie samenleving omhullen.

Suggesties? Ideeën?

Stop ermee jullie kinderen vanaf het vroegste begin te leren dat dingen die te maken hebben met het puur natuurlijke functioneren van hun lichaam, schaamtevol en verkeerd zijn. Houd ermee op je nageslacht te demonstreren dat al het seksuele verborgen moet blijven. Sta je kinderen toe *jouw* romantische kant te zien en te observeren. Laat ze zien dat je kunt knuffelen, strelen, zachtjes stoeien; laat hen zien dat hun ouders *van elkaar houden* en dat *het fysiek tonen van hun liefde* iets heel natuurlijks en schitterends is. (Het zou je verbazen in hoeveel families zo'n eenvoudige les nooit geleerd wordt.)

Wanneer jullie kinderen hun eigen seksualiteit, nieuwsgierigheid en aandrang gaan omhelzen, zorg er dan voor dat ze deze nieuwe, zich uitbreidende kennis van zichzelf verbinden met een innerlijk gevoel van vreugde en celebratie, en niet met schuld en schaamte.

En stop in hemelsnaam met het verstoppen van jullie *lichamen.* Het is oké voor hen om jullie naakt te zien zwemmen in een waterplas tijdens een kampeertrip of in het zwembad in de tuin. Raak niet verstard wanneer ze een glimp opvangen wanneer je van de slaapkamer naar de badkamer loopt zonder ochtendjas. Maak een eind aan deze burgerlijke manie elke mogelijkheid – hoe onschuldig ook – af te kappen voor je kind om jou in je seksuele identiteit te leren kennen. Kinderen denken dat hun ouders aseksueel zijn, omdat hun ouders *zichzelf zo voordoen*. Vervolgens beelden ze zich in dat *zij* zich ook zo moeten voordoen omdat *alle kinderen hun ouders trachten te evenaren*. (Therapeuten zullen je vertellen dat sommige volwassenen zich amper kunnen voorstellen dat hun ouders 'het' doen, wat hen – nu zij als nageslacht patiënten in therapie zijn – natuurlijk met woede, schuld of schaamte vervult, omdat zij vanzelfsprekend ernaar *verlangen* 'het' te doen en ze kunnen niet bedenken *wat mis is met hen*.) Praat daarom over seks met je kinderen, lach er met hen over, onderwijs ze en laat ze en herinner ze en *toon* ze *hoe* zij hun seksualiteit moeten vieren. *Dat* is wat jullie voor je kinderen kunnen doen. En doe het vanaf de dag dat ze geboren worden met de eerste kus, de eerste omhelzing, de eerste aanraking die ze van jou ontvangen, en laat ze ook zien hoe jullie elkaar beminnen.

Dank U. *Dank U.* Ik hoopte zozeer dat U wat *gezond verstand* in deze discussie zou aanvoeren. Maar een laatste vraag. Wanneer is het gepast om specifiek seksualiteit te introduceren of bespreken of beschrijven voor je kinderen?

Zij zullen jou vertellen wanneer de tijd er rijp voor is. Ieder kind zal dat duidelijk maken, onmiskenbaar, wanneer jij echt oplet en luistert. Het komt eigenlijk in incrementa. Het groeit aan. En je zult de aan leeftijd aangepaste wijze weten om met de aangroeiende aankomst van je kinds seksualiteit om te gaan wanneer *jij* helder bent, wanneer jij klaar bent met je eigen 'onafgemaakte zaken' met betrekking tot dit alles.

Hoe kun je *zover* komen?

Doe wat nodig is. Geef je op voor een cursus. Ga naar een therapeut. Word lid van een groep. Lees een boek. Mediteer erover. Ontdek elkaar, maar bovenal: ontdek *elkaar* opnieuw als man en vrouw; ontdek, keer terug naar, herwin je *eigen* seksualiteit. Vier *dat*. Geniet *ervan*. Geef *er* aan toe.
Geef toe aan je eigen vreugdevolle seksualiteit en dan kun je je kinderen toestaan en aanmoedigen aan die van hun toe te geven.

Dank U nogmaals. Laten we nu de overwegingen over kinderen rusten en terugkeren naar het grotere onderwerp van de menselijke seksualiteit. Ik moet U nog een vraag stellen. Die lijkt misschien impertinent, oneerbiedig zelfs, maar ik kan deze dialoog niet laten eindigen zonder haar gesteld te hebben.

Draai niet langer om de hete brij heen en stel die vraag!

Goed. Bestaat er zoiets als 'te veel' seks?

Nee. Natuurlijk niet. Maar er bestaat wel zoiets als een te groot verlangen naar seks.
Ik stel dit voor:

Geniet van alles.
Heb nergens behoefte aan.

Zelfs niet aan mensen?

Zelfs niet aan mensen. *Vooral* niet aan mensen. Iemand nodig hebben is de snelste manier om een relatie om zeep te helpen.

Maar wij willen allen het gevoel hebben dat we nodig zijn.

Dan houd daarmee op. Heb liever het gevoel dat je niet nodig bent. De grootste gift die je iemand kunt geven, is de kracht en het vermogen *jou niet nodig te hebben*, jou voor niets nodig te hebben.

9

Oké, Ik ben klaar om verder te gaan. U heeft beloofd iets te vertellen over de meer omvattende aspecten van het leven op aarde, en vanaf het moment dat U zich heeft uitgesproken over het leven in de Verenigde Staten, popel ik om daar dieper op in te gaan.

Ja, goed. Ik wil dat Boek 2 een paar van de weidsere thema's aangaande jullie planeet aansnijdt. En er is geen belangrijker thema dan de opvoeding van jullie nageslacht.

We doen dat niet goed, toch... Dat kan ik afleiden uit de manier waarop U dit naar voren brengt.

Tja, natuurlijk is alles relatief. Gerelateerd aan wat jullie beweren dat jullie proberen te doen, doen jullie het inderdaad niet best.
Alles wat Ik hier zeg, alles wat Ik in deze discussie tot dusver heb ingesloten en waarvoor Ik gezorgd heb dat het in dit document werd opgenomen, moet in die context worden geplaatst. Ik vel geen oordeel over 'juist' of 'verkeerd', 'goed' of 'fout'. Ik plaats gewoon enkele observaties met betrekking tot jullie *effectiviteit* in relatie tot wat *jullie zeggen dat jullie proberen te doen.*

Dat begrijp ik.

Ik weet dat je dat zegt, maar de tijd zal komen – zelfs nog voordat deze dialoog beëindigd is – dat je Mij ervan zult beschuldigen rechter te spelen.

Ik zou U daar nooit van durven beschuldigen. Ik weet wel beter.

'Beter weten' heeft de mensheid er nooit van weerhouden Mij een oordelende God te noemen in het verleden.

Welnu, bij mij komt daar nu een eind aan.

We zullen zien.

U wilde iets zeggen over opvoeding.

> Inderdaad. Ik stel vast dat de meesten onder jullie de betekenis, het doel en de functie van opvoeding verkeerd hebben begrepen. Om maar niets te zeggen over het proces waarmee opvoeding het best gediend is.

Dit is nogal een krasse uitspraak, waar ik wat hulp bij nodig heb.

> Het grootste deel van het menselijk ras heeft besloten dat de betekenis en het doel en de functie van opvoeding het doorgeven van kennis is. Iemand opvoeden houdt in iemand kennis geven, over het algemeen de vergaarde kennis van iemands eigen gezin, stam, samenleving, natie en wereld.
> Nochtans heeft opvoeding weinig met kennis uit te staan.

Werkelijk? Daarmee zou U mij voor het lapje kunnen houden.

> Duidelijk.

Waarmee heeft opvoeding dan wel te maken?

> Wijsheid.

Wijsheid.

> Jazeker.

Oké, ik geef op. Wat is het verschil?

> Wijsheid is toegepaste kennis.

Dus we worden niet verondersteld te proberen ons nageslacht kennis te verstrekken. We moeten proberen ons nageslacht wijsheid bij te brengen.

> Allereerst, 'probeer' niets te doen. *Doe het.* Ten tweede, negeer kennis niet ten gunste van wijsheid. Dat zou fataal zijn. Negeer aan de andere kant wijsheid niet ten faveure van kennis. Dat zou ook fataal zijn. Het zou de opvoeding om zeep helpen. Op jullie planeet *helpt* het opvoeding om zeep.

Wij negeren wijsheid ten gunste van kennis?

In de meeste gevallen wel, ja.

Hoe doen we dat dan?

Jullie leren je kinderen wat ze moeten denken in plaats van ze te leren denken.

Leg uit, alstublieft.

Zeker. Wanneer jullie je kinderen kennis geven, vertellen jullie hun wat ze moeten denken. Dat is, jullie vertellen hun wat ze verondersteld worden te weten; wat jullie willen dat zij als waar opvatten.
Wanneer je je kinderen wijsheid geeft, vertel je ze niet wat ze moeten weten, of wat waar is, maar eerder *hoe ze hun eigen waarheid kunnen vinden.*

Maar zonder kennis bestaat er geen wijsheid.

Akkoord. Daarom zei Ik ook dat je kennis niet moet negeren ten gunste van wijsheid. Een bepaalde hoeveelheid kennis moet van de ene generatie worden doorgegeven aan de volgende. Vanzelfsprekend. Maar zo weinig kennis als mogelijk. Hoe minder hoe beter.
Laat een kind dingen zelf ontdekken. Weet dit: kennis raakt verloren. Wijsheid raakt nooit vergeten.

Dus onze scholen moeten zo weinig mogelijk kennis overdragen?

Jullie scholen zouden hun accent 180 graden moeten verleggen. Nu zijn ze totaal gefocust op kennis en besteden uiterst weinig aandacht aan wijsheid. Veel ouders ervaren onderwijs in kritisch denken, probleemoplossing en logica als bedreigend. Ze willen niet dat dergelijke vakken in het lesrooster voorkomen. Dat moeten ze ook wel indien ze hun manier van leven wensen te beschermen. Kinderen die hun eigen kritische denkprocessen mogen ontwikkelen, zullen waarschijnlijk de moraal, normen en levensstijl van hun ouders *opgeven.*
Teneinde jullie levensstijl te beschermen, hebben jullie een scho-

lingsprogramma opgezet, dat gebaseerd is op oefening van het geheugen in plaats van vaardigheden. Kinderen wordt bijgebracht feiten en verzinsels te herinneren – de verzinsels die iedere samenleving over zichzelf bedacht heeft – in plaats van de vaardigheid te ontvangen hun eigen waarheden te ontdekken en creëren.

Programma's die een beroep doen op de ontwikkeling van talenten en vaardigheden in plaats van *herinneringen* worden door en door bespot door hen die denken te weten wat een kind moet leren. Toch leidt wat jullie je kinderen leren hen eerder naar *onwetendheid* dan er weg van.

Onze scholen onderwijzen geen verzinsels, ze doceren feiten.

Nu lieg je tegen jezelf, net zoals jullie tegen jullie kinderen liegen.

Wij liegen tegen onze kinderen?

Natuurlijk doen jullie dat. Sla een geschiedenisboek open en kijk zelf. Jullie geschiedenis is geschreven door mensen die willen dat hun kinderen de wereld vanuit een bepaalde invalshoek zien. Elke poging historische uiteenzettingen uit te breiden met een weidsere visie op de feiten wordt afgesnauwd en 'revisionistisch' genoemd. Jullie willen de waarheid over jullie verleden niet aan jullie kinderen vertellen, want anders zien ze wie jullie werkelijk zijn.

De Amerikaanse geschiedschrijving wordt bijvoorbeeld overheerst door de visie van blanke, angelsaksische protestantse mannen. Wanneer vrouwen, Afro-Amerikanen of andere minderheden roepen: 'hé, wacht eens even! Zo is het niet gegaan. Jullie hebben een groot deel weggelaten', dan worden jullie horendol en blèren en eisen dat de 'revisionisten' ermee stoppen jullie handboeken te veranderen. Jullie willen niet dat jullie kinderen weten wat er *echt* gebeurd is. Jullie willen dat zij weten hoe jullie het gebeurde hebben *gerechtvaardigd* vanuit jullie invalshoek. Zal Ik eens een typisch Amerikaans voorbeeld aanhalen?

Gaarne.

In de Verenigde Staten leren jullie je kinderen niet alles over de beslissing om atoombommen op twee Japanse steden te gooien,

waarbij honderdduizenden mensen werden gedood of verminkt.
Jullie presenteren hen liever de feiten zoals jullie ze zien, en zoals
jullie wensen dat zij ze zullen zien.

Wanneer een poging wordt ondernomen dit gezichtspunt meer in
evenwicht te brengen met dat van iemand anders – in dit geval
de Japanners – maken jullie een herrie alsof het huis te klein is; jullie eisen op hoge poten dat geen enkele school er zelfs maar over
mag denken dergelijke gegevens in een historische terugblik op
deze belangrijke gebeurtenis te presenteren. Aldus onderwijs je
geen geschiedenis, maar politiek.
Geschiedenis wordt verondersteld een accuraat, en compleet, verslag te geven over wat er feitelijk is gebeurd. Politiek gaat nooit
over wat er feitelijk is gebeurd. Politiek is altijd *iemands visie* op
wat er gebeurd is.
Geschiedenis onthult, politiek rechtvaardigt. Geschiedenis legt
dingen bloot, politiek bedekt ze; vertelt slechts een kant.
Politici haten oprecht geschreven geschiedenis. En oprecht
geschreven geschiedenis is ook niet al te zeer te spreken over politici.
Nochtans dragen jullie de nieuwe kleren van de keizer, want jullie
kinderen kijken uiteindelijk dwars door jullie heen. Kinderen die
geleerd hebben kritisch te denken, kijken naar jullie geschiedenis
en zeggen: 'ach arme, hoezeer hebben mijn ouders en anderen
zichzelf voor de gek gehouden.' Jullie kunnen dat niet verdragen
en daarom hameren jullie dergelijke gedachten er vanaf het begin
goed uit. Jullie willen niet dat jullie kinderen over de meest elementaire feiten beschikken. Jullie willen dat zij *jullie weergave* van
de feiten aannemen.

Ik denk dat U hier overdrijft. Ik denk dat U het te zeer op de spits
drijft.

Echt waar? De meeste mensen in jullie samenleving willen niet
eens dat hun kinderen de basisfeiten van het *leven* kennen.
Mensen sloegen helemaal op til toen de scholen kinderen gingen
leren hoe het menselijk lichaam werkt. Nu worden jullie verondersteld kinderen niet te vertellen hoe aids wordt overgedragen of
hoe je die overdracht kunt stoppen. Tenzij je ze natuurlijk vanuit
een bepaalde *invalshoek* vertelt hoe je aids moet voorkomen. Dan
is het in orde. Maar ze gewoon de feiten geven en zelf de dingen
laten uitzoeken? Van je leven niet.

Kinderen zijn er nog niet rijp voor om zulke zaken zelf uit te zoeken. Zij moeten goed begeleid worden.

Heb je onlangs nog rondgekeken in de wereld om je heen?

Wat is daarmee?

Je ziet dan hoe jullie je kinderen in het verleden begeleid hebben.

Nee, dat is hoe we hen *mis*leid hebben. Als de wereld er vandaag de dag slecht aan toe is – en dat is op velerlei manieren het geval – dan is dat niet omdat wij geprobeerd hebben onze kinderen de *oude* waarden te leren, maar omdat we hebben toegelaten dat zij al die 'nieuwlichterij' te leren krijgen.

Je gelooft daar echt heilig in, is het niet?

Natuurlijk geloof ik dat! Als we het onderwijs aan onze kinderen gewoon tot lezen, schrijven en rekenen hadden beperkt, in plaats van ze al die 'kritisch-denken'-onzin te voeren, waren we een stuk beter af geweest. Als we die zogenaamde seksuele voorlichting buiten de klaslokalen hadden gehouden en thuis hadden gelaten, waar het ook hoort, dan hadden we nu geen tieners die baby's krijgen, alleenstaande moeders die op hun zeventiende bijstand aanvragen of een wereld die totaal dolgedraaid is. Als we erop hadden aangedrongen dat onze jongeren volgens *onze* morele standaard leefden, in plaats van ze los te laten en hun eigen standaard te bepalen, zouden we onze vroeger zo sterke, levendige natie niet hebben teruggebracht tot een schamele imitatie van zichzelf.

Ik snap het.

En nog een ding. U hoeft bij mij niet aan te komen met verhalen over hoe wij Amerikanen ons nu moeten schamen over wat er in Hiroshima en Nagasaki is gebeurd. *We maakten een eind aan de oorlog,* in godsnaam. We hebben duizenden levens gered. Aan *beide* kanten. Het was de prijs van de oorlog. Niemand was ingenomen met die beslissing, maar er moest iets worden besloten.

Ik snap het.

Ja, U snapt het. U bent net als de rest van al die linksige progressieve socialisten. U wilt dat wij onze geschiedenis herschrijven, prima. U wilt dat wij ons zelf uit de geschiedenis wegschrijven. Op die manier krijgen jullie progressievelingen alsnog je zin. Neem de wereld over, schep jullie eigen decadente samenlevingen maar, herverdeel alle rijkdom. De *macht aan het volk* en al dat soort geouwehoer. Behalve dat het ons nooit ergens gebracht heeft. Wat wij nodig hebben is een terugkeer naar het verleden, naar de waarden van onze voorvaderen. Daar hebben we behoefte aan!

Uitgeraasd?

Ja, ik heb mijn zegje gedaan. Wat vond U ervan?

Tamelijk goed. Het was echt goed.

Tja, als je een tijdlang voor de radio hebt gewerkt, zit je nooit om een vlotte babbel verlegen.

En dit is wat mensen op jullie planeet denken, toch?

Reken maar van yes! En niet alleen in de Verenigde Staten. Ik bedoel, U kunt de naam van het land vervangen en de naam van de oorlog; las maar elke willekeurige aanvallende actie door elke willekeurige natie in het verleden in. Doet er niet toe. Iedereen denkt dat zij gelijk hebben. Iedereen weet dat het de *andere* persoon is die het mis had. Vergeet Hiroshima maar. Kijk maar naar Berlijn. Of Bosnië. Iedereen weet dat de oude waarden vroeger wel werkten. Iedereen weet dat de aarde naar de hel afzakt. Niet alleen in de Verenigde Staten. Overal. Er wordt alom geroepen en gesmeekt om een terugkeer naar de oude waarden en een terugkeer naar nationalisme, overal ter wereld.

Ik weet dat het zo is.

En wat ik heb geprobeerd, is die hartenkreet te verwoorden, die zorg, die woede.

Je hebt er iets moois van gemaakt. Je had Mij bijna overtuigd.

En? Wat zegt U tegen hen die echt zo denken?

Geloof je nou werkelijk dat de dingen dertig, veertig, vijftig jaar geleden beter waren, zeg Ik dan. Het geheugen heeft maar weinig visie, zeg Ik dan. Jullie herinneren je alleen de goede zaken, niet de slechte. Dat is natuurlijk, normaal. Maar laat je niet misleiden. Denk eens *kritisch* na en herkauw niet wat anderen je geleerd hebben te denken.

Om bij ons voorbeeld te blijven, geloof je werkelijk dat het noodzakelijk was de atoombom op Hiroshima te gooien? Wat hebben Amerikaanse historici te zeggen over al die rapporten van hen die zeggen echt te weten wat zich heeft voorgedaan, namelijk dat het Japanse keizerrijk zich in het geheim bereid had verklaard tegenover de geallieerden de oorlog te beëindigen nog voordat de bom was gegooid?

Het kan natuurlijk zijn dat jullie eigen verslag toch correct is. Het kan zijn dat het Amerikaanse gezichtspunt werkelijk weergeeft wat zich heeft voorgedaan. Dat is niet het punt van deze discussie. Het punt is dat jullie scholingsprogramma kritisch nadenken over dit soort thema's niet toelaat, evenmin over veel andere thema's wat dat betreft.

Kun jij je voorstellen wat een docent maatschappijleer of geschiedenis in Iowa overkomt als hij zijn leerlingen dit soort vragen stelt, hen uitnodigt en aanmoedigt zelf deze thema's uitgebreid te bestuderen en hun eigen conclusies te trekken?

Daar gaat het om! Jullie willen niet dat jullie jongeren hun eigen conclusies trekken. Jullie willen dat zij *tot eenzelfde besluit* komen als jullie. Aldus verdoem je hen dezelfde fouten te maken waar jullie conclusies jullie toe verleid hebben.

Maar wat dan over deze uitspraken die door veel mensen worden gedaan over oude waarden en de desintegratie van de huidige samenleving? Wat over de enorme toename van het aantal tienerouderschappen, bijstandsmoeders en onze doorgedraaide wereld?

Jullie wereld is doorgedraaid. Daar sluit Ik Me bij aan. Maar jullie wereld is niet doorgedraaid ten gevolge van wat jullie de scholen aan jullie kinderen laten leren. Zij is doorgedraaid door wat jullie *niet* laten onderwijzen.

Jullie laten je scholen niet onderwijzen dat liefde het enige is dat telt. Jullie laten jullie scholen niet praten over onvoorwaardelijke liefde.

Hel en verdoemenis, we laten onze godsdiensten daar zelfs niet over praten.

Dat klopt. En jullie zullen het jullie nageslacht niet toestaan om onderwezen te worden, zichzelf en hun lichamen bewust te zijn, of hun menselijkheid en hun wonderlijke seksuele zelf. En jullie staan je kinderen niet toe te weten dat zij allereerst en bovenal spirituele wezens zijn die in een lichaam bivakkeren. Evenmin behandelen jullie je kinderen als geesten die in het lichaam komen.

In samenlevingen waar openlijk over seksualiteit wordt gesproken, waar seksualiteit vrijelijk wordt bediscussieerd en ondergaan, bestaan nauwelijks seksuele misdaden, zijn nagenoeg alle zwangerschappen gewenst en komen amper ongewenste of 'onwettige' geboortes voor. In hoogontwikkelde samenlevingen zijn *alle* geboortes zegeningen en wordt voor het welzijn van alle moeders en alle kinderen gezorgd. Die samenlevingen willen het zelfs niet anders.

In samenlevingen waar de geschiedenis niet wordt verbogen volgens de wil van de sterksten en invloedrijksten, worden de fouten uit het verleden erkend en nooit herhaald; *eenmaal* is genoeg voor gedrag dat duidelijk zelfdestructief is.

In samenlevingen waar kritisch denken, probleemoplossing en levensvaardigheden worden onderwezen, in plaats van het van buiten leren van feiten, worden zelfs zogenaamde te rechtvaardigen daden uit het verleden kritisch onderzocht. Niets wordt zonder meer aangenomen.

Hoe kan dat werken? Laten we ons voorbeeld uit de Tweede Wereldoorlog gebruiken. Hoe zou een school die het onderwijs in levensvaardigheden verkiest boven het leren van feiten het historische verhaal over Hiroshima brengen?

Jullie leraren zouden hun leerlingen precies vertellen wat zich toen heeft voorgedaan. Zij zouden alle feiten – *alle* feiten – noemen die tot die gebeurtenis hebben geleid. Zij zouden de gezichtspunten van historici van *beide* kanten bijeenbrengen in het besef dat elk verhaal meerdere invalshoeken kent. Ze zouden de klas niet vragen de betrokken feiten van buiten te leren. In plaats daarvan zouden zij de klas uitdagen. Ze zouden zeggen: 'nu hebben jullie alles over deze gebeurtenis gehoord. Jullie weten alles wat eraan voorafging en wat erop volgde. We hebben jullie zoveel mogelijk 'kennis' aangeboden als beschikbaar is. Welke 'wijsheid' kunnen jullie nu uit deze 'kennis' afleiden? Als jullie werden gekozen om de onderhavige problemen op te lossen, die toen werden opgelost door de bom te gooien, wat zouden jullie dan doen? Kunnen jullie een betere manier bedenken?

O, *natuurlijk*. Da's gemakkelijk. Iedereen kan *op die manier* met antwoorden op de proppen komen, met het voordeel van *kennis achteraf*. Iedereen kan over iemands schouder meekijken en beweren dat ze het anders, beter zouden doen.

Waarom doen jullie dat dan niet?

Pardon?

Ik vroeg waarom jullie dat dan niet doen. Waarom kijken jullie niet over je schouder om van je verleden te *leren* en vervolgens anders te handelen? Ik zal zeggen waarom. Als jullie je kinderen kritisch naar het verleden laten kijken en hen dat laten analyseren – als jullie daadwerkelijk van hen verlangen dat ze dat doen als deel van hun opvoeding – lopen jullie immers het risico dat ze het *oneens* zijn met hoe jullie de dingen hebben afgehandeld. Ze zullen het hoe dan ook oneens zijn, natuurlijk. Jullie laten echter niet te veel ervan toe in jullie klaslokalen. Daarom moeten ze ermee de straat op. Met spandoeken zwaaien. Tomaten gooien, bh's en vlaggen verbranden. Alles doen waardoor ze jullie aandacht krijgen, waardoor jullie tot inzicht komen. Jullie jongeren roepen: 'er moet een betere manier zijn!' Maar jullie horen ze niet. Jullie *willen* ze niet horen. En jullie willen ze zeker niet in het *klaslokaal* aanmoedigen om kritisch na te denken over de feiten die jullie geven. Snap het dan, zeggen jullie tegen hen. Jullie hoeven ons niet te vertellen dat wij alles verkeerd hebben gedaan. Snap dan dat wij het juist *goed* hebben gedaan. Dat is de manier waarop jullie je kinderen opvoeden. Dat is wat jullie een opvoeding noemen.

Maar er zijn sommigen die stellen dat het de jongeren en hun gekke, idiote, progressieve ideeën zijn die de Verenigde Staten en de wereld naar de ondergang leiden. Die onze op waarden georiënteerde cultuur hebben vernietigd en vervangen door een moraal van doe-wat-je-wilt-doen, als je je er maar 'lekker' bij voelt, die onze levensstijl dreigt te beëindigen.

De jongeren *vernietigen* jullie levensstijl. Jongeren hebben dat *altijd* al gedaan. Jullie taak is dat aan te moedigen, niet om het te ontkrachten.

Het zijn niet jullie jongeren die de regenwouden verwoesten. Zij vragen jullie dat te *stoppen*. Het zijn niet jullie jongeren die het gat in de ozonlaag doen groeien. Zij vragen jullie dat te *stoppen*. Het zijn niet jullie jongeren die jullie onder allerlei belastingen gebukt laten gaan, waarmee vervolgens oorlog en oorlogstuig worden betaald. Zij vragen jullie dat te *stoppen*. Het zijn niet jullie jongeren die de problemen van de zwakkeren en vertrapten negeren of duizenden mensen elke dag de hongerdood laten sterven op een planeet die genoeg voedsel voortbrengt om iedereen te spijzen. Zij vragen jullie dat te *stoppen*.

Het zijn niet jullie jongeren die verwikkeld zijn in een beleid van misleiding en manipulatie. Zij vragen jullie dat te *stoppen*. Het zijn niet jullie jongeren die seksueel onderdrukt, beschaamd en gegeneerd zijn over hun eigen lijven en deze schaamte en gêne op hun nageslacht overdragen. Zij vragen jullie dat te *stoppen*. Het zijn niet jullie jongeren die een waardesysteem hebben opgezet waarin 'macht is recht' geldt of een wereld die problemen met geweld oplost. Zij vragen jullie dat te *stoppen*.

Nee, ze vragen jullie dat niet... *ze smeken jullie*.

Nochtans zijn het jongeren die gewelddadig zijn! Jongeren vormen bendes en moorden elkaar uit! Jongeren halen hun neus op voor orde en gerechtigheid, voor elke soort orde. Jongeren drijven ons tot de *waanzin*!

Wanneer de kreten en smeekbeden van jongeren dat de wereld moet veranderen, niet gehoord worden of in acht worden genomen, wanneer zij inzien dat ze voor een verloren zaak strijden – dat jullie ondanks alles je zin zullen doordrijven – dan zullen die jongeren, die echt niet stom zijn, het beste alternatief kiezen. Als ze jullie niet kunnen verslaan, zullen ze zich bij jullie aansluiten.

Jullie jongeren hebben zich bij jullie aangesloten in jullie gedrag. Zij zijn gewelddadig omdat jullie het ook zijn. Zij zijn materialistisch omdat jullie het ook zijn. Zij doen waanzinnige dingen omdat jullie dat ook doen. Zij gebruiken seks manipulatief, onverantwoordelijk en schaamtevol omdat jullie dat ook doen.

Het enige verschil tussen jongeren en ouderen is dat jongeren alles in de openbaarheid doen. Ouderen verbergen hun gedrag en daden. Ouderen denken dat jongeren dat niet door hebben. Maar jongeren zien alles. Niets blijft voor hen verscholen. Zij zien de hypocrisie van hun ouderen en proberen daar wanhopig verandering in te brengen. Als ze dat echter hebben geprobeerd en er niet in zijn geslaagd, zien ze geen andere mogelijkheid dan ouderen na te doen. Hierin hebben ze ongelijk, maar ze hebben *nooit anders geleerd*. Het werd hun niet toegestaan kritisch te analyseren wat ouderen uitvraten. Ze mochten alleen maar memoriseren.

Wat je memoriseert, *memorealiseer* je.

Hoe moeten we onze jongeren dan opvoeden?

Behandel ze allereerst als geesten. Zij zijn geesten die een fysiek lichaam ingaan. Dat is niet gemakkelijk voor een geest om te doen; niet gemakkelijk ook om aan gewend te raken. Het is nogal beperkend, insluitend. Het kind zal het daarom ook uitschreeuwen, omdat het plotseling zo ingeperkt is. Hoor die kreet. Begrijp hem. En geef jullie kinderen zo goed mogelijk een gevoel van 'onbegrensdheid'.

Introduceer ze vervolgens in de wereld die jullie met zorg en zachtaardigheid hebben gecreëerd. Wees zorgzaam – voorzichtig – met wat je in hun geheugenopslagruimte invoert. Kinderen herinneren alles wat ze zien, alles wat ze ervaren. Waarom geven jullie kinderen een klap direct nadat ze de moederschoot hebben verlaten? Menen jullie nu werkelijk dat dit de enige manier is om hun motortje aan de gang te krijgen? Waarom halen jullie baby's van hun moeder weg enkele minuten nadat ze gescheiden zijn van de enige levensvorm die ze tot dusver in hun huidige bestaan gekend hebben? Kan het meten en wegen en knijpen en prikken niet eventjes wachten, zodat de pasgeborene de veiligheid en troost kan ervaren van haar die hem *het leven heeft gegeven*?

Waarom laten jullie toe dat sommige van de eerste indrukken waaraan jullie kinderen blootgesteld worden, gewelddadig zijn? Wie heeft jullie gezegd dat dit goed is voor jullie kinderen? En waarom verstoppen jullie beelden van liefde?

Waarom leren jullie kinderen zich te schamen en generen voor hun eigen lijf en alle lichaamsfuncties door jullie lichaam voor hen af te schermen of door hun te vertellen dat ze zichzelf niet mogen aanraken op manieren die genot verschaffen? Welke boodschap geef je ze door over genot? En welke lessen over het lichaam?

Waarom sturen jullie je kinderen naar scholen waar onderlinge wedijver wordt toegelaten en aangemoedigd, waar de 'beste' zijn en het 'meeste' leren worden beloond, waar prestaties worden 'gemeten' en vooruitgang in een eigen tempo nauwelijks wordt geaccepteerd? Wat leren jullie kinderen hierdoor begrijpen?

Waarom leren jullie je kinderen niet over beweging en muziek, vreugde en kunst, de geheimen in sprookjes en de wonderen van het leven? Waarom brengen jullie niet naar buiten wat natuurlijkerwijze te vinden is *in* het kind, eerder dan proberen er iets in te stoppen wat onnatuurlijk is voor het kind?

En waarom laten jullie jongeren geen logica en kritisch denken en probleemoplossing en creatie leren, met gebruikmaking van de instrumenten van hun eigen intuïtie en hun diepste innerlijke kennis, in plaats van de regels en gememoriseerde systemen en conclusies van een samenleving die bewezen heeft zich niet volgens die methodes te kunnen ontwikkelen, maar die er toch gebruik van blijft maken?

Ten slotte, onderwijs *concepten*, niet *studieobjecten*.

Ontwerp een nieuw curriculum en bouw dat rond drie hoekstenen:

BEWUSTZIJN

EERLIJKHEID

VERANTWOORDELIJKHEID

Leer jullie kinderen van jongs af aan deze concepten. Laat ze door het curriculum lopen tot de laatste dag. Baseer heel jullie educatieve systeem hierop. Laat alle aanwijzingen diep binnen in hen ontkiemen.

Ik begrijp niet wat dat betekent.

Het betekent dat alles wat je leert, diep vanuit deze concepten voortkomt.

Kunt u dat uitleggen? Hoe kunnen we lezen, schrijven en rekenen onderwijzen?

Vanaf de allereerste leesboekjes tot jullie meer uitgewerkte readers, zouden alle legendes, alle verhalen en onderwerpstof draaien om deze kernconcepten. Er zouden dus verhalen over bewustzijn zijn, over de omgang met eerlijkheid, verhalen over verantwoordelijkheid. Jullie kinderen zouden in deze concepten worden ingeleid, erin opgaan, erin ondergedompeld.

Opsteltaken zouden ook rond deze Kernconcepten draaien, en rond andere concepten die daarmee samengaan naarmate het kind groeit in zijn talent om zich uit te drukken. Zelfs rekenen zou binnen dit raamwerk worden onderwezen. Rekenen en wiskunde zijn geen abstracties, maar de allerfundamenteelste instrumenten in het universum om het leven te leven. Het onderwijs van alle rekenkundige technieken zou worden gecontextualiseerd binnen de weidsere levenservaring op een manier die de aandacht vestigt op en focust op de Kernconcepten en hun afgeleiden.

Wat zijn die 'afgeleiden'?

Om een frase te gebruiken die jullie mediamensen populair hebben gemaakt, zij zijn de spin-offs. Heel het educatieve model kan op deze spin-offs worden gebaseerd, en de studieobjecten vervangen in jullie huidige curriculum, die eigenlijk alleen maar feiten leren.

Bijvoorbeeld?

Welnu, laten we onze verbeelding eens gebruiken. Noem enkele concepten die belangrijk zijn voor jou in het leven.

Uh... tja, ik zou zeggen eerlijkheid, wat U al noemde.

Ja, ga door. Dat is een kernconcept.

En uh... integriteit. Dat is ook een belangrijk concept voor mij.

Goed. Nog meer?

Anderen aardig behandelen. Dat is er een. Ik weet niet hoe je dat als concept moet weergeven.

Ga door. Laat gewoon je gedachten stromen.

Samen kunnen optrekken. Tolerant zijn. Niemand kwetsen. Anderen als je gelijke zien. Dat zijn allemaal dingen die ik mijn kinderen hoop te leren.

Goed. Uitstekend! Ga door.

Uh... in jezelf geloven. Dat is een goede. En, uh... wacht, wacht... er komt er nog een... Uh... ja, dat is het: in waardigheid met opgeheven hoofd kunnen rondlopen. Ik denk dat ik *in waardigheid rondlopen* zou noemen. Ik weet niet hoe ik dat in een beter concept kan gieten, maar het heeft te maken met hoe iemand in het leven staat, en de manier waarop men anderen eert en het pad dat die anderen inslaan.

Dit is goed materiaal. Dit is allemaal goed materiaal. Je komt nu echt in de buurt. En er zijn nog tal van andere vergelijkbare concepten die kinderen door en door moeten begrijpen als ze willen groeien en zich tot complete mensen willen ontwikkelen. Maar jullie onderwijzen deze dingen niet op school. Dit zijn de belangrijkste dingen in het leven, deze zaken waar wij het nu over hebben, maar jullie onderwijzen ze niet op school. Jullie leren niet wat het betekent eerlijk te zijn. Jullie leren niet wat het betekent verantwoordelijk te zijn. Jullie leren niet wat het betekent je bewust te zijn van de gevoelens van andere mensen en respectvol tegenover de weg die anderen inslaan.
Jullie zeggen dat ouders deze zaken moeten onderwijzen. Ouders kunnen echter alleen doorgeven wat aan hen is doorgegeven. En de zonden van de vader gaan over op de zoon. Daarom leren jullie in jullie huizen dezelfde dingen die jullie in hun huizen hebben geleerd.

Nou? Wat is daar mis mee?

Zoals Ik al een paar keer eerder heb gezegd: heb je recentelijk nog rondgekeken in de wereld?

U blijft ons maar naar dat punt terugvoeren. U laat ons daar steeds naar kijken. Maar dat alles is niet onze schuld. Ons kan niet worden aangewreven in wat voor situatie de rest van de wereld verkeert.

Het is geen verwijt, maar een vraag naar je keuzes. En als jij niet verantwoordelijk bent voor de keuzes die de mensheid heeft gemaakt en *blijft* maken, wie is het dan wel?

Nu ja, we kunnen onszelf toch niet *overal* voor verantwoordelijk stellen!

Ik zeg je dit: zolang je niet bereid bent overal de verantwoordelijkheid voor te aanvaarden, *kun je ook niets veranderen.*
Je kunt niet blijven zeggen dat *zij* het hebben gedaan, dat *zij* het nog steeds doen en dat *zij* er maar voor moeten zorgen dat hun zaakjes op orde komen! Onthoud dat prachtige zinnetje van Walt Kelly's stripfiguur Pogo en vergeet het nooit:
`We zijn de vijand tegengekomen en zij zijn wij.'

We hebben dezelfde fouten steeds weer opnieuw gemaakt, honderden jaren lang, nietwaar?

Duizenden jaren lang, mijn zoon. Jullie hebben dezelfde fouten al duizenden jaren lang gemaakt. De mensheid verschilt in zijn fundamenteelste instincten nog niet veel van de holbewoners. Toch wordt iedere poging om daar verandering in te brengen met minachting begroet. Elke uitdaging om naar jullie waarden te kijken, en die zelfs misschien te herstructureren, wordt met angst begroet, en daarna woede. Nu komt er van Mij een idee om inderdaad hogere concepten in *scholen* te onderwijzen. O jongen, nu begeven we ons echt op glad ijs.
Niettemin is dit precies wat er wordt gedaan in hoog ontwikkelde samenlevingen.

Maar het probleem is dat niet iedereen het over deze concepten of hun betekenis eens is. Daarom kunnen we ze niet in onze scholen onderwijzen. Ouders gaan helemaal uit hun bol, wanneer je probeert deze dingen in het curriculum op te nemen. Ze zeggen dat je 'waarden' aanleert en dat de school geen rol mag spelen in dergelijk onderwijs.

Zij hebben het mis! Nogmaals, gebaseerd op wat jullie zeggen dat jullie als mensheid proberen te bereiken – namelijk een betere wereld te bouwen –, zij zitten *verkeerd*. Scholen spelen *juist* een heel belangrijke rol in dit soort onderricht. Juist *omdat* scholen losstaan van de vooroordelen van ouders. Juist *omdat* scholen afstand houden van de vooronderstellingen van ouders. Je hebt *gezien* wat het resultaat is op jullie planeet van het doorgeven van de waarden van ouders op kind. Jullie planeet is een *rotzooitje*.

Jullie begrijpen niet eens de fundamenteelste concepten van beschaafde samenlevingen.

Jullie weten niet hoe je conflicten kunt oplossen zonder geweld.

Jullie weten niet hoe je zonder angst kunt leven.

Jullie weten niet hoe je kunt handelen zonder eigenbelang.

Jullie weten niet hoe je onvoorwaardelijk lief kunt hebben.

Dit zijn fundamentele – *fundamentele* – zaken, en jullie komen nog niet eens toe aan een vol begrip ervoor, laat staan ze toe te passen... *na duizenden en duizenden jaren.*

Is er een uitweg uit deze rotzooi?

Ja! Via jullie scholen! Door de opvoeding en scholing van jullie jongeren! Jullie hoop ligt bij de volgende generatie en die daarop! Maar jullie moeten ermee stoppen hen onder te dompelen in de manieren van het *verleden.* Die hebben niet geholpen. Ze hebben jullie niet daar gebracht waar jullie zeggen dat je heen wilt. Maar als jullie niet oppassen, krijgen jullie precies dat waar jullie naartoe gaan!

Stop daarom! Draai je om! Kom bij elkaar en bepaal jullie gedachten. Creëer de verhevener versie van het grootste visioen dat jullie ooit over jezelf als mensheid hebt gehad. Neem daarna de waarden en concepten die een dergelijk visioen onderbouwen en *onderwijs ze in jullie scholen.*

Waarom geen lespakketten over...

• Macht begrijpen
• Vreedzame conflictoplossing
• Elementen uit liefdevolle relaties
• Persoonlijkheid en zelfschepping
• Lichaam, verstand en geest: hoe zij functioneren
• Creativiteit inschakelen
• Het Zelf celebreren, anderen waarderen
• Vreugdevolle seksuele expressie
• Eerlijkheid
• Verdraagzaamheid
• Verschillen en overeenkomsten
• Morele economie
• Creatief bewustzijn en geesteskracht
• Bewustzijn en waakzaamheid
• Eerlijkheid en verantwoordelijkheid
• Zichtbaarheid en doorzichtigheid
• Wetenschap en spiritualiteit

Veel hiervan wordt nu ook al onderwezen. Wij noemen het maatschappijvakken.

Ik heb het niet over een studieblok van twee dagen binnen een lessenpakket voor een heel semester. Ik heb het over *aparte* cursussen over ieder van deze onderwerpen. Ik heb het over een complete herziening van het onderwijs op scholen. Wat er nu wordt onderwezen, is grotendeels gebaseerd op feiten.

Ik heb het erover de aandacht van jullie kinderen te focussen op begrip van de kernconcepten en de theoretische structuren waaromheen hun waardesysteem kan worden opgebouwd, in dezelfde mate als nu gebeurt op basis van data, feiten en statistieken.

In de hoogontwikkelde samenlevingen van jullie melkweg en jullie universum (waarover we het meer specifiek in Boek 3 zullen hebben) worden levensconcepten vanaf het begin aan het nageslacht onderwezen. Wat jullie 'feiten' noemen, die overigens in die samenlevingen veel minder belangrijk worden geacht, wordt pas op veel latere leeftijd onderwezen.

Op jullie planeet hebben jullie een samenleving geschapen, waarin Ot al heeft leren lezen voor hij naar groep 3 gaat, maar nog niet heeft afgeleerd zijn broer te bijten. En Sien heeft haar tafels van vermenigvuldiging prima op orde, met gebruikmaking van systeemkaartjes en mentaal stampwerk, in almaar lagere klassen, maar ze heeft niet geleerd dat zij zich niet voor haar lichaam hoeft te schamen of te generen.

Op dit moment bestaan jullie scholen alleen maar om antwoorden te leveren. Het zou veel beter zijn als het hun belangrijkste functie was om vragen te stellen. Wat houdt eerlijk zijn in? Of verantwoordelijk? 'Rechtschapen'? Wat zijn de consequenties daarvan? Om het even, wat houdt het eigenlijk in dat 2 + 2 = 4? Wat zijn de implicaties? Hoogontwikkelde samenlevingen moedigen alle kinderen aan *die antwoorden voor zichzelf te ontdekken en te creëren*.

Maar... maar dat zou tot *chaos* leiden!

In vergelijking met de niet-chaotische omstandigheden waaronder jullie nu leven...

Oké, oké... het zou tot *meer* chaos kunnen leiden.

Ik suggereer niet dat jullie scholen nooit iets van die zaken met jullie nageslacht delen, die jullie hebben geleerd of die jullie over die zaken hebben besloten. Integendeel. Scholen dienen hun leerlingen wanneer zij met de Jongeren delen wat de Ouderen hebben geleerd en ontdekt, besloten en gekozen in het verleden. Leerlingen kunnen dan vaststellen hoe dit alles heeft gewerkt.

In jullie scholen presenteren jullie de leerlingen echter gegevens als Dat wat klopt, terwijl die gegevens gewoon als gegevens moeten worden aangeboden.

Gegevens uit het verleden moeten niet de basis vormen van de Huidige Waarheid. Gegevens uit een eerdere tijd of over eerdere ervaringen moeten altijd alleen maar de basis vormen voor nieuwe vragen. De schat moet altijd in de vraag liggen, niet in het antwoord.

En de vragen zijn altijd dezelfde. Met betrekking tot deze gegevens uit het verleden, die wij jullie hebben getoond, zijn jullie het daarmee eens of oneens? Wat denken jullie? Dit is altijd de hamvraag. Dit is altijd het brandpunt. Wat denken jullie? Wat denken *jullie? Wat denken jullie?*

Kinderen zullen naar aanleiding van deze vraag natuurlijk altijd de waarden van hun ouders aandragen. Ouders blijven een belangrijke rol spelen – de hoofdrol inderdaad – in de schepping van het waardesysteem van het kind. Opzet en doel van de school zijn om het nageslacht, vanaf het vroegste begin tot het eind van de formele scholing, te stimuleren deze waarden te verkennen, ze te leren gebruiken, toe te passen, functioneel te maken, en, inderdaad, om ze ter discussie te stellen. Want ouders die niet wensen dat hun kinderen hun waarden bediscussiëren, zijn geen ouders die van hun kinderen houden, maar eerder ouders die van zichzelf houden *door* hun kinderen.

Ik wens, o, hoezeer wens ik dat er scholen waren zoals U heeft aangegeven!

Er zijn enkele scholen die dit onderwijsmodel proberen na te streven.

Is dat zo?

Ja. Lees de geschriften van Rudolf Steiner maar. Bestudeer de methodes van de Waldorfschool, die hij heeft ontwikkeld.

Ik heb inderdaad over dat soort scholen gehoord. Is dit sluikreclame?

Dit is een observatie.

Omdat U wist dat ik bekend was met de Waldorfscholen. U wist dat.

Natuurlijk wist Ik dat. Alles in je leven dient je, heeft je tot dit moment gebracht. Ik ben al eerder met je begonnen te praten dan sinds het begin van dit boek. Ik praat al jaren met je door middel van al je associaties en ervaringen.

Zegt U nu dat de Waldorfschool de beste is?

Nee. Ik zeg dat het een werkzaam model is, gegeven het feit waar jullie als menselijk ras zeggen heen te willen gaan; gegeven wat jullie beweren te willen doen; gegeven wat jullie zeggen te willen zijn. Ik zeg dat het een voorbeeld is – een uit verschillende die Ik zou kunnen aanhalen, al zijn dit type scholen hoe dan ook zeldzaam – hoe opvoeding kan worden volbracht op een manier die zich concentreert op 'wijsheid' in plaats van gewone 'kennis'.

Het is wel een model waar ik zeer over te spreken ben. Er zijn talrijke verschillen tussen een Waldorfschool en andere scholen. Laat me een voorbeeld noemen. Het is een eenvoudig voorbeeld, maar het maakt wel de verschillen bijzonder duidelijk.

In de Waldorfschool doorloopt de leraar samen met de kinderen alle niveaus van het eerste basisonderwijs. Alle jaren hebben de kinderen dezelfde leraar in plaats van de ene persoon na de andere. Kunt U U voorstellen welke band hier wordt gevormd? Snapt U de betekenis daarvan?

De leraar leert het kind kennen alsof het zijn eigen kind was. Het kind ontwikkelt een vertrouwen en liefde voor de leraar, die deuren openen waarvan veel traditionele scholen niet eens durven te dromen. Aan het eind gaat de leraar terug naar de eerste groep, begint opnieuw met een andere groep kinderen en doorloopt met hen alle jaren van het curriculum. Een toegewijde Waldorfleraar werkt misschien met maar vier of vijf groepen kinderen in zijn hele carrière. Maar hij of zij betekent iets voor die kinderen wat binnen traditionele scholen onbereikbaar is.

Dit opvoedkundig model erkent en verkondigt dat *menselijke relaties*, *emotionele banden* en de *liefde* die binnen een dergelijk paradigma wordt gedeeld, even belangrijk zijn als welke feiten ook die een leraar een kind kan meedelen. Het is als thuisscholing buiten huis.

Ja, het is een goed model.

Zijn er nog andere goede modellen?

Ja. Jullie maken enige vooruitgang op jullie planeet met betrekking tot scholing en opvoeding, maar het gaat wel langzaam. Zelfs de poging om een doelgericht, op het aanleren van vaardigheden gericht lesprogramma in jullie scholen in te voeren stuit nog altijd op veel verzet. Mensen ervaren het als bedreigend of ineffectief. Zij willen dat hun kinderen *feiten* leren. Niettemin zijn er enkele aanpassingen. Maar er moet nog veel gebeuren.

En dit is slechts een gebied op het vlak van de menselijke ervaring, dat behoefte heeft aan grondige revisie, gegeven wat jullie zeggen als mensen dat jullie wensen te zijn.

Ja, ik kan me voorstellen dat op het politieke vlak ook het een en ander mag veranderen.

Zeker weten.

10

Hier heb ik op gewacht. Dit lijkt meer op wat ik verwachtte toen U mij beloofde dat Boek 2 planetaire thema's op een globale schaal zou behandelen. Kunnen wij onze blik op onze menselijke politiek beginnen met een vraag van mij aan U die nogal fundamenteel lijkt?

Geen enkele vraag is onwaardig of te min. Vragen zijn net als mensen.

Ah, dat is een goeie. Oké dan, laat mij vragen: is het verkeerd om een buitenlands beleid te voeren gebaseerd op de gevestigde belangen van je eigen land?

Nee. Ten eerste is vanuit Mijn standpunt *niets* 'verkeerd'. Maar Ik begrijp hoe je die term gebruikt en daarom zal Ik binnen de context van jouw woordenschat verder spreken. Ik gebruik de term 'verkeerd' om aan te geven dat 'iets je niet dient, gegeven het feit wie en wat je kiest te zijn'. Op dezelfde manier heb Ik altijd de termen 'goed' en 'verkeerd' – 'juist', 'correct', 'fout', 'kwaad', 'slecht': dat is hier allemaal uitwisselbaar – tegenover jullie gebruikt. Dat wil zeggen, altijd binnen deze context, want in waarheid bestaat er geen 'goed' en 'verkeerd'.

Binnen die context is het dus niet verkeerd buitenlandse politiek te baseren op overwegingen die samenhangen met gevestigde belangen. Wat verkeerd is, is te doen alsof je dat niet doet.

Dit doen de meeste landen natuurlijk wel. Zij ondernemen iets, of falen juist daarin, om bepaalde redenen en geven ter verklaring van hun daden een aantal andere redenen op.

Waarom? Waarom doen landen dat?

Omdat regeringen weten dat als de mensen de werkelijke redenen voor de meeste beslissingen op het gebied van buitenlandse politiek wisten, dat zij hen dan niet zouden ondersteunen. Dit geldt voor regeringen overal. Er zijn maar weinig regeringen die niet doelbewust hun volk misleiden. Misleiding hoort bij regeren, want maar weinig mensen zouden ervoor kiezen geregeerd te worden zoals ze worden geregeerd – slechts weinigen zouden überhaupt ervoor kiezen te worden geregeerd – en daarom moet de regering hen ervan overtuigen dat het in hun eigen belang is. Dit is geen gemakkelijke taak, want de meeste mensen beschouwen de overheid als een noodzakelijk kwaad. Daarom verdraaien regeringen de feiten een beetje opdat de mensen loyaal blijven. De regering is de perfecte uitbeelding van het axioma dat als je maar hard genoeg en lang genoeg liegt, de leugen 'waarheid' wordt.

Mensen die aan de macht zijn, moeten het publiek nooit laten weten hoe ze aan de macht zijn gekomen en evenmin alles wat ze doen en zullen doen om aan de macht te blijven.

Waarheid en politiek gaan niet samen, kunnen *niet* samengaan, omdat politiek de kunst is alleen dat te zeggen wat gezegd moet worden – en op de juiste manier – om het gewenste doel te bereiken.

Niet alle politiek is slecht, maar het politieke vak is vooral een *pragmatisch* vak. Het herkent in volle overtuiging de psychologie van de meeste mensen. Het stelt eenvoudigweg vast dat de meesten uit eigenbelang handelen. Politiek is dan ook de manier waarop mensen met macht proberen jou ervan te overtuigen dat *hun* eigenbelang ook dat *van jou* is.

Regeringen begrijpen eigenbelang. Daarom zijn regeringen ook zo goed in het ontwerpen van programma's die dingen *geven* aan mensen.

Oorspronkelijk hadden regeringen zeer beperkte functies. Hun doel was gewoon 'te beschermen en in stand te houden'. Vervolgens voegde iemand daar 'verstrekken' aan toe. Zodra regeringen zowel de 'verstrekker' als de beschermer van het volk werden, begonnen zij de samenleving te *scheppen* in plaats van haar te beschermen.

Maar doen regeringen niet gewoon wat de mensen willen dat ze doen? Voorzien regeringen niet gewoon in het mechanisme waardoor de mensen zichzelf kunnen voorzien op maatschappelijke schaal? In de Verenigde Staten bijvoorbeeld hechten we grote waarde aan de waardigheid van het menselijk leven, individuele vrijheid, het belang van mogelijkheden, de heiligheid van kinderen. Daarom hebben we wetten opgesteld en de overheid gevraagd programma's te scheppen die ouderen aan een inkomen helpen, zodat zij ook na hun arbeidzame leven hun waardigheid kunnen behouden. Programma's om voor iedereen gelijkwaardige kansen op banen en woningen te scheppen, zelfs voor hen die anders zijn dan wij of met wier levensstijl wij het oneens zijn. Door wetten tegen kinderarbeid hebben we ervoor gezorgd dat de kinderen van deze natie geen werkslaven worden; geen enkel gezin met kinderen hoeft zonder de meest essentiële levensbehoeften – voedsel, kleding, onderdak – te blijven.

Dergelijke programma's en wetten geven een goede afspiegeling van jullie samenleving. Maar bij het voorzien in de noden van de mensen moet je er wel voor zorgen hen niet van hun grootste waardigheid te beroven: de uitoefening van persoonlijke macht, individuele creativiteit, en de doelbewuste vernuftigheid die het mensen laat inzien dat ze ook voor zichzelf kunnen zorgen. Het is een delicaat evenwicht dat gevonden moet worden. Jullie mensen lijken alleen te weten hoe je van het ene extreem in het andere kunt belanden. Ofwel jullie willen dat de overheid 'alles' op zich neemt, ofwel jullie willen alle regeringsprogramma's en alle wetten liefst nog voor morgen afschaffen.

Ja, en het probleem is dat er zo velen zijn die niet voor zichzelf kunnen zorgen in een samenleving die de beste levensmogelijkheden routinematig aan hen geeft die de 'juiste' geloofspapieren hebben (of, misschien, niet de 'verkeerde' vasthouden); die niet voor zichzelf kunnen zorgen in een natie waar huisbazen niet aan grote gezinnen verhuren, waar bedrijven geen vrouwen promoten, waar al te vaak sprake is van klassejustitie, waar de toegang tot preventieve gezondheidszorg beperkt wordt tot hen met voldoende inkomen, en waar tal van andere beperkingen en ongelijkheden op enorme schaal voorkomen.

Dus regeringen moeten het substituut vormen voor het geweten van de mensen?

Nee. Regeringen *zijn* onmiskenbaar het geweten van de mensen. Mensen hopen, streven ernaar, zijn vastbesloten door regeringen de ziekten van de samenleving te corrigeren.

Dat is mooi gezegd. Toch herhaal Ik nogmaals dat jullie ervoor moeten zorgen jezelf niet in wetten te verstikken, die moeten garanderen dat mensen vrij kunnen ademen! Je kunt ethiek niet in wetten vastleggen. Je kunt gelijkwaardigheid niet afdwingen. Wat nodig is, is een *verschuiving* van het collectieve bewustzijn, niet iemand die dat *oplegt.* Gedrag (net als wetten of overheidsprogramma's) moet aan het Zijn ontspringen en een ware reflectie vormen van Wie je bent.

De wetten van onze samenleving *zijn* een afspiegeling van wie we zijn! Zij zeggen tegen iedereen: 'zo liggen de zaken in de Verenigde Staten. Dit *zijn* de Amerikanen.'

In de beste gevallen misschien wel ja. Maar vaker dan niet zijn jullie wetten de afkondiging van wat zij die aan de macht zijn, denken dat jullie *moeten* zijn, maar niet zijn.

De 'kleine elite' instrueert de 'onwetende massa' door middel van wetten.

Precies.

Wat is daar verkeerd aan? Als een paar van de slimsten en besten onder ons bereid zijn naar de problemen van de samenleving te kijken, van de wereld, en oplossingen aan de hand doen, is de massa daar dan niet mee gediend?

Dat hangt af van de motieven van die weinigen. En van hun helderheid. Over het algemeen is de 'massa' er het meest mee gediend zichzelf te regeren.

Anarchie. Dat heeft nog nooit gewerkt.

Jullie kunnen niet groeien en groot worden wanneer je constant door de overheid wordt verteld wat je moet doen.

Je zou kunnen zeggen dat de regering – daarmee bedoel ik de wet waarvoor wij hebben gekozen om onszelf te regeren – een reflectie is van de grootsheid van de samenleving (of een gebrek daaraan); dat verheven samenlevingen verheven wetten uitvaardigen.

En erg weinig wetten. Want voor verheven samenlevingen zijn maar erg weinig wetten nodig.

Niettemin zijn echt wetteloze samenlevingen primitief te noemen. 'Macht is kracht' is daar het adagium. Wetten zijn een poging het speelveld te effenen; een verzekering dat het waarachtige zal zegevieren, ongeacht iemands kracht of zwakte. Hoe kunnen we samenleven als we niet beschikken over gedragscodes, waarover we het met ons allen eens zijn?

Ik pleit hier niet voor een wereld zonder gedragscodes of overeenstemmingen. Ik suggereer dat jullie overeenstemmingen en codes gebaseerd moeten worden op een hoger begrip en een verhevener definitie van eigenbelang.
Wat de meeste wetten eigenlijk *doen*, is bekrachtigen wat de machtigsten onder jullie als hun gevestigde belangen zien.
Laten we eens een voorbeeld bestuderen: roken.
Welnu, de wet zegt dat je een bepaalde plant, hennep, niet mag telen of consumeren omdat dat volgens de regering niet goed voor je is.
Niettemin zegt dezelfde regering dat het oké is om een andere plant, tabak, te telen en gebruiken, niet omdat dat dat goed *is* (de regering zegt zelfs dat het *slecht* voor de gezondheid is), maar waarschijnlijk omdat je het altijd al gedaan hebt.
De werkelijke reden waarom de eerste plant verboden is en de tweede niet, heeft niets met gezondheid te maken. Het heeft met economie te maken. En aldus met *macht.*
Jullie wetten weerspiegelen derhalve *niet* wat jullie samenleving over zichzelf denkt, of wenst te zijn; jullie wetten weerspiegelen *waar de macht ligt.*

Dit is niet eerlijk. U kiest een situatie waar de tegenstrijdigheden overduidelijk zijn. De meeste situaties zijn niet zo.

Integendeel. De meeste zijn zo.

Wat is dan de oplossing?

Zo weinig mogelijk wetten, en die moeten dan echte grenzen aangeven.

De reden dat wiet verboden wordt, is alleen *ogenschijnlijk* om gezondheid. De *waarheid* is dat wiet niet verslavender is of een groter gezondheidsrisico dan sigaretten of alcohol, die beide door de wet worden *beschermd*. Waarom is het dan verboden? Omdat als het geteeld werd, de helft van alle katoenverbouwers en producenten van nylon-, kunststof- en houtproducten werkeloos zouden zijn.

Hennep is toevallig een van de nuttigste, sterkste, taaiste, onverslijtbare materialen op jullie planeet. Je kunt geen betere vezel voor kleding bedenken, een sterkere substantie voor touwen, een gemakkelijker oogstbare bron voor pulp. Jullie hakken jaarlijks honderdduizenden bomen om voor jullie zondagskranten, waarin jullie kunnen lezen over de verdwijning van de regenwouden. Met hennep kunnen jullie miljoenen zondagskranten maken zonder maar een boom om te hakken. Hennep kan voor tal van zaken als substituut worden gebruikt voor maar een tiende van de kosten. En *daarin zit 'm de kneep.* Iemand *verliest geld* indien deze miraculeuze plant – die ook uitzonderlijke geneeskrachtige eigenschappen heeft – geteeld mag worden. En daarom is marihuana illegaal in de Verenigde Staten.

Jullie beschikken al *jaren* over de middelen en de technologie om *al* deze dingen te produceren. Waarom doen jullie het dan niet? *Zoek uit wie er geld zou verliezen als jullie het wel doen.* Daar zul je je antwoord vinden.

Is dit de 'Great Society' waar jullie zo trots op zijn? Jullie 'grote samenleving' moet getrokken worden, trappend en schreeuwend, om het algemeen belang in overweging te nemen. Zodra het algemeen of collectief belang wordt genoemd, begint iedereen 'communisme' te roepen! In jullie samenleving wordt *het belang van allen maar al te vaak genegeerd* wanneer het niet een enorme winst creëert voor iemand.

Dit is niet alleen in de Verenigde Staten zo, maar wereldwijd. Voor de mensheid is daarom de elementaire vraag: kan eigenbelang *ooit* worden vervangen door het hoogste belang, het algemene belang, van de mensheid? Zo ja, hoe dan?

In de Verenigde Staten hebben jullie geprobeerd in het algemeen belang, het hoogste belang, te voorzien door wetten. Jullie hebben jammerlijk gefaald. Jullie land is het rijkste, machtigste op aarde en heeft een van de hoogste kindersterftecijfers. Waarom? Omdat *arme mensen* zich voor en na de geboorte geen kwaliteitszorg kunnen *veroorloven* en jullie samenleving is *winstgericht*. Ik haal dit slechts als een voorbeeld aan hoe jammerlijk jullie hebben gefaald. Het feit dat jullie zuigelingen in grotere aantallen sterven dan elders in de geïndustrialiseerde wereld zou jullie moeten verontrusten. Dat doet het niet. Dat spreekt boekdelen over waar jullie prioriteiten als samenleving liggen. Andere landen ondersteunen de zieken en behoeftigen, de ouderen en zwakken. Jullie ondersteunen de rijken en welvarenden, de invloedrijken en welgeplaatsten. Ruim 85 procent van de gepensioneerde Amerikanen *leven in armoede*. Veel oudere Amerikanen en de meesten met een laag inkomen gebruiken lokale EHBO-posten als hun 'huisarts'; zij worden behandeld onder de smerigste omstandigheden en ontvangen nauwelijks enige preventieve gezondheidszorg.

Er is geen winst te behalen, snap je, aan mensen die weinig hebben uit te geven... zij zijn niet langer van nut... En dit is jullie *great society*.

U stelt het allemaal wel erg zwart voor. Desondanks heeft de Verenigde Staten meer gedaan voor rechtelozen en kansarmen – zowel hier als in het buitenland – dan enig ander land ter wereld.

De Verenigde Staten heeft veel gedaan, dat is overduidelijk waar. Maar wist je dat de Verenigde Staten als percentage van het bruto nationaal product proportioneel minder bijdraagt dan veel andere, kleinere landen? Het punt is dat je beter even in de wereld kunt rondkijken voordat je jezelf een pluim geeft. Want als dit het beste is wat jullie wereld voor de kansarmen kan doen, dan hebben jullie nog veel te leren.

Jullie leven in een spilzieke, decadente samenleving. In bijna alles bouwen jullie in wat jullie ontwerpers 'geplande onbruikbaarheid' noemen. Auto's zijn drie keer zo duur, maar gaan slechts een derde maal zolang mee. Kleren vallen uit elkaar nadat ze tien keer gedragen zijn. Jullie stoppen chemicaliën in je voedsel zodat het langer houdbaar is, ook al gaat dat ten koste van de lengte van jullie eigen verblijf hier op aarde. Jullie ondersteunen sportteams, moedigen hen aan en schenken hun de mogelijkheid om obscene salarissen uit te betalen voor idiote prestaties, terwijl onderwijzers, dominees en onderzoekers die ervoor strijden genezing te vinden

voor de ziektes waaraan jullie bezwijken, om geld moeten bede-
len. Jullie gooien elke dag in jullie supermarkten, restaurants en
huizen meer voedsel weg dan je nodig hebt om de halve wereld
te voeden.
Toch is dit geen veroordeling, slechts een constatering. En dit
geldt niet alleen voor de Verenigde Staten, want de attitudes die
het hart verzieken, zijn epidemisch over de hele wereld.
De ongeprivilegieerden moeten overal kruipen en beknibbelen
om in leven te kunnen blijven, terwijl de weinigen die aan de
macht zijn, enorme geldbedragen beschermen en doen groeien,
tussen zijden beddenlakens liggen en elke morgen gouden bad-
kranen opdraaien. En terwijl uitgehongerde kinderen sterven in de
armen van hun wenende moeders, geven hun 'leiders' zich over
aan politieke corruptie die de geschonken hulpgoederen weg-
houdt van de verhongerende massa's.
Niemand lijkt over de macht te beschikken deze omstandigheden
te veranderen, maar de waarheid is dat macht niet het probleem
is. Niemand lijkt over de *wil* te beschikken.
En zo zal het altijd blijven, zolang niemand zich de positie van de
ander aantrekt.

Maar waarom doen we dat *niet?* Hoe kun je zulke gruwelijkheden
dagelijks aanschouwen en ze toch laten doorgaan?

Omdat het jullie niets kan schelen. Het gaat om een gebrek aan
zorg, medelevendheid. De hele planeet staat voor een gewetens-
crisis. Jullie moeten beslissen of jullie gewoon *om elkaar geven.*

Het lijkt zo'n pathetische vraag om te moeten stellen. Waarom kunnen we niet van elkaar houden als van onze eigen familieleden?

Jullie houden *weliswaar* van je familieleden, maar jullie hebben
daarnaast een al te beperkt idee wie eigenlijk jullie familie *is.*
Jullie zien jezelf niet als lid van een grote familie van mensen en
daarom zijn de problemen van de mensenfamilie niet die van jullie.

Hoe kunnen de volkeren op aard hun wereldvisie veranderen?

Dat hangt ervan af *in* wat je die wilt veranderen.

Hoe kunnen we meer pijn, meer lijden doen verdwijnen?

Door alle scheidslijnen tussen jullie te laten verdwijnen. Door een nieuw model van de wereld te construeren. Door het binnen het raamwerk van een nieuw idee te houden.

En dat idee is?

Dat idee zal sterk verschillen van de huidige visie op de wereld. Op dit moment zien jullie de wereld – we praten nu op geopolitiek niveau – als een verzameling nationale staten, ieder zelfstandig, apart en onafhankelijk van elkaar.

De interne problemen van deze onafhankelijke naties worden in feite niet als problemen van de groep als geheel beschouwd, behalve en pas wanneer zij de groep als geheel *beïnvloeden* (of de machtigste leden van de groep).

De groep reageert als geheel op de situatie en problemen van individuele staten gebaseerd op de gevestigde belangen van de grotere groep. Als niemand in de grotere groep iets te *verliezen* heeft, kan de situatie in de individuele staat enorm verslechteren, maar niemand geeft er iets om.

Duizenden kunnen jaarlijks verhongeren, honderden sneuvelen in een burgeroorlog, tirannen kunnen het platteland plunderen, dictators en hun gewapende boevenbende mogen vermoorden, verkrachten en plunderen, regimes kunnen hun mensen van fundamentele mensenrechten beroven... maar de rest van jullie zal er niets tegen ondernemen. Het zijn, zeggen jullie dan, 'interne problemen'.

Maar wanneer *jullie* belangen worden bedreigd, wanneer *jullie* investeringen, *jullie* veiligheid, *jullie* kwaliteit van het leven aan een zijden draadje hangen, mobiliseren jullie je natie en de rest van de wereld en stormen naar voren alsof jullie verontwaardiging je vleugels heeft gegeven.

Dan vertellen jullie de Grote Leugen, bijvoorbeeld door te beweren dat jullie ingrijpen op grond van humanitaire overwegingen, om de onderdrukte volken van de wereld te helpen, terwijl jullie in feite alleen jullie eigen belangen beschermen.

Het bewijs hiervoor is dat jullie je geen zorgen maken over plaatsen waar jullie geen belangen hebben.

De politieke machinerie van de wereld draait op eigenbelang. Zijn er nog andere nieuwe feiten?

Iets moet nieuw zijn als jullie je wereld wensen te veranderen. Jullie moeten de belangen van anderen ook als die van jezelf gaan beschouwen. Dat zal alleen gebeuren als jullie je globale realiteit reconstrueren en jezelf in overeenstemming daarmee laten regeren.

Heeft U het over één wereldregering?

Inderdaad.

11

U heeft beloofd dat U in Boek 2 zou ingaan op weidsere geopolitieke thema's met betrekking tot de planeet (dit in contrast met de fundamenteel persoonlijke thema's in Boek 1), maar ik had niet verwacht dat U zich in dit debat zou mengen!

Het wordt tijd dat de wereld zichzelf niet langer voor de gek houdt, wakker wordt en beseft dat *het enige probleem van de mensheid het gebrek aan liefde is.*
Liefde brengt verdraagzaamheid voort, verdraagzaamheid vrede.
Intolerantie veroorzaakt oorlog en staat onverschillig tegenover onverdraaglijke situaties.
Liefde kan niet onverschillig zijn. Zij weet niet hoe.
De snelste manier om tot liefde en zorg voor de hele mensheid te komen is die mensheid als je familie te beschouwen.
De snelste manier om de hele mensheid als je familie te beschouwen, is ermee te *stoppen je van elkaar te onderscheiden.* Alle nationale staten in jullie wereld moeten zich *verenigen.*

We hebben de Verenigde Naties.

Die machteloos en onmachtig is. Als dat lichaam wil werken, moet het volledig worden omgevormd. Niet onmogelijk, maar wel lastig en omslachtig.

Goed, wat is Uw voorstel?

Ik heb geen 'voorstel'. Ik reik alleen wat observaties aan. In deze dialoog vertel jij Mij wat jullie nieuwe keuzes zijn en Ik plaats kanttekeningen bij de manifestatie daarvan. Wat *kiezen* jullie nu met betrekking tot de huidige relatie tussen volkeren en naties op aarde?

Ik zal Uw woorden gebruiken. Als ik het voor het zeggen had, zou ik kiezen voor 'de snelste manier om tot liefde en zorg voor de hele mensheid te komen'.

Uitgaande van die keuze, zou Ik opperen dat de vorming van een nieuwe politieke wereldgemeenschap het best zou werken. Iedere nationale staat heeft daarin een gelijkwaardige stem in wereldaangelegenheden en een gelijkwaardig aandeel in de hulpbronnen van de wereld.

Dat zal nooit werken. 'Zij die bezitten' zullen hun autonomie, rijkdom en hulpbronnen nooit overdragen aan 'zij die niet bezitten'. En waarom zouden ze ook?

Omdat het in hun eigen belang is.

Dat zullen zij niet inzien, en ik geloof ook niet dat ik het zelf snap.

Als je jaarlijks miljarden dollars aan je nationale economie kon toevoegen – geld waarmee je hongerigen kunt voeden, behoeftigen kleden, armen een onderdak geven, de ouderen veiligheid bieden, betere gezondheid voorzien, en een waardige levensstandaard voor iedereen garanderen, is dat dan niet in het belang van je eigen natie?

Nu ja, in de Verenigde Staten zijn er mensen die beweren dat het de armen zou helpen ten koste van de rijke en middenklasse belastingbetalers. Ondertussen zakt het land steeds dieper weg en wordt overspoeld door misdaad, inflatie berooft de mensen van hun spaarcenten, de werkeloosheid schiet omhoog, de overheid wordt alsmaar groter en logger, en in de scholen delen ze condooms uit.

Je lijkt wel een radiotalkshow.

Best, maar dit zijn de zorgen van veel Amerikanen.

Dan zijn ze nogal kortzichtig. Zien jullie dan niet in dat miljarden dollars jaarlijks – dat is miljoenen per maand, honderdduizenden per week, ongekende bedragen elke dag – in jullie systeem kunnen worden teruggepompt... dat jullie dat geld *kunnen* gebruiken om de hongerigen te voeden, de behoeftigen te kleden, de armen te huisvesten, de ouderen veiligheid te bieden, en gezondheid en waardigheid aan allen te geven... en dat jullie daarmee dan de *oorzaken van alle misdaad* wegnemen? Zien jullie dan niet in dat nieuwe banen als paddestoelen uit de grond zouden schieten, wanneer die dollars werden teruggepompt in de economie? Dat jullie eigen overheid dan zelfs kan inkrimpen *omdat zij minder heeft te doen*?

Ik veronderstel dat zoiets kan gebeuren – al kan ik me moeilijk voorstellen dat de overheid ooit zal inkrimpen! – maar waar moeten die miljarden en miljarden dollars dan vandaan komen? Van belastingen die door Uw nieuwe wereldregering worden opgelegd? Meer heffingen voor hen die 'ervoor gewerkt hebben om het te verdienen' om over te dragen aan hen die 'niet op hun eigen twee benen kunnen staan'?

Plaats je het in dat kader?

Nee, maar *veel* andere mensen zien het wel zo en ik wil hun visie ook op eerlijke wijze weergeven.

Goed, Ik wil het daar later over hebben. Nu wil Ik niet van het spoor afwijken, maar Ik beloof dat ik daar later nog op terugkom.

Uitstekend.

Maar je vroeg waar al die nieuwe dollars vandaan komen. Welnu, ze komen niet voort uit nieuwe belastingen die door de nieuwe wereldgemeenschap zouden worden geheven (al zouden leden van de gemeenschap, individuele burgers, onder een verlichte regering bereid zijn 10 procent van hun inkomen op te offeren voor de behoeften van de maatschappij als geheel). Evenmin komen ze voort uit nieuwe belastingen die door lokale regeringen zouden worden geheven. In feite zullen sommige lokale regeringen zelfs de belastingen kunnen verlagen.
Dit allemaal, al deze voordelen, komen voort uit een eenvoudige herstructurering van jullie wereldvisie, de nog eenvoudiger herordening van jullie werelds politieke configuratie.

Hoe?

Het geld dat jullie besparen aan verdedigingssystemen en aanvalswapens.

O, nu snap ik het! U wilt gewoon dat we *het leger afschaffen*!

Niet alleen jullie. *Iedereen op aarde.*
En niet het leger afschaffen, maar het gewoon flink laten inkrimpen. Jullie zouden allen interne ordehandhaving nodig hebben.
Jullie kunnen de lokale politie versterken – iets wat jullie zeggen te willen doen, maar ieder jaar tegen de tijd dat de budgetten verdeeld worden, roepen jullie dat het onmogelijk is – en tegelijkertijd de uitgaven voor oorlogswapens en oorlogsvoorbereiding enorm terugbrengen, dat wil zeggen voor massavernietigingswapens.

Allereerst denk ik dat Uw cijfers over die besparingen flink zijn overdreven. Ten tweede geloof ik niet dat mensen ooit bereid zullen zijn het vermogen om zich te verdedigen op te geven.

Laten we naar de cijfers kijken. Nu op dit moment (we schrijven 25 maart 1994) geven de regeringen op aarde jaarlijks 1 miljard dollar uit voor militaire doeleinden. Dat is *1 miljoen dollar per minuut* over de hele wereld.
De naties die het meeste *uitgeven*, zouden ook het meeste kunnen *ombuigen* naar de andere genoemde prioriteiten.
Grotere, rijkere naties *zouden* dit ongetwijfeld als hun eigenbelang beschouwen, *als* ze het maar voor mogelijk hielden. Maar grotere, rijkere naties kunnen zich niet voorstellen zonder verdediging te bestaan, want zij zijn bevreesd voor de agressie en aanvallen van naties die jaloers op hen zijn en *willen* wat zij hebben.
Er zijn twee manieren om deze dreiging te elimineren.
1. Verdeel de totale rijkdom van de wereld en haar hulpbronnen over alle volkeren op aarde, zodat niemand er behoefte aan heeft te bezitten wat een ander bezit, en iedereen in waardigheid en zonder angst kan leven.
2. Creëer een systeem voor de oplossing van onenigheden, dat de noodzaak van oorlogvoering elimineert en zelfs de mogelijkheid ervan.

De mensen op aarde zullen dit waarschijnlijk nooit doen.

Zij hebben het al gedaan.

Is dat zo?

Ja. Er is op dit moment een groot experiment aan de gang in jullie wereld met dit type politieke ordening. Dat experiment wordt de Verenigde Staten van Amerika genoemd.

Waarvan U zei dat het jammerlijk mislukt is.

Dat klopt. Het is nog erg ver verwijderd van iets dat maar op succes lijkt. (Zoals Ik hiervoor beloofd heb, praat Ik hierover – en de attitudes die het succes nu voorkomen – verderop.) Niettemin is dit het beste lopende experiment.

Het is zoals Winston Churchill zei: 'democratie is het slechtste systeem op alle andere systemen na.'

Jullie natie nam als eerste een losse, federatieve vorm van individuele staten aan en wist deze te verenigen tot een samenhangende groep, waarvan elk lid zich onderwerpt aan een centrale autoriteit.

Indertijd wilde geen enkele staat dit doen en allemaal boden ze hevig verzet, bang voor het verlies van de individuele grootsheid en bewerend dat een unie niet het eigenbelang diende.

Het is misschien leerzaam om te begrijpen wat toentertijd met deze individuele staten gebeurde.

Terwijl zij zich hadden samengevoegd binnen een losse confederatie, was er geen echte centrale regering en derhalve geen macht om de confederatieve bepalingen op te leggen, waarover de staten het eens waren.

De staten behartigden hun eigen buitenlandse belangen, enkele sloten afzonderlijk verdragen met Frankrijk, Spanje, Engeland en andere naties. Hoewel hun confederatieve bepalingen dat verboden, stelden sommige staten tarieven in voor goederen uit andere staten, die even hoog waren als tarieven voor goederen van overzee. Kooplieden hadden in de havens geen andere keuze dan te betalen als zij goederen wilden kopen of verkopen, aangezien er geen centrale *autoriteit* was, ook al was er een geschreven overeenkomst om dergelijke heffingen te verbieden.

Individuele staten vochten ook onderling oorlogen uit. Elke staat beschouwde zijn militia als een staand leger, negen staten hadden hun eigen marine en 'Daag me niet uit' leek het officiële motto van elke staat binnen de confederatie.

Meer dan de helft van de staten drukte zijn eigen geld. (Al had de confederatie besloten dat dat illegaal zou zijn!)

Kortom, jullie oorspronkelijke staten waren dan wel verenigd onder de confederatieve bepalingen, maar handelden net als *onafhankelijke naties* vandaag de dag.

Hoewel ze inzagen dat de akkoorden van hun confederatie (zoals de toekenning van het muntrecht aan het Congres) niet werkten, verzetten zij zich hevig tegen de creatie van en onderwerping aan een centrale autoriteit die deze akkoorden met kracht kon afdwingen.

Niettemin won na verloop van tijd een aantal progressieve leiders aan invloed. Zij overtuigden hoog en laag ervan dat er meer te *winnen* was met de creatie van een nieuwe federatie dan ze ooit konden verliezen.

Kooplieden zouden geld besparen en de winst zou groeien, doordat individuele staten niet langer elkaars goederen belastten.

Regeringen zouden geld besparen en meer in programma's en diensten kunnen investeren die werkelijk *mensen* hielpen, omdat de hulpbronnen niet langer werden gebruikt om de staten onderling tegen elkaar te verdedigen.

De mensen zouden meer veiligheid en ook grotere welvaart kennen door met elkaar samen te werken in plaats van elkaar te bestrijden.

Verre van hun grootsheid te verliezen zou iedere staat nog grootser kunnen worden.

En dat is natuurlijk precies wat gebeurd is.

Hetzelfde zou kunnen gebeuren met de 160 huidige staten in de wereld, indien *zij* samengingen in een Verenigde Federatie. Dat zou het einde van alle oorlog kunnen zijn.

Hoe dat zo? Er zal altijd onenigheid blijven bestaan.

Zolang als mensen aan uiterlijke zaken gehecht blijven is dat waar. Er is een manier om oorlog werkelijk te laten verdwijnen – en *alle* ervaringen van onrust en gebrek aan vrede –, maar dat is een spirituele oplossing. Wij onderzoeken hier een geopolitieke oplossing.

De truc is in feite beide oplossingen te combineren. Spirituele waarheid moet in het praktische leven worden beleefd om de alledaagse ervaring te veranderen.

Totdat deze verandering optreedt, *zal* onenigheid blijven voortbestaan. Daarin heb je gelijk. Maar er hoeven geen oorlogen meer te zijn. Er hoeft niet te worden gemoord.

Zijn er oorlogen tussen Oregon en Californië over waterrechten? Tussen Maryland en Virginia over visserij? Tussen Wisconsin, Ohio en Massachusetts?

Nee.

En waarom niet? Hebben er nooit geschillen en verschillen tussen hen bestaan?

Over de jaren wel, veronderstel ik.

Reken maar. Maar deze individuele staten hebben er vrijwillig voor gekozen – gewoon op basis van vrijwillige overeenkomst – zich bij bepaalde wetten neer te leggen, evenals bij bepaalde compromissen over zaken die daarmee samenhangen, terwijl zij het recht behouden aparte verordeningen uit te vaardigen over zaken die hen individueel aangaan.

En als er tussen staten een twistpunt *ontstaat*, ten gevolge van een verschillende interpretatie van de federale wet – of gewoon doordat die wet met voeten wordt getreden –, dan wordt de zaak naar het hof verwezen... dat *gemachtigd is* (het recht heeft gekregen van de staten) om het twistpunt op te lossen.

En als de bestaande jurisprudentie geen precedent kent of een manier waarop de zaak voor het hof op *bevredigende* wijze kan worden opgelost, dan zenden de staten en hun inwoners vertegenwoordigers naar een centrale regering om te pogen *nieuwe* wetten te maken die wel een bevredigende oplossing opleveren, of in ieder geval een acceptabel compromis.

Jullie federatie *werkt* zo. Een wetgevende macht, een rechterlijke macht die jullie in *staat* hebben gesteld wetten te toetsen, en een uitvoerende macht die ondersteund door Justitie en de gewapende krachten de beslissingen van gerechtshoven kan afdwingen.

Ofschoon niemand kan beweren dat dit een perfect systeem is, heeft het de afgelopen tweehonderd jaar wel gewerkt!

En er is geen reden om aan te nemen dat *hetzelfde recept niet zou werken tussen de naties van de wereld.*

Als het zo eenvoudig is, waarom is het dan nog niet uitgeprobeerd?

Het *is* al uitgeprobeerd. Jullie Volkenbond was een vroege poging, de Verenigde Naties de laatste.

De eerste is echter mislukt en de andere is amper effectief, omdat de lidstaten (met name de machtigste) – net als de 13 staten van de oorspronkelijke Confederatie – bang zijn dat ze *meer te verliezen dan te winnen hebben* van een reconfiguratie.

Dit komt omdat machthebbers er meer om geven hun macht vast te houden dan om de levenskwaliteit van *alle* mensen te verhogen. De 'bezitters' weten dat zo'n Wereldfederatie onvermijdelijk meer 'bezitslozen' zal voortbrengen, maar zij geloven dat dat *ten koste van hen* zal gaan... en ze zijn niet bereid om ook maar iets op te geven.

Is hun vrees niet gerechtvaardigd? Het is toch niet onredelijk vast te willen houden aan alles waarvoor je zolang gevochten hebt?

Ten eerste is het niet noodzakelijk waar, dat vrijgevigheid aan hen die nu honger en dorst lijden en geen onderdak hebben, betekent dat anderen hun overvloed moeten opgeven. Zoals Ik al heb aangestipt, hoeven jullie alleen maar de $ 1.000.000.000.000 die per jaar wereldwijd voor militaire doeleinden worden uitgegeven aan humanitaire doelen te besteden, en jullie hebben het probleem opgelost zonder dat het jullie een cent extra kost of jullie maar iets van de rijkdom hoeven te verplaatsen van hen die dat nu bezitten naar hen die niets bezitten. (Natuurlijk kan worden aangevoerd dat de internationale conglomeraten, wier winsten voortkomen uit oorlog en oorlogstuig, de 'verliezers' zouden zijn, net als hun werknemers en *allen* wier overvloed een afgeleide is van het conflictueuze bewustzijn van de wereld, maar misschien is die bron van overvloed misplaatst. Als men er om te overleven van afhankelijk is dat de wereld voortdurend in strijd verkeert, dan verklaart deze afhankelijkheid wellicht waarom jullie wereld zich verzet tegen *iedere* poging een structuur voor een blijvende vrede te creëren.) Wat betreft het tweede deel van je vraag, willen vasthouden aan zaken waarvoor je zolang hebt moeten worstelen om ze te verwerven, als individu of als natie, is niet onredelijk als je uit een Buitenwerelds bewustzijn komt.

Een wat?

Als je je grootste levensgeluk bereikt door ervaringen die je alleen kunt opdoen in de Buitenwereld – de fysieke wereld buiten jezelf – zul je *nooit* een *gram* willen opgeven van wat je hebt vergaard, als individu of als natie, om gelukkig te worden. En zolang zij die 'niets hebben' hun *ongeluk* blijven verbinden aan het *gemis* van materiële zaken, lopen zij in dezelfde val. Zij zullen constant begeren wat jij bezit, en jij zult constant weigeren het te delen.

Daarom zei Ik hiervoor al dat er een manier is om oorlog werkelijk te doen verdwijnen – en *alle* ervaringen van onrust en gebrek aan vrede. Maar dit is een *spirituele* oplossing.

Uiteindelijk komt elk geopolitieke probleem, net als ieder persoonlijk probleem, neer op een spiritueel probleem.

Het hele *leven* is spiritueel en daarom zijn alle levensproblemen spiritueel van aard en hebben ze een *spirituele oplossing*.

Oorlogen worden op jullie planeet begonnen omdat iemand iets bezit wat een ander verlangt. Dit *zet* mensen *aan* iets te doen wat *anderen* niet willen dat zij doen.

Alle conflicten komen voort uit misplaatst verlangen.

De enige vrede die standhoudt in de hele wereld, is Innerlijke Vrede.

Laat iedereen vrede binnenin vinden. Wanneer je innerlijke vrede vindt, kom je er ook achter dat je zonder iets kan.

Dit houdt simpelweg in dat je niet langer dingen van je buitenwereld nodig hebt. 'Niet nodig hebben' is een grote vrijheid. Het bevrijdt je ten eerste van angst: angst dat er iets is dat je niet zult bezitten; angst dat er iets is dat je bezit, maar dat je zult verliezen; en angst dat je zonder een bepaald ding niet gelukkig zult zijn.

Ten tweede bevrijdt 'niet nodig hebben' je van woede. *Woede is aangekondigde angst.* Wanneer je nergens bang voor hoeft te zijn, is er ook niets waarover je boos hoeft te zijn.

Je wordt niet boos wanneer je niet iets krijgt wat je wilt, want je verlangen is slechts een voorkeur, geen noodzaak. Je ervaart daarom geen angst geassocieerd met het feit dat je iets niet krijgt. Vandaar dus ook geen woede.

Je wordt niet boos wanneer je anderen iets ziet doen wat je niet wilt dat ze doen, omdat je er geen *behoefte* aan hebt dat zij iets wel of niet doen. Vandaar dus ook geen woede.

Je wordt niet boos wanneer iemand onaardig doet, want je hebt niet *nodig* dat hij of zij aardig doet. Je voelt geen woede wanneer iemand zich liefdeloos voordoet, want je hebt er geen *behoefte* aan dat zij van je houden. Je voelt geen woede wanneer iemand wreed of kwetsend is of probeert jou schade te berokkenen, want het is voor jou *onnodig* dat ze zich anders gedragen en je weet heel duidelijk dat niemand jou kan beschadigen.

Je hoeft zelfs niet boos te worden, wanneer iemand jou je leven probeert te benemen, want je bent niet bang voor de dood.

Wanneer alle angst van je wordt weggenomen, kan alles van je worden weggenomen en je zult niet boos zijn.

Je weet van binnen, intuïtief, dat alles wat jij hebt geschapen, opnieuw geschapen kan worden of, nog belangrijker, dat het er niet toe doet.

Wanneer je Innerlijke Vrede vindt, kan noch de aanwezigheid of afwezigheid van welke persoon, plaats, ding, voorwaarde, omstandigheid of situatie ook de Schepper van je geestestoestand of de oorzaak van je ervaring als entiteit zijn.

Dit houdt niet in dat je alle dingen van het lichaam verwerpt. Verre daarvan. Je ervaart volledig in je lichaam te zijn, en de *genietingen* daarvan, zoals nooit eerder hebt meegemaakt.

Maar je betrokkenheid bij dingen van het lichaam is vrijwillig, niet verplicht. Je ervaart lichamelijke gevoelens omdat je daarvoor *kiest*, niet omdat je er *verplicht* toe bent, teneinde jezelf gelukkig te voelen of je verdriet te rechtvaardigen.

Deze ene, eenvoudige verandering – vrede binnenin nastreven en vinden – kan als het door iedereen wordt ondergaan, aan alle oorlogen een eind maken, alle conflicten elimineren, onrechtvaardigheid voorkomen en de wereld eeuwigdurende vrede brengen.

Er is geen andere formule nodig of *mogelijk*. Wereldvrede is een persoonlijke aangelegenheid!

Wat nodig is, is niet een verandering in de omstandigheden, maar een verandering van bewustzijn.

Hoe kunnen we innerlijke vrede vinden wanneer we honger hebben? Denken dat we in een sereen oord zijn wanneer we dorstig zijn? Kalm blijven wanneer we het koud hebben en doorregend zijn omdat we geen onderdak hebben? Of woede voorkomen wanneer onze geliefden zonder reden sterven?

U laat zich zo poëtisch uit, maar is poëzie praktisch? Betekent het ook maar iets voor de moeder in Ethiopië die ziet hoe haar uitgemergelde kind verhongert door gebrek aan brood? De man in Midden-Amerika wiens lichaam door een kogel wordt verwoest omdat hij probeerde zijn dorp te beschermen tegen het leger? En wat betekent Uw poëzie voor de vrouw in Brooklyn die acht maal door een straatbende is verkracht? Of de zes gezinsleden die in Noord-Ierland tijdens de zondagsmis door een bom van terroristen werden opgeblazen?

Het is moeilijk dit te vernemen, maar Ik zeg je dit: er is perfectie in alles. Span je in om de perfectie te zien. Dit is de bewustzijnsverandering, waarover Ik sprak.

Heb niets nodig. Verlang alles. Kies wat zich voordoet.

Beleef je gevoelens. Schreeuw je hartenkreten uit. Lach als je moet lachen. Eer je waarheid. Maar wees stil wanneer alle emoties aan de beurt zijn geweest en weet dat Ik God ben.

Anders gezegd, zie midden in de grootste tragedie de glorie van het proces. Zelfs als je sterft aan een kogel door je hart, zelfs als je door een straatbende bent verkracht.

Dit klinkt weliswaar als een onmogelijke opdracht. Wanneer je je nochtans in het God-bewustzijn verplaatst, kun je het.

Je *hoeft* het natuurlijk niet te doen. Alles hangt ervan af hoe je het moment wenst te ervaren.

Tijdens een grote tragedie is er altijd de uitdaging het verstand te laten verstommen en diep in de ziel te kruipen.

Je doet dit automatisch wanneer je er geen controle over hebt.

Heb je ooit eens met iemand gesproken die met zijn auto van een brug is afgereden? Of in de loop van een geweer heeft gekeken? Of bijna verdronken is? Vaak zullen ze je vertellen dat de tijd langzamer leek te verlopen, dat er een merkwaardige kalmte over hen kwam, dat ze helemaal niet bang waren.

'Vrees niet, want Ik ben bij u.' Dat heeft poëzie te zeggen tegen iemand die met een tragedie wordt geconfronteerd. In je meest duistere uur zal Ik je licht zijn. In je zwartste moment zal Ik je troost zijn. In je zwaarste en meest veeleisende moment zal Ik je kracht zijn. Houd daarom het geloof! Want Ik ben uw herder; het zal u aan niets ontbreken. Ik doe u nederliggen in grazige weiden; Ik voer u aan rustige wateren.

Ik verkwik uw ziel en leid u in rechte sporen om Mijns naams wil.

En al gaat u door een dal van diepe duisternis, u vreest geen kwaad, want Ik ben bij u; Mijn stok en Mijn staf vertroosten u.

Ik richt voor u een dis aan voor de ogen van wie u benauwen. Ik zalf uw hoofd met olie, uw beker vloeit over.

Ja, heil en goedertierenheid zullen u volgen al de dagen van uw leven; u zult in Mijn huis verblijven – en in Mijn hart – tot in lengte van dagen.

12

Dat was erg mooi. Wat U net zei, was erg mooi. Ik wens dat de wereld dat kon bereiken. Ik wens dat de wereld kon begrijpen, geloven.

Dit boek zal daarbij helpen. Jij helpt. Aldus speel je een rol, vervul je jouw aandeel, in het doen ontstaan van het Collectieve Bewustzijn. Allen moeten daar aan meehelpen.

Ja.
Kunnen we nu op een nieuw onderwerp overstappen? Ik denk dat het belangrijk is dat we praten over deze houding, dit idee over dingen, waarover U een tijdje terug zei dat U het eerlijk wilde weergeven.

De houding waarnaar ik verwijs is de houding die velen aanhangen, namelijk dat de armen al genoeg is gegeven; dat we moeten ophouden de rijken te belasten – alsof we hen straffen voor het feit dat zij hard werken en succes behalen – zodat de armen nog meer kan worden gegeven.

Deze mensen geloven dat de armen in feite arm zijn omdat ze dat zelf willen. Velen proberen zichzelf niet eens te verheffen. Ze profiteren liever van overheidssteun dan dat ze hun eigen verantwoordelijkheid opnemen.

Veel mensen geloven dat herverdeling van welvaart – delen – een socialistisch kwaad is. Ze halen het Communistisch Manifest aan – 'van ieder naar vermogen, voor ieder naar behoefte' – als bewijs voor de satanische herkomst van het idee dat de menselijke waardigheid van allen moet worden verzekerd door de inspanningen van iedereen.

Deze mensen geloven in 'ieder voor zich'. Als hun wordt verteld dat dit een koud en harteloos concept is, zoeken ze hun toevlucht in de uitspraak dat iedereen dezelfde kansen krijgt; zij stellen dat niemand vanuit een inherente achterstand te werk gaat; als *zij* het hebben kunnen maken, *kan iedereen het maken*, en als iemand het niet maakt, dan is dat zijn 'eigen domme schuld'.

Je vindt dat dit een arrogante gedachte is, geworteld in ondankbaarheid.

Ja. Maar wat vindt U?

Ik heb hier geen oordeel over. Het is gewoon een opvatting. Er is slechts een vraag van zekere relevantie met betrekking tot deze of iedere andere gedachte. Komt het je van pas om dit te vinden? Dient deze gedachte je in termen van Wie je bent en Wie je wenst te zijn? Kijkend naar de wereld, is dat de vraag die mensen zich moeten stellen. Heeft het zin deze gedachte aan te houden?

Ik stel dit vast: er *zijn* mensen – inderdaad hele *volksstammen* – die *geboren worden* met wat jullie een bepaalde achterstand noemen. Dat is onweerlegbaar waar.

Het is ook waar dat op een zeer hoog metafysisch niveau niemand 'benadeeld' wordt, omdat iedere ziel voor zichzelf precies die mensen, gebeurtenissen en omstandigheden creëert die nodig zijn om te bereiken wat zij wenst te bereiken.

Jullie kiezen alles. Je ouders. Je geboorteland. Alle omstandigheden rondom je terugkeer.

Op dezelfde manier gaan jullie tijdens alle dagen en fasen van jullie leven ermee door de mensen, gebeurtenissen en omstandigheden te kiezen en te creëren die ontworpen zijn om jullie de exacte, goede en perfecte kansen te geven die jullie nu verlangen, om jezelf te kennen zoals jullie *waarachtig* zijn.

Niemand is met andere woorden 'minder bevoorrecht', gegeven wat de ziel wenst te volbrengen. De ziel kan bijvoorbeeld wensen te werken met een gehandicapt lichaam of in een repressieve samenleving of onder enorme politieke en economische druk, teneinde de voorwaarden te produceren die nodig zijn om te bereiken wat zij van plan is te doen.

We zien derhalve dat mensen in fysieke zin 'minder bevoorrecht' *kunnen* zijn, maar dat dit *metafysisch* juiste, perfecte condities zijn.

Wat betekent dat praktisch gezien voor ons? Moeten we aanbieden de 'minder bevoorrechten' te helpen, of eenvoudigweg inzien dat zij in feite alleen dat zijn wat zij *wensen* te zijn en hen hun 'eigen karma laten uitzweten'?

Dat is een heel goede – en een erg belangrijke – vraag.

Onthoud eerst dat alles wat je denkt, zegt en doet een reflectie is van wat jij hebt besloten over jezelf; een uitspraak van Wie je bent; een *scheppings*daad in jouw beslissing wie je wilt zijn. Ik blijf hier op terugkomen, omdat dit het enige is wat jullie hier te doen hebben. Er speelt niets anders, er is geen andere agenda voor de ziel. Jullie streven ernaar te zijn en te ervaren Wie je werkelijk bent, en dat te scheppen. Jullie scheppen jezelf opnieuw in ieder moment van het Nu.

Nu, als je binnen deze context een persoon ontmoet die volgens de relatieve begrippen van jullie wereld minder bevoorrecht lijkt, is de eerste vraag die je jezelf moet stellen: wie ben ik en wie kies ik te *zijn* in relatie hiermee?

De eerste vraag wanneer je iemand onder welke condities dan ook tegenkomt, moet met andere woorden altijd zijn: wat wil ik hier?

Hebben jullie het gehoord? De eerste vraag moet altijd zijn: wat wil ik hier? En niet: wat wil de ander hier?

Dat is het meest fascinerende inzicht dat ik ooit heb ontvangen over de manier waarop je te werk moet gaan in relaties tussen mensen. Het spreekt ook alles tegen wat ik ooit geleerd heb.

Dat weet Ik. Maar de reden dat jouw relaties zo overhoop liggen, is dat jij altijd probeert uit te vinden wat de ander wil en wat andere *mensen* willen in plaats van wat *jij* werkelijk wilt. Dan moet je beslissen of je het hun zult *geven*. En hier is hoe je beslist: je beslist door te kijken wat je misschien van *hen* wilt. Als er niets is wat je van hen denkt te willen hebben, verdwijnt je eerste reden om hen te geven wat zij willen en daarom doe je dat ook maar zelden. Als je echter merkt dat er iets is wat jij van hen verlangt of zou kunnen verlangen, schakelt je overlevingsmechanisme zich in en probeer je hun te geven wat zij verlangen.

Dan krijg je er spijt van, vooral als de ander je uiteindelijk niet geeft wat je verlangde.

In dit spel van *Ik ruil jou* hanteer je een zeer gevoelig evenwicht. Je komt tegemoet aan mijn behoeften en ik kom tegemoet aan die van jou.

Maar het doel van alle relaties − zowel die tussen individuen als tussen naties − heeft hier helemaal niets mee te maken. Het doel van jouw heilige Relatie met ieder ander persoon, iedere andere plaats of ieder ander ding is niet vast te stellen waaraan zij behoefte hebben, maar wat jij nu nodig hebt om te *groeien* teneinde te zijn Wie je *wilt* zijn.

Daarvoor heb Ik de Relatie met andere dingen geschapen. Als die er niet was, konden jullie in een vacuüm blijven leven, een leegte, het Eeuwige Al van waar jullie kwamen.

Hoe dan ook *zijn* jullie in het Al en jullie kunnen niet je 'bewust-zijn' *ervaren* als *iets aparts*, omdat er in het Al *niets* is dat jullie *niet zijn*.

Daarom heb Ik een manier voor jullie ontworpen om opnieuw te scheppen en te *Weten* Wie je bent *in jouw ervaring*. Ik heb dit gedaan door jullie te voorzien van:

1. Relativiteit – een systeem waarbinnen jullie kunnen bestaan in relatie tot iets anders.

2. Vergeetachtigheid – een proces waardoor jullie je gewillig over-geven aan een totaal geheugenverlies, zodat jullie *niet weten* kun-nen dat relativiteit slechts een truc is, en dat jullie Alles van Het zijn.

3. Bewustzijn – een zijnsstaat waarin je groeit tot je volledig gewaarwording bereikt en een Ware en Levende God wordt, die zijn eigen realiteit creëert en ervaart, uitbreidt en verkent, veran-dert en re-creëert, terwijl je bewustzijn uitstrekt tot nieuwe limie-ten, of laten we zeggen tot *geen limieten*.

In dit paradigma *is Bewustzijn alles*.

Bewustzijn, dat waarvan je je echt bewust bent, is de basis van alle waarheid en aldus van alle ware spiritualiteit.

Maar wat is de zin hiervan? U laat ons eerst *vergeten* Wie wij zijn, zodat wij kunnen herinneren Wie wij zijn?

Niet helemaal. Zodat jullie kunnen *scheppen* Wie jullie zijn en Wie jullie *willen* te zijn.

Dat is de daad van God die God is. Ik ben die Ik ben dóór *jullie*!

Dit is de zin van heel het leven.

Door jullie ervaar Ik te zijn Wie en Wat Ik ben.

Zonder jullie zou Ik dat ook kunnen weten, maar het niet kunnen ervaren.

Weten en ervaren zijn twee verschillende dingen. Ik kies te allen tijde voor ervaring.

Dat *doe* Ik echt. Door *jullie*.

Ik weet niet meer wat de oorspronkelijke vraag is.

Tja, het is niet gemakkelijk God op een onderwerp te houden. Ik ben nogal expansief.

Laten we eens zien of we kunnen terugkeren.

O ja, wat te doen met de minder bevoorrechten?

Beslis eerst Wie en Wat je bent in relatie tot hen.

Als je vervolgens beslist dat je jezelf wenst te ervaren als Steun, Hulp, Liefdevol en Meelevend en Zorgzaam, zoek dan uit *hoe je dat het beste kunt zijn.*

En merk op dat je vermogen om die dingen te zijn *niets te maken heeft met wat anderen aan het zijn of doen zijn.*

Soms is de beste manier om van iemand te houden of de beste hulp te geven, *hen alleen te laten* of hen in staat te stellen zichzelf te helpen.

Het is als bij een feestmaal. Leven is als een groot buffet en je kunt hun een *grote steun van zichzelf* geven.

Onthoud dat de beste hulp die je kunt geven, is mensen te helpen *ontwaken*, ze eraan te herinneren Wie ze werkelijk zijn. Er zijn vele manieren waarop dit kan worden gedaan. Soms met een klein beetje hulp; een duwtje, een zet, een por... en soms met de beslissing om hen hun eigen koers te laten varen, hun eigen pad te volgen, hun eigen ritme aan te houden, zonder enige bemoeienis of ingrijpen van jouw kant. (Alle ouders kennen deze keuze en knarsetanden er dagelijks over.)

Wat binnen jouw mogelijkheden ligt om voor de minder bevoorrechten te doen, is hen helpen te her-inneren. Dat wil zeggen hun de weg te wijzen naar een nieuw innerlijk zelfbewustzijn.

En jij moet ook een nieuw innerlijk bewustzijn over hen vormen, want als jij hen als minder bevoorrecht beschouwt, dan zijn *zij* dat ook.

Jezus' grote gave was dat hij iedereen zag als wie ze waarlijk zijn. Hij weigerde de uiterlijke verschijning te accepteren; hij weigerde te geloven wat anderen over zichzelf geloofden. Hij had altijd een hogere gedachte en nodigde ook altijd anderen uit *tot* hetzelfde.

Maar hij respecteerde ook altijd waar anderen verkozen te zijn. Hij verlangde niet dat zij zijn hogere idee accepteerden, bood het hooguit aan als een uitnodiging.

Hij handelde ook met medeleven – en als anderen ervoor kozen zich te beschouwen als Wezens die bijstand nodig hadden, verwierp hij hen niet om hun verkeerde inschatting, maar stond toe dat zij van hun Realiteit hielden – en stond allen liefdevol bij in de uitwerking van hun keuzes.

Want Jezus wist dat voor sommigen het snelste pad naar Wie zij zijn liep *door* Wie zij niet zijn.

Hij noemde dit geen onvolmaakt pad, veroordeelde het niet. Hij zag dit eerder *ook* als 'perfect', en ondersteunde zo iedereen gewoon in dat te zijn wat zij wilden zijn.

Iedereen die Jezus om hulp vroeg, ontving die hulp dan ook. Hij ontzei niemand iets, en zorgde er altijd nauwgezet voor dat zijn hulp iemands verlangens geheel en al ondersteunde.

Als iemand oprecht verlichting zocht, eerlijk uitdrukking gaf aan zijn verlangen zich naar het volgende niveau te begeven, gaf Jezus hem de kracht, de moed en de wijsheid om dat te doen. Hij manifesteerde zichzelf – en terecht – als een voorbeeld en moedigde zo de mensen aan om in *hem* te geloven, zo niet meer. Hij zou hen, zei hij, niet op een dwaalspoor brengen.

Velen geloofden in hem en tot op heden helpt hij hen die zijn naam aanroepen. Want zijn ziel is toegewijd aan het wekken van hen die ernaar streven volledig ontwaakt en volledig levend te zijn in Mij.

Maar Christus toonde ook genade tegenover hen die hier niet naar streefden. Hij verwierp daarom eigengerechtigheid en – net als zijn Vader in de hemel – spreekt geen oordelen uit, nooit.

Jezus' idee van Volmaakte Liefde was iedereen de hulp te schenken die zij verlangen, na hun te hebben verteld welk soort hulp zij konden verwachten.

Hij weigerde nooit iemand te helpen en allerminst zou hij dat doen vanuit de gedachte 'kook maar gaar in je eigen sop...'

Jezus wist dat hij mensen machtigde *op het niveau waarop zij in staat waren gemachtigd te worden* indien hij hun de hulp gaf waar zij om vroegen in plaats van de hulp die hij wilde geven.

Dit is de handelwijze van alle grote meesters. Zij die in het verleden jullie planeet bewandeld hebben, zij die het nu doen en zij die dat in de toekomst zullen doen.

Nu raak ik in de war. Wanneer is het *niet* goed hulp aan te bieden? Wanneer werkt het eerder iemands groei tegen dan in de hand?

Wanneer je hulp wordt aangeboden op zo'n manier dat het blijvende afhankelijkheid creëert in plaats van snelle onafhankelijkheid.

Wanneer je iemand uit medeleven toestaat op jou te steunen in plaats van op zichzelf.

Dat is geen medeleven, dat is dwang. Je hebt een dwangmatig verlangen naar macht. Want dit soort hulp komt neer op kicken op macht. Dit onderscheid kan echter zeer gevoelig liggen en soms besef je niet eens dat je kickt op macht. Je gelooft oprecht dat je je best doet om een ander te helpen... maar let goed op dat je niet gewoon bezig bent je eigenwaarde te verhogen. Want in de mate waarin je toelaat dat andere mensen jou verantwoordelijk voor hen maken, in dezelfde mate heb je hen toegelaten jou machtig te maken. En dat geeft je natuurlijk een gevoel van waardigheid.

Dit soort hulp is echter als *een afrodisiacum dat de zwakken verleidt.*

Het doel is om de zwakken te helpen sterk te worden, niet om de zwakken zwakker te maken.

Dit is het probleem met de meeste bijstandsprojecten van de overheid, want die doen vaker het laatste dan het eerste. Overheidsprogramma's neigen ertoe zichzelf in stand te houden. Het kan even goed hun doel zijn hun bestaan te rechtvaardigen als hen te helpen die ze moeten bijstaan.

Als er een beperking was op alle overheidsbijstand, zouden mensen geholpen worden die het echt nodig hebben, maar die hulp zou niet verslavend werken of een substituut worden voor hun eigen onafhankelijkheid.

Regeringen begrijpen dat hulp macht is. Daarom bieden regeringen zoveel mogelijk hulp aan zoveel mogelijk mensen als ze voor elkaar kunnen krijgen, want hoe meer mensen door de regering worden geholpen, des te meer mensen de regering helpen.

Wie de overheid ondersteunt, wordt ondersteund door de overheid.

Dan zou er dus geen herverdeling van de welvaart *mogen* plaatsvinden. Het Communistisch Manifest *is* satanisch.

Satan bestaat natuurlijk niet, maar Ik begrijp wat je bedoelt.

Het idee achter de uitspraak 'van ieder naar vermogen, voor ieder naar behoefte' is niet slecht, het is prachtig. Het is ronduit een andere manier om te zeggen dat je je broeders hoeder bent. De implementatie van dit idee kan echter vies tegenvallen.

Met anderen delen moet een levenswijze zijn. Het moet vrijwillig zijn en niet worden afgedwongen.

Maar – en daar gaan we weer! – de regering *is* op zijn best *het volk*, en haar programma's zijn ronduit mechanismen voor onderlinge herverdeling als 'levenswijze'. En ik zou kunnen aanvoeren dat mensen, collectief door hun politieke systeem, hiervoor gekozen hebben omdat gebleken is – en het verleden heeft dit aangetoond – dat de 'bezitters' *niet* willen delen met de 'bezitslozen'.

De Russische boeren hadden tot sint-juttemis kunnen wachten voordat de Russische landadel hun rijkdom met hen ging delen. Rijkdom die bijna altijd vergaard was over de ruggen van de boeren. Zij kregen maar net genoeg om te overleven, als een soort aansporing het land te bewerken en ondertussen de landeigenaren nog rijker te maken. Is dat een *afhankelijkheidsrelatie* of niet? Deze ik-help-jou-als-jij-mij-helpt-regeling was een en al uitbuiting en verwerpelijker dan elke willekeurige regeling die *ooit* door een overheid is bedacht!

Tegen deze verwerpelijke toestand kwamen de Russische boeren in opstand. Een regering die beloofde dat alle mensen gelijk werden behandeld, werd geboren uit de frustratie van het volk, dat de 'bezitters' de 'bezitslozen' *niets vrijwillig* wilden geven.

Het was net als Marie-Antoinette die in een gouden badkuip op een met juwelen ingelegde voet geïmporteerde druiven lag te eten. Over de tierende, hongerige, in vodden geklede massa achter haar badkamerraam zei ze: 'laat ze toch taart eten!'

Dit is de houding waartegen de vertrapten in het geweer kwamen. Dit is de voorwaarde voor revolutie en de opkomst van zogenaamde oppressieregeringen.

Regeringen die bezit van de rijken afnemen en dat onder de armen verdelen, worden oppressief genoemd, terwijl regeringen die niets doen, terwijl de rijken de armen *uitbuiten*, repressief worden genoemd.

Vraag het de hedendaagse Mexicaanse boeren maar. Ongeveer twintig tot dertig families – de rijke, machtige elite – besturen Mexico (voornamelijk omdat het hun *bezit* is), terwijl twintig tot dertig *miljoen* mensen onder de armoedegrens leven. Daarom begonnen de boeren in 1993-1994 een opstand, zij wilden de elitaire regering dwingen haar plicht in te zien, dat zij de mensen in ieder geval aan middelen voor een waardig bestaan moest helpen. Er bestaat een verschil tussen elitaire regeringen en regeringen 'van, door en voor het volk'.

Worden volksregeringen niet gecreëerd door boze mensen die gefrustreerd zijn over het fundamentele egoïsme van de mens? Worden overheidsprogramma's niet geschapen als een remedie voor de onwil van de mensen om zelf in een remedie te voorzien?

Is dit niet de oorsprong van ons woningbouwbeleid, onze kinderwetten en bijstandsprojecten voor ongehuwde moeders? Was de sociale zekerheid niet een poging van de overheid om oudere mensen iets te geven wat hun eigen familie ze niet kan of wil geven? Hoe verzoenen we onze haat tegen overheidscontrole met ons gebrek aan bereidheid iets te doen wanneer het niet hoeft en er geen controlemaatregelen *zijn*?

Sommige mijnwerkers werkten onder *vreselijke* omstandigheden voordat de overheid van de stinkend rijke mijneigenaren verlangde dat zij hun vieze mijnen opruimden. Waarom deden de eigenaren dat niet uit zichzelf? Omdat dat ten koste ging van hun *winst*! En de rijken gaven er niet om hoeveel armen er in onveilige mijnen *stierven* zolang de winst maar binnenstroomde en groeide. Het bedrijfsleven betaalde *slaven*lonen aan onervaren arbeiders voordat de overheid minimumlonen vaststelde. Zij die graag terug willen naar de 'goede oude tijd', zeggen: 'nou en? Zij zorgden wel voor banen, toch? En wie neemt het risico? De arbeiders? Nee, de investeerders, de eigenaren, nemen alle risico's! Daarom moeten zij ook de grootste beloning krijgen!'

Iedereen die vindt dat de arbeiders, van wier arbeid de eigenaren afhankelijk zijn, fatsoenlijk behandeld moeten worden, wordt een *communist* genoemd.

Iedereen die vindt dat niemand een woning mag worden geweigerd op grond van huidskleur, wordt een *socialist* genoemd.

Iedereen die vindt dat een vrouw niet het recht op betaald werk en promotie mag worden ontzegd, is een *radicale feminist*.

En wanneer regeringen, door hun verkozen vertegenwoordigers, ernaar streven deze problemen op te lossen – problemen die de machtigen in de samenleving standvastig weigeren op te lossen – dan worden die regeringen oppressief genoemd! (Overigens nooit door de mensen die zij helpen. Alleen door de mensen die *zelf* weigeren de hulp te bieden.)

Nergens is dit duidelijker dan in de gezondheidszorg. In 1992 besloten een Amerikaanse president en zijn echtgenote dat het niet eerlijk en ongepast was dat miljoenen Amerikanen niet in aanmerking kwamen voor preventieve gezondheidszorg; die opvatting ontketende een debat over de gezondheidszorg, dat zelfs artsen en het verzekeringswezen schrik aanjoeg.

De echte vraag is niet wiens oplossing beter was: het plan dat door de regering was voorgelegd of het plan van het bedrijfsleven. De ware vraag is: *waarom stelde het bedrijfsleven niet zelf lang geleden zijn eigen oplossing voor?*

Ik zal U *zeggen* waarom. Omdat het dat niet hoefde te doen. Niemand klaagde. En alle ondernemingen worden door winst gedreven. Winst, winst, *winst.*

Mijn punt is daarom dit. We kunnen in verzet komen, schreeuwen en klagen wat we willen. De simpele waarheid is dat regeringen oplossingen aanreiken wanneer de particuliere sector dat niet doet.

We kunnen ook aanvoeren dat regeringen doen wat zij doen tegen de wens van het volk in, maar zolang als de mensen de regering kunnen controleren – en in de Verenigde Staten is dat in hoge mate het geval – zullen regeringen oplossingen blijven aanreiken en uitvoeren tegen maatschappelijke ziektes omdat *het gros van de mensen niet* rijk of machtig is en daarom *in wetten moet laten vastleggen wat de samenleving hun niet vrijwillig geeft.*

Alleen in landen waar de meerderheid van de mensen *geen* controle heeft over de regering, doet de regering weinig of niets aan ongelijkheden.

Dit dus is het probleem: hoeveel regering is te veel regering? En hoe weinig is te weinig? En waar en hoe vinden we een evenwicht?

> Nou moe! Ik heb je nog nooit zo aan de gang gezien! In geen van onze twee boeken ben je zolang aan een stuk aan het woord geweest.

Zeker, maar U heeft gezegd dat in dit boek enkele meer omvattende wereldproblemen met betrekking tot de familie der mensheid zouden worden aangesneden. Ik denk dat ik hier een belangrijk vraagstuk heb aangesneden.

> Welbespraakt, ja. Iedereen van Toynbee en Jefferson tot Marx heeft dit vraagstuk in de afgelopen eeuwen proberen op te lossen.

Oké, wat is *Uw* oplossing?

> We zullen hier een stukje terug moeten; we moeten hier over oud, bekend terrein gaan.

Vooruit. Misschien moet ik het twee keer horen.

> Laten we dan ermee beginnen dat Ik geen 'oplossing' *heb.* En dat komt doordat Ik niets van dit alles als problematisch beschouw.

Het is gewoon wat het is en Ik heb geen enkele voorkeur hier. Ik beschrijf slechts wat waarneembaar is, wat iedereen duidelijk kan zien.

Oké, U heeft geen oplossing en ook geen voorkeuren. Kunt U mij een *observatie* aanbieden?

Ik stel vast dat de wereld nog steeds een regeringssysteem moet bedenken, dat een totaaloplossing biedt, al komt de regering van de Verenigde Staten het dichtst in de buurt.
Het probleem is dat goedheid en eerlijkheid morele thema's zijn en geen politieke.
Regering is de menselijke poging om goedheid op te leggen en eerlijkheid te verzekeren. Maar er is slechts één plek waar goedheid wordt geboren, en dat is in het hart van een mens. Er is maar één plek waar eerlijkheid geconceptualiseerd kan worden, en dat is in de ziel van een mens. Omdat de ziel van de mens liefde *is*.
Je kunt ethiek niet vastleggen door wetgeving. Je kunt geen wet uitvaardigen die zegt: 'houd van elkander.'
We draaien nu rond in cirkels aangezien we dit alles al eerder hebben besproken. Niettemin is discussie goed, dus blijf er maar op hengsten. Zelfs als we eenzelfde thema twee, drie keer behandelen, dan is dat oké. We proberen hier tot op de kern van de zaak te komen; kijk hoe je het nu vorm wilt geven.

Goed dan, ik zal dezelfde vraag als hiervoor stellen. Zijn wetten niet zonder meer een poging van de mens om morele concepten te codificeren? Is 'wetgeving' niet zonder meer onze gemeenschappelijke overeenstemming over wat 'goed' en 'slecht' is?

Zeker weten. En bepaalde civiele wetten – regels en regelingen – zijn vereist in jullie primitieve samenleving. (Je begrijpt dat in niet-primitieve samenlevingen dergelijke wetten overbodig zijn. Alle wezens reguleren zichzelf.) In jullie samenleving staan jullie nog altijd tegenover een paar zeer wezenlijke vragen. Stop je op de hoek van de straat voordat je doorgaat? Zul je kopen en verkopen volgens bepaalde regels? Zullen er beperkingen zijn met betrekking tot je omgang met anderen?
In feite zouden echter zelfs deze fundamentele wetten – verbodsbepalingen op moord, molest, bedrog, of zelfs door rood licht rij-

den – niet nodig mogen of *moeten* zijn, als alle mensen maar gewoon de *Liefdeswetten* aanhielden.
Namelijk: Gods Wet.
Wat nodig is, is een bewustzijnsgroei, niet een groeiende overheid.

U bedoelt dat alles in orde is als wij maar de Tien Geboden aanhouden?

Die Tien Geboden bestaan helemaal niet. (Zie Boek 1 voor een uitvoerige discussie hierover.) Gods Wet is Geen Wet. Dit is iets wat jullie niet kunnen begrijpen.
Ik verlang niets.

Velen kunnen Uw laatste uitspraak niet geloven.

Laat ze Boek 1 lezen. In hoofdstuk 5 wordt dit allemaal uitgelegd.

Is dat wat U deze wereld voorstelt? Complete anarchie?

Ik stel niets voor. Ik neem alleen maar waar wat werkt. Ik vertel je wat waarneembaar zo is. En neen, ik neem niet waar dat anarchie – de afwezigheid van bestuur, regels, reguleringen of welke limieten ook – werkt. Een dergelijke regeling is alleen praktisch voor hoger ontwikkelde wezens, hetgeen mensen niet zijn volgens Mijn waarnemingen.
Een bepaald niveau van bestuur is dus vereist totdat jullie soort zich heeft ontwikkeld tot het punt waar iedereen *natuurlijkerwijze doet* wat *natuurlijkerwijze goed* is.
Jullie doen er goed aan jezelf ondertussen te besturen. De punten die je zoëven hebt aangestipt, zijn saillant, onbetwistbaar. Mensen doen vaak *niet* wat 'goed' is wanneer ze aan zichzelf worden overgelaten.
De werkelijke vraag is niet waarom regeringen de mensen zoveel regels en reguleringen oplegt, maar waarom regeringen dat *moeten* doen.
Het antwoord daarop heeft te maken met jullie Scheidingsbewustzijn.

Het feit dat wij onszelf zien als afgescheiden van elkaar?

Ja.

Maar als we niet afgescheiden zijn, dan zijn we Een. En houdt dat niet in dat we verantwoordelijk zijn voor elkaar?

Ja.

Maar dat maakt het niet onmogelijk voor ons om individuele grootsheid te bereiken? Indien ik verantwoordelijk ben voor alle anderen, dan had het Communistisch Manifest toch gelijk? 'Van ieder naar vermogen, voor ieder naar behoefte.'

Het is, zoals Ik al gezegd heb, een zeer nobele gedachte. Maar zij verliest haar nobele karakter zodra zij onder dwang wordt opgelegd. Dat was het probleem met het communisme. Niet het concept maar de implementatie.

Sommigen beweren dat dat concept wel gedwongen *moest* worden opgelegd, omdat het de menselijke aard fundamenteel geweld aandoet.

Daar sla je de spijker op de kop. Wat moet worden veranderd, is de fundamentele aard van de mens. Daar moet het karwei worden geklaard.

Om de bewustzijnsverschuiving te creëren, waarover we het gehad hebben.

Ja.

Maar we draaien weer rond in cirkels. Ontneemt een groepsbewustzijn individuen niet de macht over henzelf?

Laten we het nader bekijken. Als aan de elementaire behoeften van iedereen op de planeet werd voldaan, als de massa's in waardigheid konden leven en aan de strijd om te overleven konden ontsnappen, zou dat dan niet voor de mensheid de weg vrijmaken om edelere doelen na te streven?
Zou individuele grootsheid echt onderdrukt worden als individuele overleving een zekerheid was?
Moet universele waardigheid worden opgeofferd aan individuele glorie?
Wat voor glorie kun je bereiken ten koste van anderen?

Ik heb meer dan voldoende hulpbronnen op jullie planeet aangebracht om voldoende voorraden voor iedereen te verzekeren. Hoe
kan het dan zijn dat jaarlijks duizenden mensen de hongerdood
sterven? Dat honderdduizenden dakloos zijn? Dat miljoenen het
uitschreeuwen voor een beetje waardigheid?
Het soort hulp dat *hier* een einde aan maakt, is niet het soort hulp
dat mensen de macht over zichzelf ontneemt.
Als jullie rijken zeggen dat ze de hongerenden en daklozen niet
willen helpen, omdat zij hun niet hun autoriteit over zichzelf willen ontnemen, dan zijn jullie rijken hypocrieten. Want niemand
kan oprecht 'in goede doen' verkeren wanneer er tegelijkertijd
anderen creperen.
De evolutie van een samenleving wordt gemeten aan de manier
waarop zij de minder bevoorrechten behandeld. Zoals Ik al heb
gezegd, is de uitdaging het evenwicht te vinden tussen mensen
helpen of ze kwetsen.

Heeft U enkele richtlijnen?

Dit is een algemene richtlijn: wanneer je twijfelt, kies er dan altijd
voor fouten te maken ten gunste van het medeleven.
De test of je helpt of kwetst: worden je medemensen vergroot of
verkleind door jouw hulp? Heb je ze groter of kleiner gemaakt?
Meer of minder zelfstandig?

Er wordt gezegd dat als je alles aan individuen geeft, zij minder
bereid zullen zijn er zelf voor te werken.

Maar waarom zou je moeten werken voor de eenvoudigste waardigheid. Is er niet genoeg voor allen? Waarom zou 'ervoor werken' te maken moeten hebben met wat dan ook?
Is fundamentele menselijke waardigheid niet het geboorterecht
van iedereen? *Zou* het dat niet moeten zijn?
Indien men *meer* dan minimumniveaus zoekt – meer voedsel, rui-
mer onderdak, verfijndere lichaamsbedekking –, kan men ernaar
streven die doelen te bereiken. Maar moet men worstelen om
zelfs maar te *overleven* op een planeet waar meer dan genoeg is
voor iedereen?
Dat is de centrale vraag waarvoor de mensheid gesteld staat.
De uitdaging is niet iedereen gelijkwaardig te maken, maar iedereen minstens de verzekering van elementaire overleving met

waardigheid te geven, zodat iedereen vervolgens de kans heeft te kiezen wat zij vanaf dat punt verder wensen te zijn.

Enkele mensen beweren dat sommigen die kans niet aangrijpen, zelfs niet wanneer het ze wordt aangereikt.

Er is niets mis met die bewering. Dit roept echter wel een andere vraag op: ben je verplicht hun die niet de kansen aangrijpen die ze worden aangeboden, nog een kans te geven, en nog een?

Nee.

Als Ik die houding aannam, waren jullie allen allang tot de hel verdoemd (als die al zou bestaan).
Ik zeg jullie dit: medeleven eindigt nooit, liefde houdt nooit op, geduld komt nooit teneinde in Gods Wereld. Alleen in de mensenwereld is goedheid aan limieten gebonden.
In Mijn Wereld is goedheid eindeloos.

Zelfs als wij het niet verdienen.

Jullie verdienen het *altijd*!

Zelfs wanneer we Uw goedheid recht in Uw gezicht teruggooien?

Juist wanneer je dat doet. ('Doch wie u een slag geeft op de rechterwang, keer hem ook de andere toe; en zal iemand u voor een mijl pressen, ga er twee met hem.') Wanneer je Mijn goedheid terug in Mijn gezicht gooit, (wat de mensheid overigens al millennia met God heeft gedaan), begrijp Ik dat je je *vergist*. Je weet niet wat het beste is voor jou. Ik voel medeleven omdat je vergissing niet op kwaad is gebaseerd, maar op onwetendheid.

Maar sommige mensen zijn *wezenlijk slecht*. Sommige mensen zijn intrinsiek slecht.

Wie heeft je dat verteld?

Dat heb ik zelf geconstateerd.

Dan heb je het niet helemaal op een rij. Ik heb je dit al eerder gezegd: niemand doet iets slechts, gegeven dit model van de wereld.
Anders gesteld, allen doen op elk willekeurig moment gewoon hun best.
Alle daden van iedereen zijn afhankelijk van de beschikbare gegevens.
Ik heb eerder al gezegd dat bewustzijn alles is. Waar ben je je bewust van? Wat weet je?

Maar wanneer mensen ons aanvallen, kwetsen, schade berokkenen, doden zelfs, voor hun eigenbelang, dan is dat toch slecht?

Ik heb je al eerder gezegd: *alle aanvallen zijn een hulpkreet.*
Niemand wenst werkelijk een ander te kwetsen. Zij die dat doen – met inbegrip van jullie eigen regeringen overigens – doen het vanuit het misplaatste idee dat het de enige manier is om te bereiken wat zij willen.
In dit boek heb Ik al de *hogere oplossing* voor dit probleem aangegeven. *Verlang niets,* dat is alles. Heb voorkeuren, maar geen behoeften.
Dit is echter een zeer hoge zijnsstaat; het is de plaats van de Meesters.
In geopolitieke termen: waarom werken jullie als wereld niet samen om aan de elementaire behoeften van iedereen te voldoen?

We doen dat, of proberen het althans.

Is dat alles wat jullie kunnen zeggen na al deze duizenden jaren van menselijke geschiedenis?
In feite hebben jullie je nauwelijks ontwikkeld. Jullie gaan nog steeds volgens een primitieve 'ieder voor zich'-mentaliteit te werk.
Jullie plunderen de aarde, beroven haar van haar hulpbronnen, buiten haar mensen uit en ontzetten systematisch hen die het met jullie daden oneens zijn, uit hun recht en noemen *hen* de 'radicalen'.
Jullie doen dit alles voor jullie eigen, egoïstische doeleinden, omdat jullie een levensstijl hebben ontwikkeld, die jullie *niet op enige andere wijze kunnen handhaven.*
Jullie *moeten* miljoenen hectaren bos jaarlijks omhakken, want

anders missen jullie je zondagskranten. Jullie *moeten* mijlen beschermende ozon verwoesten, die jullie planeet bedekt, want anders missen jullie je spuitbussen met haarlak. Jullie *moeten* rivieren onherstelbaar vervuilen, want anders missen jullie je industrieën die jullie steeds Groter, Beter en Meer geven. En jullie *moeten* de zwaksten onder jullie uitbuiten, want anders kunnen jullie niet aan het boveneinde van de menselijke schaal in een ongehoorde (en overbodige) luxe leven. Ten slotte moeten jullie *ontkennen dat jullie dit doen*, want anders kunnen jullie niet met jezelf leven.

Jullie hebben het hart er niet voor eenvoudig te leven opdat anderen eenvoudigweg kunnen leven. Dit soort keukentafelwijsheden zijn te simpel voor jullie. Het is te veel gevraagd. Te veel om te geven. Jullie hebben per slot van rekening zo hard gewerkt voor alles wat jullie bezitten! *Jullie geven daar niets van op!* En als de rest van de mensheid – om niets te zeggen van de kinderen van jullie kinderen – daarvoor moeten lijden, dan zijn de pruimen maar zuur, toch? Jullie hebben gedaan wat *jullie* moesten doen om te overleven, om het te maken, dan kunnen zij hetzelfde doen! Het is tenslotte 'ieder voor zich'.

Is er een uitweg uit deze puinhoop?

Ja. Zal Ik het nog eens zeggen: een *bewustzijnsverschuiving*.
Jullie kunnen de problemen die de mensheid plagen, niet oplossen door regeringsacties of politieke middelen. Jullie hebben dat al duizenden jaren geprobeerd.
De vereiste verandering kan alleen in het hart van de mensen worden ondernomen.

Kunt U die vereiste verandering in één zin weergeven?

Dat heb Ik al een paar keer gedaan.
Jullie moeten stoppen God als afgescheiden van jullie te zien en jezelf als afgescheiden van elkaar.
De *enige* oplossing is de Ultieme Waarheid: er bestaat niets in het universum dat gescheiden is van iets anders. *Alles* is intrinsiek verbonden, onherroepelijk onderling afhankelijk, interactief, verweven met de textuur van heel het leven.
Alle beleid, alle politiek moet op deze waarheid gebaseerd zijn.
Alle wetten moeten hierin wortelen.

Dit is de toekomstige hoop van jullie soort; de enige hoop voor jullie planeet.

Hoe werkt de Liefdeswet waarover U eerder sprak?

Liefde geeft alles en verlangt niets.

Hoe kunnen wij niets verlangen?

Als iedereen van jullie soort alles gaf, wat zouden jullie dan nog nodig hebben? De enige reden dat jullie *iets* verlangen, is dat iemand anders iets achterhoudt. *Stop daarmee!*

Dit werkt nooit, tenzij we er allemaal tegelijkertijd aan beginnen.

Inderdaad, er is een globaal bewustzijn nodig.
Maar hoe komt dat tot stand? *Iemand zal moeten beginnen.*
De mogelijkheid is er voor jou.
Jij kunt de bron van dit Nieuwe Bewustzijn zijn.
Jij kan de inspiratie vormen.
Sterker nog, jij *moet* dat zijn.

Moet ik dat zijn?

Wie is er anders?

13

Hoe moet ik beginnen?

Wees een licht voor de wereld en kwets haar niet. Streef ernaar te bouwen, niet te verwoesten.
Breng Mijn volk thuis.

Hoe?

Door jouw lichtende voorbeeld. Zoek enkel Goddelijkheid. Spreek enkel in waarachtigheid. Handel enkel uit liefde.
Leef volgens de Liefdeswet, nu en voor altijd. Geef alles, vorder niets.
Mijd het platvloerse.
Accepteer niet het onacceptabele.
Onderwijs allen die van Mij wensen te leren.
Maak ieder moment van je leven tot een uitstorting van liefde.
Gebruik elk moment om de hoogste gedachte te denken, het verhevener woord te spreken, de schitterendste daad te verrichten.
Verheerlijk hierdoor je Heilige Zelf en verheerlijk aldus Mij.
Breng vrede op aarde door vrede te brengen naar allen wier levens jij beroert.
Wees vrede.
Voel en druk in elk moment je Goddelijke Connectie met het Al uit, en met ieder persoon, elke plaats, elk ding.
Omhels iedere omstandigheid, maak je ieder gebrek eigen, deel iedere vreugde, overdenk ieder mysterie, loop in ieders schoenen, vergeef iedere overtreding (met inbegrip van die van jezelf), heel ieder hart, eer ieders waarheid, aanbid ieders God, bescherm ieders rechten, behoud ieders waardigheid, promoot ieders belangen, voorzie in ieders behoeften, neem ieders heiligheid aan, presenteer ieders grootste talenten, breng ieders zegening voort, en verkondig dat ieders toekomst veilig is in de gewaarborgde liefde van God.
Wees een levend, ademend voorbeeld van de Hoogste Waarheid die binnenin je resideert.

Spreek nederig over jezelf, opdat je Hoogste Waarheid niet door een ander als bluf wordt ervaren.

Spreek zachtjes, opdat niemand denkt dat je alleen maar de aandacht wilt.

Spreek vriendelijk, zodat allen van de Liefde kunnen weten.

Spreek openlijk, opdat niemand denkt dat je iets te verbergen hebt.

Wees uitgesproken, zodat niemand zich kan vergissen.

Spreek vaak, zodat je woord zich werkelijk kan verspreiden.

Spreek respectvol, zodat niemand zich in zijn eer aangetast voelt.

Spreek over Mij in al je uitingen.

Maak van je leven een gave. Onthoud altijd dat jij de gave bent!

Wees een gave voor iedereen die jouw leven binnentreedt en voor iedereen wiens leven jij binnentreedt. Wees voorzichtig niet iemands leven *binnen te treden* als je geen gave kunt zijn.

(Je kunt altijd een gave zijn, omdat jij altijd de gave *bent*, maar soms laat je jezelf dat niet weten.)

Wanneer iemand onverwacht je leven binnentreedt, *let dan op welke gave die persoon van jou komt ontvangen.*

Wat een buitengewone manier om dat te zeggen.

Waarom denk je anders dat er iemand naar je toekomt?

Ik zeg je dit: iedere persoon die ooit naar jou is toegekomen, kwam om een gave van jou te ontvangen. Door zo te handelen, geeft hij *aan* jou ook een gave, de gave van jouw ervaring en de vervulling van Wie je bent.

Wanneer je deze eenvoudige waarheid inziet en begrijpt, dan kun je de allergrootste waarheid bevatten:

IK HEB JULLIE
NIETS DAN ENGELEN GEZONDEN.

14

Ik ben in de war. Kunnen we even een stukje teruggaan? Een paar gegevens lijken elkaar tegen te spreken. Ik had het idee dat U zei dat de beste hulp die we anderen kunnen geven, is hen alleen te laten. Daarna meende ik te begrijpen dat U zei dat je er nooit van moest afzien iemand te helpen wanneer je merkt dat die persoon hulpbehoevend is. Deze twee uitspraken lijken niet geheel in overeenstemming te zijn met elkaar.

Laat Mij je gedachten hierover ophelderen.
Bied nooit het soort hulp die mensen hun zelfbevoegdheid ontneemt. Dring nooit aan op de hulp waarvan jij denkt dat die nodig is. Laat de hulpbehoevende persoon of personen alles weten wat je te bieden hebt, luister daarna naar wat zij willen; zoek uit wat zij kunnen ontvangen.
Bied de gewenste hulp aan. Vaak zegt de persoon of zeggen de personen, of ze laten dat merken door hun gedrag, dat ze alleen gelaten willen worden. Ondanks wat *jij* gelooft dat je graag wilt geven, kan hen alleen laten de Hoogste Gave zijn die je ze kunt schenken.
Als op een later tijdstip iets anders wordt gewenst of verlangd, zal het jou duidelijk worden gemaakt of het aan jou is om dat te geven. Indien dat het geval is, geef het dan.
Maar streef ernaar niets te geven dat bevoogdend is. Dat wat bevoogdend is, is dat wat afhankelijkheid veroorzaakt.
Het compleet *negeren* van de benarde toestand van anderen die waarlijk jouw hulp verlangen, is niet het antwoord, want te weinig doen ontvoogdt de ander evenzeer als te veel doen. Als je van een hoger bewustzijn bent, mag je niet opzettelijk de echte toestand van broeders of zusters negeren, stellende dat hen in hun 'eigen sop gaar laten koken' de hoogste gave is die je ze kunt schenken. Zo'n houding is eigengerechtigheid en arrogantie op het hoogste niveau. Het stelt jou enkel in staat je niet-betrokkenheid te rechtvaardigen.
Ik verwijs je opnieuw naar het leven van Jezus en zijn lering.
Want het was Jezus die jullie vertelde dat Ik tegen hen aan Mijn

rechterhand zal zeggen: komt, jullie gezegenden onder Mijn kinderen, beërft het koninkrijk dat Ik voor jullie bereid heb.

Want Ik leed honger en jullie gaven Mij te eten; Ik leed dorst en jullie gaven Mij te drinken; Ik was een vreemdeling en jullie hebben Mij gehuisvest.

Ik was naakt en jullie hebben Mij gekleed; Ik was ziek en jullie hebben Mij bezocht; Ik ben in de gevangenis geweest en jullie zijn tot Mij gekomen.

En dan zullen de rechtvaardigen Mij antwoorden, zeggende: Here, wanneer hebben wij U hongerig gezien en hebben wij U gevoed? Of dorstig en hebben wij U te drinken gegeven? Wanneer hebben wij U als vreemdeling gezien en hebben U gehuisvest? Of naakt en hebben U gekleed? Wanneer hebben wij U ziek of in de gevangenis gezien en zijn tot U gekomen om U te troosten?

En ik zal hun antwoorden en zeggen:

Voorwaar, Ik zeg u, in zoverre jullie dit aan een van mijn minste broeders hebben gedaan, hebben jullie het Mij gedaan.

Dit is Mijn waarheid en zij geldt voor alle eeuwigheid.

15

Ik houd van U, weet u dat?

Ik weet het. En Ik houd van jou.

16

Aangezien we op planetaire schaal discussiëren over de meer omvattende aspecten van het leven en verder ook enkele elementen uit onze individuele levens bespreken die aanvankelijk in Boek 1 zijn verkend, wil ik U ook wat vragen over het milieu.

Wat wil je weten?

Wordt het milieu echt verwoest zoals sommige milieuactivisten beweren, of zijn deze mensen gewoon onberaden radicalen, rozerode, progressieve communisten die allen in Wageningen zijn afgestudeerd en hasj roken?

Het antwoord op beide vragen is ja.

Wáááát???

Geintje. Oké, het antwoord is ja op de eerste vraag en nee op de tweede.

Is het ozongat onherstelbaar? Zullen alle regenwouden verdwijnen?

Ja. Maar het gaat om meer dan zulke voor de hand liggende zaken. Er zijn zaken die minder opvallen, waarover jullie je nog meer zorgen moeten maken.

Help eens een handje.

Goed dan, er ontwikkelt zich bijvoorbeeld snel een tekort aan goede grond. Dat wil zeggen, jullie krijgen een tekort aan voldoende bovenlaag om voedsel te verbouwen. Dit komt doordat grond tijd nodig heeft om zich te herstellen en jullie grote boerenbedrijven *hebben* die tijd niet. Zij willen land dat productie maakt, productie en nog eens productie. De eeuwenoude praktijk van het wisselslagstelsel wordt verlaten en per seizoen wordt steeds vaker van gewas gewisseld. Om nog meer tijd te winnen worden chemicaliën gebruikt om het land snel vruchtbaar te maken. Maar met dit alles, net als met alle andere dingen, hebben jullie nog geen goede vervangster voor Moeder Natuur geschapen, die haar enigszins benadert.

Het resultaat is dat jullie de beschikbare, voedselhoudende bovenlaag eroderen, op sommige plaatsen tientallen centimeters diep. Jullie verbouwen met andere woorden steeds meer voedsel op grond die steeds minder voedingsstoffen bevat. Geen ijzer. Geen mineralen. Niets waarvan je verwacht dat de grond dat levert. Erger nog, jullie eten voedsel dat vol met chemicaliën zit, die in een wanhopige poging in de grond zijn aangebracht om die te verbeteren. Hoewel ze geen permanente schade op de korte termijn lijken aan te richten, zullen jullie tot je eigen droefenis op de lange termijn erachter komen dat chemicaliën die in het lichaam achterblijven de gezondheid niet bevorderen.

Dit probleem van bodemerosie door versnelde landbouwproductiecycli is niet iets waarvan veel mensen zich bewust zijn, maar evenmin is de verdwijning van de beschikbare, voedselhoudende bovenlaag een fantasie die door yuppie milieuactivisten is bedacht als nieuwste modetrend voor hun verontwaardiging. Vraag elke willekeurige aardwetenschapper en hij of zij kan je hier genoeg over vertellen. Het is een probleem van epidemische proporties; het is wereldwijd en zeer ernstig.

Dit is slechts een voorbeeld van de vele manieren waarop jullie je Moeder, de aarde die al het leven schenkt, uitputten en beschadigen door een totale ontkenning van haar behoeften en natuurlijke processen.

Jullie maken je maar weinig zorgen over jullie planeet, behalve de bevrediging van jullie eigen passies, de tegemoetkoming aan jullie eigen directe (en meestal overdreven) behoeften en het lessen van het eindeloze menselijke verlangen naar Groter, Beter, Meer. Jullie zouden je echter als soort eens moeten gaan afvragen wanneer genoeg genoeg is.

Waarom luisteren we niet naar onze milieudeskundigen? Waarom besteden we geen aandacht aan hun waarschuwingen?

Hierin, net als bij alle andere belangrijke zaken die de kwaliteit en stijl van het leven op jullie planeet beïnvloeden, is een duidelijk patroon herkenbaar. Jullie kennen een zegswijze die perfect een antwoord biedt op deze vraag: 'volg het spoor van het geld.'

Hoe kunnen we ooit hopen deze problemen op te lossen wanneer we tegen zoiets massaals en verraderlijks moeten vechten?

Eenvoudig. Elimineer al het geld.

Elimineer al het geld?

Ja. Of elimineer in ieder geval minstens de onzichtbaarheid ervan.

Dat begrijp ik niet.

De meeste mensen verbergen de zaken waarvoor zij zich schamen of waarvan ze niet willen dat andere mensen het weten. Daarom verbergt het grootste deel van jullie je seksualiteit en daarom verbergen nog meer mensen hun geld. Dat wil zeggen dat jullie er niet openlijk over praten. Jullie beschouwen geld als een uitgesproken particuliere aangelegenheid. En daarin schuilt de moeilijkheid.

Als iedereen *alles* wist over ieders geldsituatie, dan zou er een opstand komen in jullie land en op jullie planeet als nooit tevoren. En in de naweeën daarvan zouden er eerlijkheid en gelijkheid, oprechtheid en waarheid-in-het-belang-van-allen komen als prioriteit in de opzet en uitwerking van alle mensenzaken.

Het is nu onmogelijk eerlijkheid of gelijkheid, oprechtheid of het algemeen belang naar de markt te brengen, omdat geld gemakkelijk te verstoppen is. Je kunt het zelfs fysiek vastpakken en *verstoppen*. Er zijn ook allerlei manieren waarmee creatieve boekhouders geld van bedrijven kunnen 'verstoppen' of laten 'verdwijnen'.

Aangezien geld kan worden verstopt, is er geen manier om te bepalen hoeveel iemand anders heeft of wat ze ermee doen. Hierdoor kan een overmaat aan onrechtvaardigheid, om niet te zeggen dubbele standaarden, bestaan. Bedrijven kunnen bijvoorbeeld twee mensen totaal verschillende honoraria betalen voor hetzelfde werk. Ze kunnen de een $ 57.000 en de ander $ 42.000 per jaar betalen, terwijl beiden precies hetzelfde werk doen. Ze betalen de ene werknemer eenvoudig meer dan de ander, omdat de eerste iets heeft wat de tweede niet heeft.

En wat is dat dan?

Een penis.

O.

Ja, precies; 'o'.

Maar U begrijpt het niet. Het feit dat hij een penis heeft, maakt de eerste werknemer waardevoller dan de andere, sneller, grappiger, verstandiger, en duidelijk capabeler.

Hmmm, Ik kan Me niet herinneren dat Ik jullie zo heb geschapen, met zulke grote onderlinge verschillen.

Tja, toch heeft U dat gedaan en het verbaast me dat U dat niet weet. Iedereen op deze planeet weet het.

Ik denk dat we maar beter kunnen ophouden, anders gaan de mensen nog geloven dat we het menen ook.

U bedoelt dat U het niet meent? Nou, *wij* wel! De mensen op deze planeet vinden dit wel serieus. Daarom kunnen vrouwen geen priester worden in de rooms-katholieke of mormoonse kerk. Daarom mogen ze niet aan een bepaalde kant van de Klaagmuur in Jeruzalem verschijnen, of opklimmen naar het topmanagement van de Fortune 500-bedrijven, of lijnvliegtuigen besturen, of...

Ja, we begrijpen je standpunt. En Mijn standpunt is dat een dergelijk salarisonderscheid veel minder gemakkelijk te verbergen is als alle geldtransacties zichtbaar worden gemaakt in plaats van te worden verstopt. Kun je je voorstellen wat in iedere werkplaats wereldwijd gebeurt als alle bedrijven worden gedwongen de salarissen van hun werknemers te publiceren? Niet de algemene *loonschalen* voor specifieke banen maar de *feitelijke compensatie* die iedereen individueel wordt toegekend?

Wel, daar gaat 'twee doelen tegen elkaar uitspelen' rechtstreeks het raam uit.

Yep.

En daar gaat: 'wat niet weet, wat niet deert'.

Yep.

En daar gaat: 'hé, als wij haar voor een derde minder kunnen krijgen, waarom zouden we dan meer betalen?'

Zo is dat.

En daar gaan de appeltjes voor de dorst, en het gevlei bij de chef, en het 'via de achterdeur', en bedrijfspolitiek, en...

En veel, veel meer zou verdwijnen uit de werkplaatsen en uit de wereld door het eenvoudige middel van de onthulling van het geldspoor.

Denk er eens over na. Als je precies weet hoeveel geld iedereen bezit en alle ware inkomsten van jullie industrieën en bedrijven en al hun managers – evenals hoe iedere persoon en ieder bedrijf zijn geld *gebruikt* – denk je dan niet dat dat de dingen zal veranderen? Denk er eens over na. Op welke manieren denk je dat de dingen zouden veranderen?

Het is gewoon een feit dat de mensen het met 90 procent van wat in de wereld gebeurt, oneens zouden zijn als ze *wisten* wat er gebeurt. De samenleving zou nooit de buitengewoon disproportionele verdeling van welvaart accepteren, en nog minder de manieren waarop die wordt verdiend, of de manier waarop zij wordt gebruikt om nog meer te verwerven, als deze feiten algemeen bekend waren, specifiek en rechtstreeks voor iedereen overal.

Niets bespoedigt gewenst gedrag beter dan de blootstelling aan het licht van een publiek onderzoek. Daarom hebben jullie zogenaamde parlementaire onderzoeken zoveel goeds gedaan in het opruimen van de rotzooi binnen jullie politieke en bestuurlijke systeem. Openbare verhoren en publieke verantwoordelijkheid hebben de achterkamertjespolitiek uit de jaren twintig, dertig, veertig en vijftig in jullie stadhuizen en schoolbesturen en politieke districten grotendeels geëlimineerd. Ook de nationale overheid is er beter door gaan functioneren.

Nu is het tijd om wat onderzoek te verrichten naar de manier waarop jullie omgaan met compensatie in goederen en diensten op jullie planeet.

Wat is Uw suggestie?

Dit is geen suggestie maar een uitdaging. Ik daag jullie uit al jullie geld af te schaffen, al het papiergeld, alle munten, alle valutasoorten, en opnieuw te beginnen. Ontwikkel een internationaal monetair systeem dat helemaal open is, totaal doorzichtig, direct traceerbaar, volledig aansprakelijk. Vestig een Wereldwijd Compensatiesysteem dat mensen crediteert voor bewezen diensten en afgeleverde producten, en debiteert voor geconsumeerde diensten en producten. Alles zou op dit systeem van credit en debet berusten. Return on investment, erfenissen, beloning van weddenschappen, honoraria en salarissen, fooien en giften, alles. En niets kan worden aangeschaft zonder krediet. Er zou geen andere onderhandelbare munteenheid zijn. En ieders rekening zou open zijn voor iedereen. Er wordt gezegd: toon mij iemands bankrekening en ik toon je de man. Dit systeem komt dicht bij dat scenario. Mensen zullen, of in ieder geval kunnen, een boel meer te weten komen over elkaar dan ze nu weten. Maar niet alleen kunnen jullie heel veel meer weten over elkaar, jullie zullen ook heel veel meer weten over van *alles.* Meer over wat bedrijven betalen en uitgeven, wat hun kosten zijn voor een bepaald item en hun verkoopprijs. (Kun je je voorstellen wat bedrijven moeten doen als ze op ieder prijskaartje twee bedragen moeten vermelden, namelijk hun kosten en de verkoopprijs? Zou dat prijzen omlaag brengen of niet! Je kunt je de gevolgen daarvan niet eens voorstellen.)

Onder het nieuwe Wereldwijde Compensatiesysteem (WCS) zijn overboekingen op credit en debet direct en geheel en al zichtbaar. Iedereen kan de rekening van een ander of van een organisatie elk willekeurig moment controleren. Niets wordt geheimgehouden, niets is privé.

Het WCS zou jaarlijks tien procent van alle inkomsten aftrekken van hen die *vrijwillig* om een dergelijke inhouding verzoeken. Er is geen inkomstenbelasting, er zijn geen formulieren om in te vullen, geen kortingen om te berekenen, geen 'ontsnappingsmogelijkheden' of verdonkeremaningen mogelijk! Aangezien alle rekeningoverzichten openbaar zijn, kan iedereen zien wie bereid is 10 procent voor het algemeen belang af te dragen en wie niet. Deze vrijwillige inhoudingen worden besteed aan ondersteuning van alle diensten en programma's van de overheid, waar het volk voor heeft gestemd.

Het hele systeem zou eenvoudig en zeer overzichtelijk zijn.

De wereld zal het over zoiets nooit eens worden.

Natuurlijk niet. En weet je ook waarom? Omdat een dergelijk systeem het onmogelijk zou maken voor iedereen *om iets te doen waarvan ze niet willen dat anderen het weten*. Maar waarom zou je zoiets willen doen? Ik zal je zeggen waarom. Omdat jullie momenteel in een interactief sociaal systeem leven dat gebaseerd is op 'profiteren van anderen', 'de zaak afromen', 'het meeste eruit halen' en 'de overleving van de zogenaamd sterkste'.

Wanneer het hoofddoel van jullie samenleving de overleving is van *allen*, gelijke bevoordeling voor *iedereen*, het voorzien in een goed leven voor *allen* (wat in werkelijk verlichte samenlevingen al het geval is), dan zal jullie behoefte aan geheimhouding en stille handeltjes en gemanoeuvreer onder de tafel en zwart geld vanzelf verdwijnen.

Besef je hoe die goede, ouderwetse *corruptie* – om niets te zeggen over nog lagere oneerlijkheden en onrechtvaardigheden – door de invoering van dit systeem zou verdwijnen?

Het geheim, het toverwoord, is zichtbaarheid.

Goh. Wat een concept. Wat een idee. Absolute zichtbaarheid in de afhandeling van al onze geldzaken. Ik probeer steeds een reden te bedenken waarom dat 'verkeerd' of niet 'oké' zou zijn, maar ik kan niets bedenken.

Natuurlijk kun je niets bedenken, *omdat je niets te verbergen hebt*. Maar kun je je voorstellen wat mensen met geld en macht in de wereld zullen doen, en hoe ze zullen schreeuwen wanneer ze bedenken dat iedere handeling, iedere aankoop, iedere verkoop, ieder handeltje, iedere bedrijfsactie, iedere prijsbepaling of loononderhandeling, iedere willekeurige beslissing gewoonweg door iemand kan worden nagekeken door naar de einduitkomst te kijken?

Ik zeg je dit: *niets* roept sneller eerlijkheid op dan *zichtbaarheid*.

Zichtbaarheid is gewoon een ander woord voor *waarheid*.

Ken de waarheid en de waarheid zal u bevrijden.

Regeringen, bedrijven, de machthebbers weten dat en daarom zullen zij de eenvoudige waarheid nooit de basis laten vormen van enig politiek, sociaal of economisch systeem dat zij zullen ontwerpen.

In verlichte samenlevingen zijn er *geen geheimen*. Iedereen weet

hoeveel de ander bezit, hoeveel de ander verdient, hoeveel de ander betaalt aan lonen, belastingen en premies, wat elk ander bedrijf in rekening brengt, koopt of verkoopt en voor hoeveel, met hoeveel winst en alles. *ALLES*.
Weet je dat dit alleen mogelijk is in verlichte samenlevingen? Want niemand in verlichte samenlevingen is bereid ook maar *iets* te krijgen of bezitten *ten koste van iemand anders*.

Dat is nogal een radicale levenswijze.

Het lijkt radicaal voor primitieve samenlevingen, ja. In verlichte samenlevingen wordt het als vanzelfsprekend en gepast ervaren.

Ik ben geïntrigeerd door dat concept 'zichtbaarheid'. Strekt het zich ook verder dan geldzaken uit? Is het misschien ook een wachtwoord voor onze persoonlijke relaties?

Je zou hopen van wel.

En toch is het dat niet.

Over het algemeen niet, nee. Nog niet op jullie planeet. De meeste mensen hebben nog te veel om te verbergen.

Waarom? Waar gaat het dan om?

Binnen persoonlijke relaties (binnen alle relaties eigenlijk) gaat het om *verlies*. Het gaat om wat men bang is te verliezen of niet weet te verkrijgen. Maar de beste persoonlijke relaties – en dat geldt beslist voor de beste liefdesrelaties – zijn relaties waarin iedereen alles weet; waarin *zichtbaarheid* niet alleen het wachtwoord maar ook het *enige* woord is; waarin er gewoon geen geheimen zijn. In deze relaties wordt niets achtergehouden, anders voorgesteld, vermomd of verstopt. Niets wordt buitengesloten of ongezegd gelaten. Er zijn geen raadsels, er worden geen spelletjes gespeeld; niemand 'voert een dansje op', 'draait een nummertje af' of 'smeert de ander stroop om de mond'.

Maar als iedereen alles weet wat wij denken...

Wacht eens even. Het gaat er niet om dat je geen mentale privacy hebt, geen eigen vrije ruimte om je persoonlijke processen te beleven. Daarover heb Ik het hier niet.

Het gaat hier gewoon over open en oprecht zijn tegenover elkaar. Het gaat gewoon over de waarheid vertellen wanneer je praat en over de waarheid niet achterhouden wanneer je weet dat die op tafel moet komen. Dit gaat over nooit meer liegen en misleiden, over geen verbale of geestelijke manipulatie of het verbuigen van de waarheid in honderdeen verdraaiingen, hetgeen allemaal zo kenmerkend is voor veel communicatie tussen mensen.

Dit gaat over met een schone lei beginnen, zeggen waar het op staat, iets rechttoe rechtaan duidelijk maken. Dit gaat erover dat alle individuen over alle gegevens beschikken en alles van een onderwerp weten. Dit gaat over eerlijkheid en openheid en, tja... *zichtbaarheid.*

Nochtans betekent het niet dat iedere gedachte, elke persoonlijke angst, elke duistere herinnering, elk wisselend oordeel, iedere opinie of reactie op tafel moet worden gelegd voor discussie en nadere bestudering. Dat is niet zichtbaarheid maar waanzin die iedereen gek maakt.

We hebben het hier over eenvoudige, directe, rondborstige, open, oprechte, complete communicatie. Maar zelfs wat dat betreft, is het een treffend concept dat te weinig wordt gebruikt.

Dat mag U een keertje herhalen.

Maar zelfs wat dat betreft, is het een treffend concept dat te weinig wordt gebruikt.

U had cabaretier moeten worden.

Maak je een grap? Ik ben cabaretier.

Maar serieus, dit is een prachtig idee. Stel U eens voor, de hele samenleving opgebouwd rond het Principe van Zichtbaarheid. Weet U zeker dat het zou werken?

Ik zal je eens iets vertellen. De helft van alle problemen op aarde zouden de volgende dag zijn verdwenen. De helft van alle zorgen op aarde, de helft van alle conflicten, de helft van alle woede, de helft van alle frustratie op aarde...

O, aanvankelijk zouden er nog woede en frustratie bestaan, vergis je daar niet in. Zodra eenmaal is vastgesteld hoezeer de gemiddelde persoon van het kastje naar de muur werd gestuurd, als een wegwerpartikel gebruikt, gemanipuleerd, voorgelogen, zonder meer getild, ontstaat er meer dan genoeg woede en frustratie. Maar 'zichtbaarheid' zou binnen zestig dagen aan het meeste daarvan een einde maken.

Laat Mij jullie nogmaals uitnodigen; denk er eens over na. Denken jullie dat je een dergelijk leven kunt leiden? Zonder geheimen? Met absolute zichtbaarheid?

Zo nee, waarom dan niet?

Wat verstop je voor anderen dat jij niet wilt dat ze weten?

Wat vertel je anderen dat niet waar is?

Wat vertel je niet aan iemand dat wel zo is?

Heeft liegen door nalatigheid of machtiging jullie wereld daar gebracht waar jullie haar werkelijk willen? Heeft manipulatie (van de markt, van een specifieke situatie of gewoon van een persoon) door zwijgzaamheid en geheimhouding ons werkelijk voordeel opgeleverd? Zorgt 'privacy' er echt voor dat onze regering, ons bedrijfsleven of ons persoonlijk leven werkt?

Wat zou er gebeuren als iedereen alles kon zien?

Dit is overigens in zekere zin ironisch. Zie je niet dat dit het belangrijkste is dat jullie vrezen voor je eerste ontmoeting met God? Snap je niet dat wat jullie vrezen is dat het spel uit is, de wedstrijd voorbij, de dans afgelopen, het schaduwboksen gedaan, en het lange, lange spoor van grote en kleine misleidingen tamelijk letterlijk *doodgelopen*?

Het goede nieuws is echter dat er geen reden is om bevreesd te zijn, er is niets om bang voor te zijn. Niemand gaat jullie veroordelen, niemand 'verwijst je naar de bokken', niemand zal je verstoten naar de eeuwig brandende vuurtongen van de hel.

(En voor rooms-katholieken onder de lezers: het vagevuur is allang geblust.)

(En voor de mormonen onder de lezers: niemand wacht een 'laagste' of 'hoogste hemel'.)

(En voor de...)

Goed, je begrijpt wat Ik bedoel. Ieder van jullie heeft binnen het raamwerk van zijn eigen theologie een idee of concept gevormd van Gods Zwaarste Straf. En Ik vind het vreselijk om jullie dit te moeten zeggen, want Ik begrijp heel goed de lol die je hier aan kunt beleven, maar *iets dergelijks bestaat gewoon niet*.

Wanneer jullie misschien de vrees verliezen voor een volledig doorzichtig leven op het moment van jullie overlijden, kunnen jullie ook over de koudwatervrees heen komen voor een totaal doorzichtig leven terwijl je nog leeft.

Dat zou mooi wezen.

Ja, ongetwijfeld. Daarom is hier de beginformule. Ga terug naar het begin van dit boek en neem nog eens de *Vijf Niveaus van de Waarheid Spreken* door. Besluit dit model van buiten te leren en probeer het te implementeren. Zoek de waarheid, spreek de waarheid en beleef de waarheid, iedere dag. Doe dit met jezelf en met iedere persoon wiens leven jij beroert.
Bereid je dan voor om naakt te zijn. Wees klaar voor *zichtbaarheid*.

Dit voelt eng aan, angstaanjagend.

Probeer vast te stellen waarvoor je bang bent.

Ik ben bang dat iedereen de kamer zal verlaten. Ik ben bang dat niemand me meer aardig zal vinden.

Ik snap het. Je bedoelt dat je moet liegen, omdat anders niemand je aardig vindt?

Niet zozeer liegen. Ze gewoon niet *alles* vertellen.

Onthoud wat Ik eerder heb gezegd. Dit gaat niet over het eruit flappen van alle kleine emoties, gedachten, ideeën, angsten, herinneringen, bekentenissen of wat dan ook. Het gaat over ronduit altijd de waarheid spreken, jezelf helemaal tonen. Met je meest beminde durf je toch helemaal naakt te zijn, nietwaar?

Inderdaad.

Waarom dan niet ook emotioneel naakt?

Het laatste is een stuk moeilijker dan het eerste.

Dat begrijp Ik. Maar daarom hoeft het nog niet te worden afgeraden, want de beloning is groot.

Goed, U heeft weer een paar interessante ideeën naar voren gebracht. Afschaffing van verborgen agenda's, een samenleving opbouwen op zichtbaarheid, iedereen altijd overal de waarheid vertellen. Oef!

Op dit paar concepten zijn hele samenlevingen gebouwd. Verlichte samenlevingen.

Ik heb nog geen enkele gevonden.

Ik had het niet over jullie planeet.

O.

Of zelfs jullie zonnestelsel.

O.

Maar jullie hoeven je planeet of zelfs je huis niet te verlaten om beginnen te ervaren waar een dergelijk Nieuw Denksysteem op lijkt. Begin binnen je eigen gezin, in je eigen huis. Als je een zaak hebt, begin dan binnen je eigen bedrijf. Vertel iedereen binnen je bedrijf hoeveel je precies verdient, wat het bedrijf omzet en uitgeeft, en wat iedere werknemer verdient. Daarmee zul je iedereen flink op de kast jagen. Als iedereen met een eigen zaak dit doet, dan zou werk voor velen niet langer een dagelijkse sleur zijn omdat er een groter besef ontstaat van rechtvaardigheid en fair play; op iedere werkplaats zou automatisch sprake zijn van gepaste compensatie.
Vertel je klanten precies wat het kost om een product of dienst te leveren. Zet twee bedragen op het prijskaartje: je kostprijs en je verkoopprijs. Kun je nog steeds trots zijn op wat je vraagt? Voel je enige angst dat mensen zich opgelicht zullen voelen wanneer zij de verhouding tussen kostprijs en verkoopprijs kennen? Zo ja, kijk dan wat voor soort aanpassing je bereid bent in je verkoopprijs te maken, zodat die weer redelijk wordt in plaats van dat jij een extra graantje probeert mee te pikken.
Ik daag je uit dit te doen. Ik daag je uit.
Het vereist een complete verandering in je denken. Je moet je evenveel zorgen maken over je klanten en hun welzijn als over jezelf.
Ja, jij kunt ermee beginnen deze Nieuwe Samenleving vandaag te

bouwen, hier en nu. De keuze is aan jou. Je kunt het oude systeem blijven ondersteunen, het huidige paradigma, of je kunt een nieuw pad inslaan en jouw wereld de weg tonen.

Jij kunt die nieuwe weg *zijn*. In alles. Niet alleen in zaken, niet alleen in je persoonlijke relaties, niet alleen in politiek, economie, godsdienst of dit of dat aspect van de algemene levenservaring, maar in *alles*.

Wees de nieuwe weg. Wees de hogere weg. Wees de meest verheven weg. Dan kun je waarachtig zeggen: *Ik ben de weg en het leven. Volg mij.*

Als heel de wereld je zou volgen, ben je dan blij waar je haar naartoe leidt?

Laat dit je vraag voor de dag zijn.

17

Ik hoor Uw uitdaging. Ik hoor haar. Vertel me alstublieft meer over het leven op deze planeet op een verhevener schaal. Vertel me hoe naties onderling kunnen samengaan, zodat er geen oorlog meer is.

Er zal altijd onenigheid tussen naties blijven bestaan, want onenigheid is een teken – en een gezond teken – van individualiteit. *Gewelddadige oplossing* van meningsverschillen is echter een teken van buitengewone onvolwassenheid.

Er is geen enkele reden waarom gewelddadige oplossingen niet vermeden kunnen worden, gegeven de bereidheid van naties om zoiets te vermijden.

Je zou denken dat de enorme prijs aan doden en verwoeste levens hoog genoeg is om een dergelijke bereidheid voort te brengen, maar in primitieve culturen als die van jullie werkt dat niet zo.

Zolang als je denkt dat je een twistgesprek kunt winnen, zul je het voeren. Zolang als je denkt dat je een oorlog kunt winnen, zul je hem uitvechten.

Wat is het antwoord op dit alles?

Ik heb geen antwoord, Ik heb alleen een...

Ik weet het, ik weet het! Een observatie.

Ja. Ik observeer nu wat Ik al eerder heb vastgesteld. Een kortetermijnantwoord kan zijn een zogenaamde eenwereldregering te installeren, met een gerechtshof om geschillen te beslechten (een hof waarvan de uitspraken niet mogen worden genegeerd, zoals het geval is bij het huidige Hoge Gerechtshof), en een wereldvredesmacht om te verzekeren dat geen enkele natie – ongeacht haar macht of invloed – ooit een andere kan aanvallen.

Maar begrijp dat er nog altijd geweld kan voorkomen op aarde. De vredesmacht moet misschien geweld toepassen om iemand te dwingen geen geweld meer te gebruiken. Zoals opgemerkt in Boek 1, de mislukking een despoot te stoppen geeft die despoot macht. Soms is de enige manier om een oorlog te vermijden een oorlog te *voeren*. Soms moet je doen wat je niet wilt doen om te verzekeren dat je het niet *hoeft te blijven doen*. Deze ogenschijnlijke tegenspraak maakt deel uit van de Goddelijke Dichotomie, die stelt dat soms de enige manier om uiteindelijk iets te Zijn – in dit geval 'vreedzaam' – het eerst *niet* Zijn is!

Anders gezegd is vaak de enige manier om jezelf te kennen als Dat wat je bent de ervaring van Dat wat je *niet* bent.

Het is een opmerkelijke waarheid dat macht in jullie wereld niet langer disproportioneel bij enige individuele natie kan berusten, maar dat zij in handen moet liggen van de totale groep bestaande naties. Alleen op die manier kan de wereld eindelijk vrede vinden, in de veilige verzekering dat geen despoot – ongeacht hoe groot of machtig zijn individuele natie ook is – het grondgebied van andere naties kan of zal schenden of de vrijheid van anderen bedreigen.

Niet langer zijn de kleinere naties afhankelijk van de welwillendheid van de grote naties, die zij moeten proberen te verkrijgen door hun eigen hulpbronnen of grondgebied voor militaire basis aan te bieden. Binnen dit nieuwe systeem is de veiligheid van de kleinste naties verzekerd, maar niet door hen wier rug zij krabben; het gaat dan om diegenen die ze rugdekking verlenen.

Alle 160 naties staan op indien een natie zou worden binnengevallen. Alle 160 naties zouden 'Nee!' zeggen indien een andere natie geweld wordt aangedaan of bedreigd.

Dienovereenkomstig worden naties niet langer economisch bedreigd, door hun grotere partners onder druk gezet om aan bepaalde richtlijnen te voldoen om ontwikkelingsgeld te ontvangen, of verplicht om op bepaalde manieren te handelen teneinde voor eenvoudige humanitaire bijstand in aanmerking te komen.

Er zullen hoe dan ook mensen zijn die zeggen dat een dergelijk systeem van wereldbestuur de onafhankelijkheid en grootsheid van individuele naties zou ondermijnen. De waarheid is echter dat het zulke zaken helpt te *bevorderen* en dat is precies waarvoor de grootste naties, wier onafhankelijkheid door macht en niet door recht of rechtvaardigheid is verzekerd, bang zijn. Want niet langer zou de grootste natie automatisch haar zin krijgen, omdat eerst ook de belangen van andere naties moeten worden meegewogen. En niet langer zouden de grootste naties in staat zijn het grootste deel van de hulpbronnen van de wereld te controleren en te hamsteren; zij zouden verplicht zijn alles eerlijker te verdelen, alles toegankelijker te maken en hun opbrengsten uniform over *alle* mensen op aarde te verdelen.

Een wereldwijde regering zou het speelveld egaliseren, en dit idee – in overeenstemming met de kern van het debat over fundamentele menselijke waardigheid – is een gruwel voor de 'bezittenden' die willen dat de 'bezitslozen' hun *eigen* fortuin bij elkaar zoeken. (Daarbij vanzelfsprekend het feit negerend dat de 'bezittenden' alles *controleren* waar de anderen naar op zoek zouden gaan.)

Toch ervaar ik dit alsof we het over de herverdeling van welvaart hebben. Hoe kunnen we de stimulans in stand houden voor hen die meer *wensen* en bereid zijn daarvoor te werken, terwijl ze weten dat ze moeten delen met anderen die niet bereid zijn zo hard te werken?

Ten eerste is het niet slechts een kwestie van hen die 'hard *willen* werken' en zij die dat niet willen. Dat is een simplistische manier om een discussie te sturen (meestal als zodanig toegepast door de 'bezitters'). Het is vaker een kwestie van mogelijkheden dan van bereidheid. De echte opdracht, en de eerste opdracht in de herstructurering van de sociale ordening is te garanderen dat iedereen en iedere natie over gelijke *mogelijkheden* beschikt.

Dat kan nooit gebeuren zolang zij die nu de rijkdom en de hulpbronnen van de wereld bestieren, strak aan hun controle vasthouden.

Ja. Ik noemde hiervoor Mexico al en zonder dat ik dat land de zwartepiet wil toeschuiven, geloof ik dat het een uitstekend voorbeeld is. Een handjevol rijke, machtige families beheersen de rijkdom en hulpbronnen van heel het land en dat al veertig jaar lang. 'Verkiezingen' in deze zogenaamde westerse democratie zijn een farce omdat dezelfde families al decennialang de enige politieke partij overheersen en geen enkele oppositie serieus toelaten. Gevolg? 'De rijken worden rijker en de armen armer.'

Als de lonen van $ 1,75 zouden stijgen naar $ 3,15 per uur, wijzen de rijken erop hoeveel zij hebben gedaan voor de armen door banen en mogelijkheden voor economische vooruitgang te creëren. Maar de enigen die werkelijk profiteren, zijn diezelfde *rijken*, de grootindustriëlen en zakenlieden die hun artikelen tegen enorme winsten op de nationale en wereldmarkten verkopen, gegeven de lage arbeidskosten. Amerika's rijken weten dat dit waar is en daarom plaatsen talrijke Amerikaanse bedrijven hun fabrieken over naar Mexico en andere landen, waar slavenlonen als een grote kans voor de boeren worden beschouwd. Ondertussen zwoegen deze arbeiders in ongezonde en totaal onveilige omstandigheden, want de lokale overheden – beheerst door dezelfde elite die de winsten van deze ondernemingen afromen – vaardigen maar weinig regels uit. Gezondheids- en veiligheidsvoorschriften en milieubescherming bestaan amper in dit soort landen.

Er wordt niet gezorgd voor de mensen of voor de aarde, waarop zij gedwongen worden in kartonnen krotten te leven naast de stroompjes waarin zij hun was doen en anderen zich ontlasten, want een goede watervoorziening en riolering behoren maar zelden tot hun waardigheden.

Wat door een dergelijke botte minachting voor de massa wordt geschapen, is een bevolking die zich niet eens de producten kan veroorloven die zij vervaardigt. Maar de rijke fabriekseigenaren geven daar geen zier om. Zij verschepen hun goederen naar andere naties waar de mensen zich de spullen wel kunnen veroorloven.

Toch geloof ik dat deze spiraal zich vroeger of later in de eigen staart zal bijten, met verwoestende gevolgen. Niet alleen in Mexico maar overal waar mensen worden uitgebuit.

> Revoluties en burgeroorlogen zijn onvermijdelijk, net als oorlogen tussen naties, zolang de 'bezittenden' ernaar blijven streven de 'bezitslozen' te exploiteren onder het mom van hun een *kans* te bieden.

Vasthouden aan welvaart en hulpbronnen is dermate *geïnstitutionaliseerd* dat het nu bijna *acceptabel* lijkt, zelfs voor billijke lieden die het als openmarkteconomie beschouwen.

> Maar alleen de *macht* die de rijke individuen en naties van de wereld bezitten, maakt die illusie van billijkheid mogelijk. De waarheid is dat het *onbillijk* is tegenover de meeste mensen en naties, die worden tegengehouden zelfs maar een poging te ondernemen te bereiken wat de Machtigen hebben bereikt.
>
> Het hier beschreven bestuurssysteem zou het machtsevenwicht drastisch verleggen, weg van de hulpbron-rijken naar de hulpbron-armen, en zonder meer voor een eerlijke verdeling van die hulpbronnen zorgen.

Dat is wat de machtigen vrezen.

Ja. De kortetermijnoplossing voor het gesappel van de wereld kan een nieuwe sociale structuur zijn, een nieuwe, wereldwijde regering.

Sommige van jullie leiders hebben voldoende inzicht getoond en zijn dapper genoeg geweest om de aanzet voor zo'n nieuwe wereldorde te geven. Zo'n leider was bijvoorbeeld George Bush, die de geschiedenis zal ingaan als een man van meer wijsheid, visie, medeleven en moed dan hedendaagse bronnen bereid waren te erkennen. Hetzelfde geldt voor Michail Gorbatsjov, de allereerste communistische staatsman die een Nobelprijs won en die gigantische politieke veranderingen voorstelde, waardoor de zogenoemde Koude Oorlog werd beëindigd. En ook jullie voormalige president, Jimmy Carter, die Begin en Sadat samen wist te brengen om een overeenkomst te sluiten die niemand ooit voor mogelijk had gehouden, en die nog altijd geweldshaarden weet te sussen dankzij de aanname van een eenvoudige waarheid: niemands standpunt is het minder waard gehoord te worden dan dat van een ander; geen enkel mens heeft minder waardigheid dan ieder ander.

Het is interessant dat deze moedige leiders – die allen tijdens hun ambtstermijn de wereld wegleidden van de rand van oorlog, en die duidelijk een andere weg insloegen ten opzichte van de heersende politieke structuren – allen slechts één termijn hebben mogen dienen, uit hun ambt ontzet door de mensen die ze juist hebben getracht te verheffen. Ongelooflijk populair wereldwijd, werden ze thuis zonder meer afgewezen. Er wordt gezegd dat niemand profeet is in eigen land. In het geval van deze mannen was dat omdat hun visie mijlen voor lag op de visie van hun volk, dat slechts beperkte, bekrompen belangen begreep en zich niets kon voorstellen behalve losse maatregelen buiten deze hogere visie.

Evenzo is iedere leider die gewaagd heeft een stap naar voren te doen en op te roepen tot afschaffing van de onderdrukking door de machtigen ontmoedigd en afgewezen.

Aldus zal het altijd zijn, totdat een langetermijnoplossing, *wat niet hetzelfde is als een politieke oplossing*, wordt getroffen. Die langetermijnoplossing – en de enige echte – is een Nieuwe Gewaarwording en een Nieuw Bewustzijn. Een gewaarwording van Eenheid en een bewustzijn van Liefde.

De prikkel om te slagen, om het beste ervan te maken, moet geen economische of materialistische beloning zijn. Dat is hier mis-

plaatst. Deze misplaatste prioriteit is wat alle problemen heeft veroorzaakt, waarover we tot dusver hebben gesproken.

Wanneer de prikkel voor grootsheid niet economisch is – wanneer
economische zekerheid en elementaire materialistische behoeften
voor iedereen verzekerd zijn – dan zullen stimulansen niet verdwijnen, maar anders zijn, in kracht en vastberadenheid
toenemen, ware grootsheid voortbrengen, niet het soort transpa-
rante, vergankelijke 'grootsheid' dat de huidige prikkels voortbrengen.

Maar waarom is een beter leven leiden, een beter leven voor onze
kinderen creëren, geen goede prikkel?

'Een beter leven leiden' *is* een juiste prikkel. 'Een beter leven' creëren voor je kinderen *is* een goede prikkel. Maar de vraag is wat er
voor een 'beter leven' zorgt.
Hoe omschrijf je 'beter'? Hoe definieer je 'leven'?
Als je 'beter' omschrijft als *groter, beter, meer* geld, macht, seks en
spullen (huizen, auto's, kleding, cd's enzovoort)... en je definieert
'leven' als de periode tussen je geboorte en overlijden in je huidige bestaan, dan onderneem je niets om aan de val te ontsnappen
die de zorgelijke staat van jullie planeet heeft *geschapen.*
Maar als je 'beter' omschrijft als een meer omvattende ervaring en
meer verheven expressie van je hoogste Zijnsstaat, en 'leven' als
een eeuwig, voortdurend, nimmer eindigend *Zijnsproces,* vind je
misschien toch je weg.
Een 'beter leven' wordt niet geschapen door de accumulatie van
dingen. De meesten van jullie weten dit, de meesten zeggen het
te begrijpen, en toch hebben jullie levens – en de beslissingen die
jullie nemen die jullie levens richting geven – evenveel te maken
met 'dingen' als wat dan ook, en meestal zelf iets meer.
Jullie streven bezit na, jullie werken voor dingen, en wanneer jullie
sommige dingen krijgen die jullie willen, laten jullie ze nooit meer
los.
De prikkel voor het merendeel van de mensen is *dingen* te verwerven, te bereiken, te bezitten. Zij die niets om dingen geven, laten
ze ook gemakkelijk los.
Omdat jullie huidige prikkel voor grootsheid te maken heeft met
de accumulatie van alles wat de wereld heeft te bieden, verkeert
de hele wereld in verschillende fases van worsteling. Enorme *por-
ties* van de bevolking worstelen nog steeds om simpele fysieke

overleving. Elke dag is gevuld met angstige momenten, wanhopige maatregelen. Het verstand is geconcentreerd op elementaire, vitale vragen. Is er voldoende voedsel? Is er onderdak? Zullen we het niet koud hebben? *Enorme* aantallen mensen zijn nog steeds dagelijks hiermee bezig. Duizenden sterven maandelijks aan ondervoeding.

Kleinere aantallen mensen kunnen er redelijk op vertrouwen over minimale bestaanszekerheid te beschikken, maar zij moeten worstelen om over iets meer te beschikken, een greintje veiligheid, een bescheiden maar fatsoenlijke woning, een betere toekomst. Zij werken hard, piekeren hoe en wanneer ze ooit 'vooruit' zullen komen. Het verstand is belast met dringende, zorgwekkende vragen.

De allerkleinste groep mensen heeft alles wat zij verlangt – inderdaad alles waar de andere twee groepen om vragen – maar interessant genoeg *vragen* velen in deze groep nog steeds *om meer.* Hun verstand houdt zich ermee bezig aan alles wat zij verworven hebben *vast te houden* en hun bezit te vermeerderen.

In toevoeging nu op deze drie groepen is er nog een vierde groep. Het is de kleinste groep, uiterst klein zelfs.

Deze groep heeft zich losgemaakt van de behoefte aan materiële dingen. Zij houdt zich bezig met spirituele waarheid, spirituele realiteit en spirituele existentie.

De mensen in deze groep zien het leven als een spirituele ontmoeting, een reis voor de ziel. Zij reageren op alle menselijke gebeurtenissen binnen die context. Zij houden alle menselijke ervaringen binnen dat paradigma. Hun worsteling heeft te maken met de zoektocht naar God, de vervulling van het Zelf, de expressie van de waarheid.

Als zij zich ontwikkelen, verandert deze worsteling in een proces. Het proces van zelfdefiniëring (niet zelfontdekking), van groei (niet leren), van Zijn (niet doen).

De *reden* om te zoeken, streven, speuren, uitrekken en *slagen* wordt volstrekt anders. De reden om *iets* te doen, is veranderd en tegelijkertijd verandert de betrokken persoon mee. De reden wordt het proces, en de doener wordt hij die is.

Waar eerder de reden om iets te willen bereiken, ergens naar te streven, je hele leven lang hard te werken, was om in wereldlijke zaken te kunnen voorzien, is nu de reden hemelse dingen te ervaren.

Waar eerder de zorgen grotendeels de aangelegenheden van het lichaam waren, is alle toewijding nu een zaak van de ziel.

Alles is verplaatst, is verschoven. Het levensdoel is veranderd en het leven heeft dat ook gedaan.

De 'prikkel voor grootsheid' is verschoven, en tegelijk daarmee is de behoefte om te begeren, te verwerven, te beschermen en het wereldlijk bezit te laten toenemen verdwenen.

Grootsheid wordt niet langer gemeten door te kijken hoeveel men bijeen heeft weten te brengen. De hulpbronnen van de wereld zullen terecht worden beschouwd als ieders gemeenschappelijke bezit. In een wereld gezegend met voldoende overdaad om de elementaire behoeften van allen te voldoen, *zal* tegemoet worden gekomen aan de elementaire behoeften van iedereen.

Iedereen zal wensen dat het zo is. Er zal niet langer de behoefte bestaan mensen aan een onvrijwillige belasting te onderwerpen. Jullie zullen allen vrijwillig tien procent van jullie oogst en jullie overvloed overdragen aan projecten om die mensen te ondersteunen wier oogst minder is. Het zal niet langer mogelijk zijn dat duizenden toekijken hoe duizenden van honger omkomen, niet wegens tekort aan voedsel maar wegens een tekort aan menselijke *wil* om een eenvoudig politiek mechanisme te scheppen dat mensen voldoende te eten geeft.

Dergelijke morele obsceniteiten – nu gemeengoed in jullie primitieve samenlevingen – zullen voor altijd worden weggevaagd vanaf het moment dat jullie je prikkel voor grootsheid en jullie definitie daarvan veranderen.

Jullie nieuwe prikkel: te worden wat Ik jullie gemaakt heb, de fysieke uitbeelding van de Godheid zelf.

Wanneer jullie ervoor kiezen te zijn Wie je werkelijk bent – de manifest geworden God – zullen jullie nooit meer op een ongoddelijke wijze handelen. Jullie zullen niet langer bumperstickers hoeven te maken met teksten als:

GOD BEHOED MIJ
VOOR UW VOLGELINGEN.

18

Eens kijken of ik dit alles nog kan bijhouden. Wat hier naar voren lijkt te treden is een wereldvisie van gelijkheid en eenheid van ziel, waarbinnen alle naties zich aan een wereldregering onderwerpen en alle mensen delen in de rijkdom van de wereld.

Onthoud wanneer je over gelijkheid spreekt, dat we gelijke *kansen* bedoelen, niet *feitelijke* gelijkheid. Feitelijke 'gelijkheid' kan nooit worden bereikt en wees dankbaar dat dat zo is.

Waarom?

Omdat gelijkheid overeenkomst is, tot op het eentonige af, en dat is het laatste wat de wereld nodig heeft.

Nee, Ik pleit hier niet voor een wereld vol automaten die alle een identiek levenslot krijgen toegewezen van 'Big Brother' in de Centrale Regering.

Ik spreek over een wereld waarin twee dingen gegarandeerd worden:

1. De tegemoetkoming aan elementaire behoeften.
2. De gelegenheid hogerop te komen.

Met alle hulpbronnen van jullie wereld, met al jullie overvloed, zijn jullie er nog niet in geslaagd die twee simpele zaken voor elkaar te krijgen. In plaats daarvan hebben jullie miljoenen vastgeketend aan de onderkant van de sociaal-economische schaal en een wereld ontworpen die hen systematisch daar houdt. Jullie laten jaarlijks duizenden sterven door het gebrek aan eenvoudige elementaire zaken.

Ondanks alle pracht en luister van de wereld, hebben jullie geen manier gevonden grandioos genoeg te zijn om te voorkomen dat mensen verhongeren of elkaar de kop inslaan. Jullie laten feitelijk *kinderen* verhongeren recht voor jullie ogen. Jullie vermoorden feitelijk mensen omdat zij het oneens zijn met jullie.

Jullie zijn primitievelingen.

En we geloven dat we zo hoogontwikkeld zijn.

Het eerste kenmerk van een primitieve samenleving is dat haar leden geloven hoogontwikkeld te zijn. Het eerste kenmerk van een primitief bewustzijn is dat het zichzelf verlicht vindt.

Laten we dit even samenvatten. De manier waarop wij de eerste trede op de ladder beklimmen, waar deze twee fundamentele garanties aan iedereen worden verleend...

Is door twee verschuivingen, twee veranderingen, een in jullie politieke paradigma, een in jullie spirituele.

De ontwikkeling naar een verenigde wereldregering omvat onder meer een wereldgerechtshof met duidelijk vergrote bevoegdheden om internationale geschillen te beslechten, en een wereldvredesmacht om de wetten te onderbouwen en uit te voeren, waarvoor jullie zelf gekozen hebben.

De wereldregering omvat een Congres voor alle naties – met twee vertegenwoordigers van iedere natie op aarde – en een Volksvergadering – met afvaardigingen die in verhouding staan tot het aantal inwoners van de verschillende naties.

Precies de manier waarop de Verenigde Staten zijn opgezet, met twee huizen, een dat voorziet in proportionele vertegenwoordiging en een ander dat voorziet in gelijke stemmen voor alle staten.

Ja. De grondwet van de Verenigde Staten was door God geïnspireerd.

Hetzelfde machtsevenwicht moet worden ingebouwd in de nieuwe wereldgrondwet.

Er zouden dus ook een uitvoerende macht, wetgevende macht en rechtsprekende macht moeten komen.

Elke natie behoudt haar eigen politiemacht om de interne vrede te bewaren, maar alle nationale legers worden opgeheven, net zoals de afzonderlijke staten van de USA hun leger en marine hebben opgeheven ten gunste van een federale vredesmacht die de hele groep staten dient die jullie nu een natie noemen.

Naties behouden het recht hun eigen militie te vormen op oproep, net zoals de Amerikaanse staten het recht hebben een interne, actieve militie in stand te houden.

En net als de Amerikaanse staten hebben alle 160 Natie-Staten binnen de unie van staten het recht zich af te scheiden van de unie, gebaseerd op een stemming van het volk (maar waarom ze dat zouden wensen, is voor Mij een raadsel, gegeven het feit dat iedereen meer veiligheid en overvloed geniet dan ooit tevoren).

En – nogmaals voor degenen onder ons die een beetje langzaam zijn – een dergelijke wereldfederatie zou wat opleveren?

1. Een eind aan oorlogen tussen naties en conflictoplossing door moordpartijen.
2. Een eind aan verwerpelijke armoede, hongerdood, en massaexploitatie van mensen en hulpbronnen door machthebbers.
3. Een eind aan de systematische verwoesting van het milieu wereldwijd.
4. Een mogelijkheid te ontsnappen aan de eindeloze worsteling voor groter, beter, meer.
5. Een gelegenheid – waarachtig gelijk – voor *alle* mensen om tot de hoogste expressie van het Zelf te komen.
6. Een eind aan alle beperkingen en discriminatie die mensen terughouden, zowel wat betreft woningen, op de werkplek, in het politieke systeem of in persoonlijke seksuele relaties.

Is voor Uw nieuwe wereldorde een herverdeling van rijkdom nodig?

De nieuwe wereldorde vereist niets. Het zou vrijwillig en tamelijk automatisch een herverdeling van *hulpbronnen voortbrengen*.
Alle mensen zullen bijvoorbeeld een goede scholing ontvangen.
Alle mensen krijgen open kansen om die scholing in hun werk te gebruiken, om carrières te hebben die *plezier* brengen.
Alle mensen hebben toegang tot de gezondheidszorg waar en wanneer dat nodig is.
Alle mensen genieten de zekerheid dat zij niet zullen verhongeren of moeten leven zonder voldoende kleding of onderdak.
Alle mensen ontvangen de elementaire waardigheden van het leven zodat *overleving* nooit meer aan de orde komt, zodat eenvoudige voorzieningen en elementaire waardigheden voor *alle* mensen beschikbaar zijn.

Zelfs voor hen die het niet verdienen?

Jullie overtuiging dat deze zaken *verdiend* moeten worden, is de basis voor jullie overtuiging dat jullie *de weg naar de hemel moeten verdienen*. Maar jullie kunnen de weg naar Gods genade niet ver-

dienen, en dat hoeven jullie ook niet want jullie zijn daar al. Jullie kunnen dit niet accepteren omdat het iets is dat jullie niet kunnen *geven*. Wanneer jullie leren onvoorwaardelijk te *geven* (hetgeen wil zeggen onvoorwaardelijk *houden van*), dan zullen jullie leren onvoorwaardelijk te *ontvangen*.
Dit leven is geschapen als een voertuig dat het jullie mogelijk maakt dit te ervaren.
Tracht jezelf deze gedachte eigen te maken: mensen hebben een recht op elementaire overleving. Zelfs als ze *niets* doen. Zelfs als ze *niets* bijdragen. Overleven in waardigheid is een van de grondrechten van het leven. Ik heb jullie genoeg hulpbronnen gegeven om dat voor iedereen te kunnen garanderen. Alles wat jullie hoeven te doen is met elkaar delen.

Maar wat zou mensen er dan van weerhouden hun leven gewoonweg te verspillen, uit te vreten, 'pleziertjes' te verzamelen?

Allereerst is het niet aan jou om te beoordelen wat een verspild leven is. Is een leven weggegooid als iemand niets anders doet dan zeventig jaar rondliggen en aan poëzie denken, en vervolgens een sonnet schrijft dat een deur opent naar een begrip en inzicht voor duizenden mensen? Is een leven weggegooid als een persoon heel zijn leven lang liegt, bedriegt, samenspant, manipuleert, anderen beschadigt en kwetst, maar zich als gevolg daarvan opeens iets van zijn ware aard herinnert – zich iets herinnert waarover hij levens heeft gedaan om het zich bewust te worden – en zo uiteindelijk naar het Volgende Niveau opklimt? Is dat een verspild, weggegooid leven?
Het is niet aan jou om te oordelen over de tocht van een andere ziel. Het is aan jou om te beslissen wie JIJ bent, niet wie een ander is of gefaald heeft te zijn.
Als je dus vraagt wat mensen ervan zou weerhouden hun leven gewoonweg te verspillen, uit te vreten, 'pleziertjes' te verzamelen, dan luidt het antwoord: niets.

Maar denkt U echt dat deze wereld kans van slagen heeft? Gelooft U niet dat zij die iets bijdragen, een aardige hekel gaan krijgen aan hen die niets doen?

Natuurlijk zouden ze zich ergeren, als ze niet verlicht zijn. De verlichten kijken nochtans met groot medeleven naar de uitvreters, niet met wrok.

Medeleven?

Ja, omdat de 'mieren' beseffen dat de 'krekels' de beste mogelijkheid en de grootste glorie missen: de mogelijkheid om te scheppen en de glorie van de ervaring van het *hoogste idee* van Wie zij werkelijk zijn. En de 'werkbijen' weten dat dit genoeg straf voor hun luiheid is, als straf inderdaad vereist was, wat het echter niet is.

Maar zouden zij die werkelijk iets bijdragen, niet boos zijn dat de vruchten van hun werk van hen worden afgenomen en overgedragen aan de lanterfanters?

Je luistert niet. *Allen* ontvangen wat minimaal nodig is om te overleven. Zij die meer hebben, wordt de gelegenheid geboden tien procent van hun inkomsten af te dragen teneinde dit mogelijk te maken.
Met betrekking tot de vaststelling van de hoogte van het inkomen: de open markt beslist over de waarde van iemands bijdrage, net zoals dat vandaag de dag in het westen gebeurt.

Maar dan zouden er nog steeds 'rijken' en 'armen' zijn, net zoals nu! Dat is geen *gelijkheid*.

Maar er is wel gelijkheid qua kansen. Want iedereen beschikt over de *mogelijkheid* een basisexistentie te hebben zonder zorgen om overleving. En iedereen worden gelijkwaardige mogelijkheden geboden kennis te vergaren, vaardigheden te ontwikkelen en zijn of haar aangeboren talenten te benutten in de Vreugdeplaats.

De Vreugdeplaats?

Zo wordt de werkplek dan genoemd.

Maar zal er geen afgunst meer voorkomen?

Naijver wel ja, jaloezie niet. Naijver is een natuurlijke emotie die je ertoe aanzet meer te willen zijn. Het is het tweejarige kind dat ernaar verlangt en streeft de deurknop aan te raken waar zijn grote broer bij kan. Daar is niets mis mee. Er is niets mis met naijver. Het is een motivator. Het is zuiver verlangen. Het geeft aanleiding tot grootsheid.

Jaloezie anderzijds is een door angst aangejaagde emotie, waardoor men wil dat de ander minder heeft. Het is een emotie die vaak gebaseerd is op verbittering. Het ontspruit aan woede en leidt tot woede. En het doodt. Jaloezie kan doden. Iedereen die in de jaloeziedriehoek heeft verkeerd, weet dat.

Jaloezie doodt, naijver wekt leven op.

Zij die naijverig zijn, zullen alle kansen krijgen op *hun* eigen manier iets te volbrengen. Niemand zal economisch, politiek of sociaal worden achtergehouden. Niet om redenen van ras, geslacht of seksuele geaardheid. Niet om redenen van geboorte, klassenstatus of leeftijd. Om geen enkele reden. Discriminatie om welke reden ook zal niet langer worden getolereerd.

En inderdaad, er zullen nog 'rijken' en 'armen' zijn, maar er zullen niet langer 'hongerigen' of 'berooiden' zijn.

Zie je, de prikkel wordt niet als een angel uit het leven verwijderd... *alleen de vertwijfeling.*

Maar wat garandeert dat er genoeg mensen zijn die willen bijdragen, zodat ook de uitvreters verzorgd kunnen worden?

De grootsheid van de menselijke geest.

O?

Tegengesteld aan jouw kennelijk schamele verwachtingen zal de gemiddelde persoon *geen* genoegen nemen met minimale subsistentieniveaus. In toevoeging daarop, de hele prikkel voor grootsheid zal veranderen wanneer het tweede paradigma, de spirituele verschuiving, zal plaatsvinden.

Wat zal ervoor zorgen dat zo'n verschuiving plaatsvindt? Zij is nog niet voorgekomen in de afgelopen tweeduizend jaar...

Zeg maar gerust de afgelopen twee miljoen jaar...

...van de geschiedenis van deze planeet. Waarom zou zo'n verschuiving nu plaatsvinden?

Omdat met de verschuiving weg van de materiële overleving – met de eliminatie van de behoefte heel erg te slagen teneinde een greintje veiligheid te verwerven – er geen andere reden zal zijn iets te willen bereiken, op te vallen, groots te zijn, *behalve de ervaring van grootsheid zelf!*

En dat zal voldoende motivatie bieden?

De menselijke geest klimt op; geconfronteerd met een ware gelegenheid, laat hij zich niet kennen. De ziel zoekt een hogere ervaring van zichzelf, niet een lagere. Iedereen die *ware grootsheid* heeft ervaren, al is het maar voor een moment, weet dit.

Hoe zit het met macht? Binnen deze bijzondere herordening zullen er nog altijd mensen zijn met buitensporige rijkdom en macht.

Financiële inkomsten zullen beperkt zijn.

O, tjonge. Daar gaan we. Wilt U uitleggen hoe dat zal werken voordat ik uitleg waarom het niet werkt?

Ja. Net zoals er minimum grenzen voor het inkomen gelden, zijn er maximum grenzen. Ten eerste zal bijna iedereen een tiende van zijn inkomen aan de wereldregering afdragen. Dit is de vrijwillige bijdrage van tien procent waar Ik het eerder over had.

Ja, het oude 'gelijke-belastingen'-voorstel.

In jullie huidige samenleving op dit huidige moment moet het de vorm van een belasting aannemen omdat jullie niet verlicht genoeg zijn om in te zien dat vrijwillige afdracht in het algemeen belang van iedereen is. Maar wanneer de bewustzijnsverschuiving plaatsvindt die Ik heb beschreven, zullen jullie een dergelijke open, zorgzame, vrijwillig geschonken afdracht van jullie oogst als vanzelfsprekend en gepast ervaren.

Ik moet U iets vertellen. Mag ik U even onderbreken om iets te zeggen?

Ja, ga je gang.

Dit gesprek komt als erg vreemd op mij over. Ik had nooit verwacht een gesprek met God te voeren, waarin God begint bepaalde politieke handelwijzen aan te bevelen. Ik bedoel, nou werkelijk. Hoe overtuig ik mensen ervan dat *God voor evenredige belasting is*!

Tja, Ik merk dat je eraan blijft vasthouden om het als een 'belasting' te zien, maar Ik begrijp dat, omdat het concept gewoon tien procent van je overvloed te delen zo onaards voor jullie lijkt. Desalniettemin, waarom vind je het zo vreemd dat Ik hier ideeën over koester?

Ik dacht dat God geen oordelen velde, geen mening had en niet om zulke zaken gaf.

Nou wacht eens even. Laat Me dit rechtzetten. In ons laatste gesprek – dat jij Boek 1 hebt gedoopt – heb Ik allerlei soorten vragen beantwoord. Vragen over hoe je relaties goed kunt laten lopen, over het juiste levensonderhoud, over een goed dieet zelfs. Waarin verschilt dat alles van dit?

Ik weet het niet. Het *lijkt* gewoon anders. Ik bedoel, heeft U echt een eigen politiek standpunt? Bent U erelid van een of andere partij? Dat zou pas een mooi verhaal zijn voor een boek als dit! God is een *partijman*.

Zou je liever willen dat Ik een zwevende kiezer was? De hemel beware Me!

U hoeft niet te zweven, maar ik zou wel verwachten dat U *apolitiek* was.

Ik ben apolitiek. Ik neem geen enkel politiek standpunt in.

Een beetje als de premier dus.

Hé, die is goed. Nu maak jij eens een grapje! Ik houd van humor, jij toch ook?

Ik denk dat ik niet verwacht had dat God grappig of politiek was.

Of menselijk in welke zin ook, hè?

Oké, laat Me dit boek en Boek 1 dan nogmaals voor jou in een context plaatsen.

Ik heb geen voorkeuren wat betreft de manier waarop jullie je leven leiden. Mijn enige verlangen is dat jullie jezelf zo compleet mogelijk ervaren als creatieve wezens, zodat jullie weten zullen Wie jullie werkelijk zijn.

Goed. Dat begrijp ik nu wel. Zo ver, zo goed.

Elke vraag die Ik hier heb beantwoord en elk vraagstuk waarover Ik in Boek 1 uitsluitsel heb gegeven, is gehoord en beantwoord binnen de context van wat jij als creatief wezen zegt dat je tracht te zijn en te doen. In Boek 1 stelde je Mij bijvoorbeeld tal van vragen over hoe je relaties eindelijk kon laten slagen. Weet je dat nog?

Ja, natuurlijk.

Vond je Mijn antwoorden zo problematisch? Vond je het zo moeilijk te geloven dat Ik daar een standpunt over zou innemen?

Daar heb ik nooit over nagedacht. Ik heb die antwoorden gewoon doorgelezen.

Ik plaatste die antwoorden evenwel in de context van jouw vragen. Anders gesteld, hoe moet je te werk gaan gegeven jouw wens dit of dat te zijn en zus of zo te doen? En Ik toonde je een weg.

Ja, dat heeft U gedaan.

En nu doe Ik hetzelfde hier.

Het is gewoon... ik weet het niet... moeilijker te geloven dat God deze dingen zegt dan dat God die dingen zou zeggen.

Vind je het moeilijker om het *eens te zijn* met sommige dingen die hier worden gezegd?

Tja...

Want als dat je probleem is, dan is dat geen probleem.

Echt niet?

Natuurlijk niet.

Het is geen probleem om het oneens te zijn met God?

Absoluut niet. Wat denk je dat Ik zal doen anders? Je vermorzelen als een muskiet?

Op die gedachte was ik nog niet gekomen, eerlijk gezegd.

Kijk, de wereld is het al oneens met Mij vanaf de eerste dag. Bijna niemand heeft ooit Mijn wil gedaan sinds het begin.

Dat zal wel waar zijn, vermoed ik.

Je kunt er honderd procent van op aan dat het zo is. Als de mensen Mijn aanwijzingen hadden opgevolgd – die tot jullie zijn gekomen door honderden leraren in de loop van duizenden jaren – was de wereld een ander oord geweest. Als je het dus verkiest niet met Mij eens te zijn, ga je gang. Bovendien, Ik heb niet altijd gelijk.

Wat?

Ik zei dat Ik niet altijd gelijk heb. O, grote goedheid... je slikt dit toch niet allemaal voor zoete koek!

Bedoelt U dat ik geen enkele waarde moet hechten aan wat hier wordt gezegd?

Oeps! Wacht even! Ik geloof dat je een belangrijk aspect over het hoofd hebt gezien. Laten we teruggaan naar het beginpunt: *jij bent degene die dit alles bedenkt.*

O, nou, dat is een opluchting. Voor eventjes was ik bang dat ik werkelijk een richtlijn kreeg aangereikt.

De richtlijn die je krijgt aangereikt, is *je hart te volgen.* Luister naar je *ziel.* Hoor *jezelf.* Zelfs wanneer Ik jou een optie presenteer, een idee, een gezichtspunt, sta je onder geen enkele verplichting dat als je eigen aan te nemen. Als je het er niet mee eens bent, dan ben je *oneens. Dat is het hele eieren eten in deze oefening.* Het idee was niet dat je jouw afhankelijkheid ten opzichte van iedereen en alles moest vervangen door *afhankelijkheid ten opzichte van dit boek.* De opzet was je aan het *denken* te zetten. Voor *jezelf* te denken. En dat is wie Ik nu op dit moment ben. Ik ben jij, *denkend.* Ik ben jij die hardop denkt.

U bedoelt dat dit materiaal niet van de Hoogste Bron komt?

Natuurlijk wel! Maar hier is iets wat jij nog steeds niet kan geloven: *jij bent de Hoogste Bron.* En hier is niet wat je kennelijk nog steeds niet bevat: *jij schept alles – heel je leven – op dit moment, hier en nu.* Jij... JIJ... schept het. Niet Ik. JIJ.
Dus... zijn er een paar antwoorden op deze zuiver politieke vragen die je niet aanstaan? *Verander ze dan.* Doe het. Nu. Voordat je ze als zoete koek slikt of als het evangelie verheerlijkt. Voordat je ze *reëel* maakt. Voordat je je laatste gedachte over iets belangrijker noemt, meer valide, meer waar, dan je *volgende* gedachte.
Onthoud, het is altijd je *nieuwe* gedachte die jouw realiteit schept. Altijd.
Welnu, is er iets in onze politieke discussie dat je wenst te veranderen?

Nou, niet echt nee. Ik ben het wel met U eens, zo lijkt me. Ik wist gewoon niet wat ik hier allemaal van moest maken.

Maak ervan wat je wenst. Snap je het dan niet? *Dat is wat je met heel je leven doet!*

Oké, fijn... Ik denk dat ik het snap. Ik wil verder gaan met dit gesprek, al was het alleen maar om te zien waar het heen leidt.

Prima. Laten we dat doen.

U stond op het punt te vertellen...

Ik stond op het punt te vertellen dat in andere samenlevingen – verlichte samenlevingen – het opzij zetten van een vaste hoeveelheid van wat men ontvangt (wat jullie 'inkomen' noemen) voor gebruik in het algemeen belang van de samenleving een nogal normale gang van zaken is. Binnen het nieuwe systeem dat we voor jullie samenleving hebben verkend, verdient iedereen jaarlijks zoveel als zij kunnen en ze mogen een deel daarvan houden tot een bepaald maximum.

Welk maximum?

Een arbitrair maximum, waarover iedereen het eens is.

En alles boven dat maximum?

Wordt bijgedragen aan het wereldwijde charitatieve fonds *onder de naam van degene die de bijdrage levert*, zodat de hele wereld al zijn weldoeners kent.
Weldoeners hebben de keus directe controle uit te oefenen over zestig procent van hun bijdrage, hetgeen hun de voldoening oplevert het grootste deel van hun geld daar in te kunnen zetten waar zij willen. De overige veertig procent wordt door de wereldfederatie verdeeld en beheerd voor haar projecten.

Als de mensen weten dat na een bepaalde maximum grens heel hun inkomen van hen wordt afgenomen, wat is dan hun prikkel om te blijven werken? Waarom zouden ze niet tussendoor stoppen zodra zij hun 'inkomensgrens' hebben bereikt?

Sommigen zullen dat doen. Maar wat geeft dat? Laat ze stoppen. Verplicht werk boven de inkomensgrens, met bijdragen aan het wereldwijde charitatieve fonds, is niet nodig. De middelen die vrijkomen door de eliminatie van de enorme wapenindustrie zijn voldoende om in ieders minimale behoeften te voorzien. Samen met de afdracht van tien procent kunnen die besparingen de hele samenleving – en niet slechts die paar geluksvogels – verheffen naar een nieuw niveau van waardigheid en overvloed. En de bijdragen bovenop de overeengekomen limiet zullen zo'n wijdverspreide gelegenheid en bevrediging voor iedereen produceren, dat jaloezie en sociale woede bijna geheel zullen desintegreren. Sommigen *zullen* dus stoppen met werken, vooral zij die hun levensactiviteit *zagen als reëel werk*. Maar zij die hun activiteit zagen *als absolute vreugde* zullen *nooit* stoppen.

Niet iedereen kan zo'n baan hebben.

Niet waar. Iedereen kan dat.
Vreugde op het werk heeft niets te maken met functie en alles met doel.
De moeder die om 4 uur 's ochtends opstaat om haar baby te verschonen begrijpt dit perfect. Zij neuriet en kirt voor de kleine en in de verste verte lijkt het er niet op alsof ze moet werken. Maar het is haar houding tegenover wat zij doet, het is haar intentie met betrekking tot haar werk, het is haar *doel* in het ondernemen van deze activiteit, die dit werk tot een echte vreugde maken.
Ik heb dit voorbeeld van een moeder al eerder gebruikt, omdat de moederliefde voor een kind je misschien het duidelijkst toont hoe je sommige concepten, waarover Ik in dit boek en deze trilogie spreek, moet begrijpen

Niettemin, wat is de zin ervan het 'onbegrensd inkomstenpotentieel' te elimineren? Berooft dat de menselijke ervaring niet van een van haar beste mogelijkheden, van een haar meest glorierijke avonturen?

Je zou nog steeds de mogelijkheid en het avontuur kunnen beleven om een waanzinnig bedrag aan geld te verdienen. De maximumgrens van te bewaren inkomen zou erg hoog zijn, meer dan de gemiddelde persoon... de gemiddelde tien personen... ooit nodig zouden hebben. En het bedrag dat je kunt verdienen, zou niet worden beperkt; alleen het bedrag dat je wenst te behouden voor persoonlijk gebruik. De rest – laten we zeggen meer dan $ 25 miljoen per jaar (Ik gebruik een volstrekt willekeurig getal om Mijzelf te verduidelijken) – zou worden besteed aan projecten en diensten ten goede van de hele mensheid.
Wat betreft de reden, het *waarom* hiervan...
De maximumgrens voor inkomen dat mag worden behouden, is een reflectie van de bewustzijnsverschuiving op de planeet; een gewaarwording dat het hoogste levensdoel niet de accumulatie van de grootste rijkdom is, maar zoveel mogelijk goed te doen. Daarmee hangt ook het bewustzijn samen dat inderdaad de *concentratie van rijkdom*, en niet het delen ervan, de belangrijkste, enkelvoudige factor is in de schepping van de meest aanhoudende, opvallende dilemma's van de wereld.

De mogelijkheid rijkdom te verzamelen – onbegrensde rijkdom – is de hoeksteen van het kapitalistische systeem met zijn vrijhandel en open competitie, dat de grootste samenleving aller tijden heeft geschapen.

Het probleem is dat jullie werkelijk daarin geloven.

Nee, ik niet. Maar ik verwoord het hier voor hen die er wel in geloven.

Zij die dit geloven, zijn vreselijk misleid en begrijpen niets van de huidige realiteit op jullie planeet.
In de Verenigde Staten bezit bijvoorbeeld de top 1,5 procent meer rijkdom van de 90 procent daaronder. De nettowaarde van de rijkste 834.000 mensen is bijna een triljoen dollar hoger dan de 84 miljoen armste mensen bij elkaar.

Wat dan nog? Zij hebben er hard voor gewerkt.

In de Verenigde Staten zijn de mensen geneigd klassenstatus als een afgeleide van individuele inspanning te zien. Sommigen hebben 'het goed voor elkaar', dus wordt aangenomen dat iedereen dat kan bereiken. Die visie is simplistisch en naïef. Zij gaat ervan uit dat iedereen gelijke kansen heeft, maar feitelijk doen de rijken in de Verenigde Staten net als die in Mexico alles ervoor hun kapitaal te behouden en te *vergroten*.

En? Wat is daar mis mee?

Zij doen dit door systematisch alle competitie te *elimineren*, door institutioneel ware kansen te *minimaliseren*, en door collectief de stroom en de groei van rijkdom te *controleren*.
Zij gebruiken hiervoor allerlei listen, van oneerlijke arbeidspraktiken, waarmee arme massa's overal ter wereld worden uitgebuit, tot het oude, vertrouwde old-boys-netwerk, dat ervoor zorgt dat nieuwkomers geen kans hebben om tot de binnenste cirkel van de succesvollen door te dringen.
Zij proberen ook wereldwijd de openbare politiek en regeringsprogramma's te sturen om te verzekeren dat de massa's onder controle en onderdanig blijven.

Ik kan niet geloven dat de rijken dit doen. Niet het merendeel. Er zal wel een handjevol samenzweerders zijn, veronderstel ik...

In de meeste gevallen zijn het niet rijke *individuen* die dit doen; het zijn de sociale systemen en instituties die zij vertegenwoordigen. Die systemen en instituties zijn *gecreëerd* door de rijken en machtigen, en het zijn de rijken en machtigen die hen nog steeds ondersteunen.

Door zich achter dergelijke sociale systemen en instituties op te stellen, wassen individuen hun handen in onschuld wat betreft de omstandigheden die de massa onderdrukken en de rijken en machtigen begunstigen.

Laten we nog eens kijken naar de gezondheidszorg in de Verenigde Staten. Miljoenen arme Amerikanen hebben geen toegang tot preventieve medische zorg. Je kunt geen enkele *individuele arts* aanwijzen en zeggen: 'dit is jouw schuld. Jij bent er verantwoordelijk voor' dat in het rijkste land ter wereld miljoenen geen arts kunnen opzoeken behalve in hoge nood op de afdeling voor eerstehulp.

Geen enkele *individuele* arts kan dit worden aangewreven, maar wel *alle artsen profiteren* hiervan. De hele medische stand – en alle aanverwante industrieën – genieten ongekende voordelen van een leveringssysteem dat discriminatie jegens de arme beroepsbevolking en de werklozen heeft *geïnstitutionaliseerd.*

En dit is slechts een voorbeeld hoe het 'systeem' de rijken rijk houdt en de armen arm.

Het punt is dat het de rijken en machtigen zijn die dergelijke sociale structuren ondersteunen en *zich hevig verzetten tegen elke reële poging ze te veranderen.* Zij stellen zich teweer tegen iedere politieke of economische benadering die probeert te voorzien in ware kansen en ware waardigheid voor allen.

De meeste rijken en machtigen zijn, individueel beschouwd, ongetwijfeld aardige mensen met evenveel medeleven en sympathie als ieder ander. Maar noem een concept dat *zij* bedreigend vinden, zoals maximumgrenzen op inkomen (zelfs belachelijk hoge bovengrenzen als 25 miljoen dollar per jaar) en ze beginnen te huilen over usurpatie van individuele rechten, erosie van de 'Amerikaanse levensstijl' en 'verloren prikkels'.

Maar wat echter over het recht van *alle* mensen om in minimaal acceptabele omstandigheden te leven, met genoeg te eten om niet ondervoed te raken en voldoende kleding om warm te blijven? Wat over het recht van iedereen *overal* om adequate gezondheidszorg te ontvangen; het recht om niet te hoeven overlijden aan relatief ongevaarlijke medische complicaties die zij met geld met een knip met de vingers kunnen laten behandelen?

De hulpbronnen van jullie planeet – met inbegrip van de *opbrengst van de arbeid* van de massa onbeschrijflijk armlastigen die continu systematisch worden uitgebuit – behoren aan alle mensen op aarde toe, en niet alleen aan hen die rijk en machtig genoeg zijn om ze te exploiteren.

En dit is hoe die exploitatie werkt: jullie rijke industriëlen gaan naar een land of gebied waar helemaal geen werk is, waar alle mensen berooid zijn, waar schrijnende armoede heerst. De rijken laten daar een fabriek opzetten en bieden die arme mensen banen aan van 10, 12 tot 14 uur per dag tegen ondermaatse, om niet te zeggen *onmenselijke* lonen. Net niet genoeg, let wel, om deze arbeiders een kans te geven hun van ratten en kapitalistisch ongedierte vergeven dorpen te verlaten, maar net genoeg om ze *zo* te laten leven, in plaats van *zonder enig voedsel of onderdak*.

En wanneer ze hierop worden aangesproken, zeggen deze kapitalisten: 'hé, ze zijn nu toch beter af dan *daarvoor?* We hebben hun levenslot *verbeterd!* De mensen nemen die banen aan, toch? Wij bieden ze deze *kans!* En *wij lopen al het risico.*

Maar hoeveel risico loop je wanneer je mensen 75 dollarcent per uur betaald om schoenen te maken die voor $ 125 worden verkocht?

Is dit een risico lopen of pure uitbuiting?

Een dergelijk systeem van stuitende obsceniteit kan alleen bestaan *in een wereld die wordt aangedreven door hebzucht, waar winstmarges en niet menselijke waardigheid de belangrijkste overweging zijn.*

Zij die zeggen dat 'relatief naar de verhoudingen in hun samenleving deze boeren het geweldig hebben', zijn hypocrieten van het zuiverste water. Zij zouden een verdrinkende man een touw toegooien, maar *weigeren hem aan land te trekken*. Daarna zouden ze pochen dat *een touw beter is dan een steen.*

Eerder dan de mensen tot ware waardigheid te verheffen, geven deze 'bezittenden' de 'bezitslozen' van de wereld net genoeg om ze afhankelijk te maken, maar nooit genoeg om ze ooit krachtig te laten worden. Want mensen met ware economische macht beschikken over het vermogen *invloed* uit te oefenen op 'het systeem' en hoeven er niet aan onderworpen te zijn. En dat is het laatste wat de scheppers van dit systeem willen!

De samenzwering duurt dan ook voort. En voor de meeste rijken en machtigen is het niet een samenzwering in daden maar een *samenzwering in stilte.*

Ga daarom nu – ga je gang – en zeg hoe dan ook *niets* over de schunnigheid van een sociaal-economisch systeem dat een bedrijfsleider beloont met een bonus van $ 70 miljoen omdat hij de verkoop van limonade heeft bevorderd, terwijl 70 miljoen *mensen* zich die zoete troep niet eens kunnen veroorloven, laat staan fatsoenlijk genoeg te eten krijgen om gezond te blijven.

Zie het schunnige van dit alles maar niet in. Noem dit het wonder van de vrijemarkteconomie en bazuin overal rond hoe trots je daarop bent.

Nochtans staat geschreven:

Indien je volmaakt wilt zijn,
ga heen, en verkoop je bezit en geef het aan de armen,
en je zult een schat in de hemelen hebben.
Toen de rijke jongeling dit hoorde,
ging hij bedroefd heen
want hij bezat vele goederen.

19

Ik heb U zelden zo verontwaardigd gezien. God kan niet verontwaardigd zijn. Dat bewijst dat U God niet bent.

God is *alles*, en God *wordt* alles. Er is niets dat God niet is, en alles wat God in Zichzelf ervaart, ervaart God in, als, en *door* jou. Wat je voelt, is *jouw* verontwaardiging.

Daar heeft U gelijk in. Want ik ben het eens met alles wat U gezegd heeft.

Onthoud dat je elke gedachte die Ik je stuur, ontvangt door het filter van je eigen ervaring, van je eigen waarheid, van je eigen begrip en van je eigen beslissingen, keuzes en verklaringen over Wie jij bent en Wie jij wilt zijn. Dat is de enige manier waarop je het ontvangen kunt. Je hoeft het ook niet anders te ontvangen.

Nou, daar gaan we weer. Wilt U hiermee zeggen dat geen van deze ideeën en gevoelens de *Uwe* zijn, dat dit *hele boek* verkeerd is? Wilt U hiermee zeggen dat dit hele gesprek met U niets anders is dan een opsomming van *mijn* gedachten en gevoelens over bepaalde dingen?

Denk aan de mogelijkheid dat *Ik jou* je gedachten en gevoelens over bepaalde zaken *geef* (waar denk je dat ze vandaan komen?); dat Ik samen met jou je ervaringen schep; dat Ik deel ben van jouw beslissingen, keuzes en verklaringen. Denk aan de mogelijkheid dat Ik, lang voordat we aan dit boek begonnen, jou, samen met nog een heleboel anderen, heb uitgekozen om Mijn boodschapper te worden.

Dat kan ik moeilijk geloven.

Ja, daar hebben we het in Boek 1 al over gehad. Toch zal Ik deze wereld toespreken, en dat zal Ik onder meer doen via mijn leraren en mijn boodschappers. En in dit boek zal Ik jouw wereld vertellen dat haar economische, politieke, sociale en religieuze systemen primitief zijn. Ik zie dat jullie allemaal zo arrogant zijn te denken dat ze de beste zijn. Ik zie dat de meesten van jullie zich verzetten tegen alle veranderingen en verbeteringen die jullie iets zouden kunnen kosten, wie er ook baat bij zou hebben.

Ik zeg nogmaals dat jullie planeet een enorme bewustzijnsverandering nodig heeft. Een verschuiving in jullie bewustzijn. Een hernieuwd respect voor alles wat leeft en een verdiept begrip van het verband tussen alles.

Maar U bent God. Als U de dingen zoals ze zijn niet goed vindt, waarom verandert U ze dan niet?

Zoals Ik je al eerder verteld heb, heb Ik van het begin af aan besloten jullie de vrijheid te geven je eigen leven – en dus het eigen Zelf – te scheppen zoals je wilt *zijn*. Je kunt je Zelf als Schepper niet kennen wanneer Ik je vertel wat je scheppen moet, hoe je het scheppen moet, en dan van je verlang, je ertoe dwing het zo te doen of maak dat je het zo doet. Als Ik dat doe, schiet Ik Mijn doel voorbij.

Maar laten we nu eens kijken wat er op jullie planeet geschapen *is* en zien of dat *jou* niet een beetje verontwaardigd maakt.

Laten we eens vier binnenpagina's van een van de grote kranten op een gewone dag bekijken.

Pak de krant van vandaag.

Goed. Het is zaterdag 9 april 1994 en ik heb hier de *San Francisco Chronicle*.

Juist. Sla hem open op een willekeurige pagina.

Best. Ik heb hier pagina A-7.

Mooi zo. Wat staat daar?

Er staat een kop: ONTWIKKELINGSLANDEN PRATEN OVER ARBEIDERSRECHTEN.

Geweldig. Ga door.

Het stuk gaat over een 'oud schisma' tussen de geïndustrialiseerde landen en de ontwikkelingslanden met betrekking tot arbeidsrechten. Er staat dat sommige leiders van ontwikkelingslanden 'bang zijn

dat een campagne voor het uitbreiden van arbeidersrechten een ver-
kapte manier is om hun met lage lonen gefabriceerde producten van
de rijke consumptiemarkten te verdrijven.'
Verderop staat dat de vertegenwoordigers van Brazilië, India,
Singapore en andere ontwikkelingslanden geweigerd hebben een permanente commissie binnen de Wereld Handelsorganisatie op te zetten die een arbeidersrechtenbeleid zou moeten ontwerpen.

Over wat voor rechten gaat het stuk?

Er staat 'fundamentele rechten van arbeiders', zoals een verbod op
dwangarbeid, een standaard voor veiligheid op de werkplaats en een
garantie van de mogelijkheid om collectief te onderhandelen.

En waarom verzetten de ontwikkelingslanden zich tegen de opna-
me van zulke rechten in internationale overeenkomsten? Ik zal je
vertellen waarom. Maar laten we eerst vaststellen dat het niet de
arbeiders uit die landen zijn die zich tegen die rechten verzetten.
De 'vertegenwoordigers' van die ontwikkelingslanden zijn dezelfde mensen die *de fabrieken bezitten en exploiteren*, of zijn in elk
geval nauw met die mensen verbonden. Met andere woorden de
rijken en de machthebbers.
Het zijn, net als in Amerika in de tijd voor de arbeidersbeweging,
de mensen die profiteren van de massale uitbuiting van arbeiders.
Je kunt er zeker van zijn dat zij stilletjes gesteund worden door het
grote geld in de Verenigde Staten en andere rijke landen, waar de
industriëlen – die de arbeiders in hun eigen land niet meer kunnen uitbuiten – werk doorsluizen naar de fabriekseigenaren in de
ontwikkelingslanden (of er zelf fabrieken neerzetten), zodat ze de
arbeiders daar kunnen uitbuiten, die nog niet beschermd worden
tegen misbruik door anderen die hun nu al gigantische winsten
alleen maar willen vergroten.

Maar in het stuk staat dat onze regering – de huidige regering – juist
wil bevorderen dat arbeidersrechten opgenomen worden in een
wereldwijde handelsovereenkomst.

Jullie huidige leider, Bill Clinton, gelooft in fundamentele arbeidersrechten, ook al geloven de machtige industriëlen daar niet in.
Het is moedig van hem dat hij tegen de gevestigde belangen van

het grote geld vecht. Er zijn Amerikaanse presidenten en andere leiders geweest die om minder vermoord zijn.

Wilt U zeggen dat president Clinton vermoord gaat worden?

Laten we zeggen dat er sterke pogingen ondernomen zullen worden om hem uit zijn functie te ontheffen. Ze moeten hem *weg* zien te krijgen, net zoals ze dertig jaar geleden John Kennedy weg gekregen hebben.
Net als Kennedy doet Bill Clinton precies wat het grote geld niet uitkomt. Hij stuurt niet alleen aan op wereldwijde acceptatie van arbeidersrechten, maar bij praktisch elk sociaal probleem kiest hij de kant van de 'kleine man' en tegen de gevestigde belangen.
Hij gelooft bijvoorbeeld dat ieder mens recht heeft op voldoende gezondheidszorg – of hij of zij de enorme bedragen die de Amerikaanse medische gemeenschap tegenwoordig vraagt, nou kan betalen of niet. Hij zegt dat die kosten omlaag moeten. Dat heeft hem niet erg populair gemaakt bij die andere grote groep rijken en machtigen in Amerika – van de farmaceutische producenten tot de verzekeringsmaatschappijen, van de grote medische bedrijven tot de werkgevers die hun werknemers behoorlijk moeten verzekeren. Veel mensen die nu grote winsten maken, zullen een klein beetje winst moeten inleveren als de armen van Amerika ook toegang tot de gezondheidszorg moeten krijgen.
Dat maakt Clinton niet erg geliefd. Tenminste niet bij bepaalde elementen die al eerder in deze eeuw bewezen hebben in staat te zijn een president uit het Witte Huis weg te krijgen.

Wilt U zeggen...?

Ik wil zeggen dat de eeuwige strijd tussen de armen en de rijken op jullie planeet een epidemie is. Dat zal het ook blijven zolang economische belangen de dienst uitmaken in plaats van menselijke belangen; zolang het menselijk lichaam belangrijker gevonden wordt dan de menselijke ziel.

Nou, U zal wel gelijk hebben. Op pagina A-14 van dezelfde krant staat de kop: RECESSIE IN DUITSLAND VEROORZAAKT ONRUST. Daaronder staat: 'Met de hoogste werkloosheid sinds de oorlog groeien arm en rijk verder uit elkaar.'

Juist. En wat staat er in het stuk?

Er staat dat er grote ontevredenheid heerst onder werkloze technici, professoren, wetenschappers, fabrieksarbeiders, timmerlui en koks. Er staat dat het land met een paar economische tegenslagen te kampen heeft en dat er 'een wijdverspreid gevoel heerst dat de lasten niet eerlijk verdeeld zijn'.

Dat klopt. Ze zijn niet eerlijk verdeeld. Staat er ook waarom er zoveel ontslagen geweest zijn?

Ja. Er staat dat de ontevreden werknemers 'arbeiders zijn wier werkgevers zijn uitgeweken naar de lagelonenlanden'.

Aha. Ik vraag me af of veel mensen die vandaag jouw *San Francisco Chronicle* lezen het verband zien tussen de artikelen op pagina A-7 en pagina A-14.

Er staat ook in het stuk dat als er ontslagen vallen, de vrouwen er als eerste uit gaan. Er staat dat 'de werklozen in het hele land voor de helft vrouwen zijn, en in het oosten bijna twee derde.'

Natuurlijk. Tja, hoewel de meesten van jullie het niet willen weten of toegeven, blijf Ik zeggen dat jullie sociaal-economisch mechanisme *systematisch* bepaalde groepen mensen discrimineert. Jullie geven mensen *geen* gelijke kansen hoewel jullie hard roepen dat jullie dat *wel* doen. Maar jullie hebben het nodig om in dat sprookje te geloven, zodat jullie je goed kunnen voelen, en meestal nemen jullie het iemand kwalijk als hij de waarheid zegt. Jullie ontkennen alle bewijzen, hoe overtuigend ook.
Jullie samenleving is een samenleving van struisvogels.
Nou, staat er nog iets *anders* in de krant van vandaag?

Op pagina A-4 staat een stuk met de kop OPNIEUW FEDERALE DRUK OM EINDE TE MAKEN AAN HUISVESTINGSDISCRIMINATIE. Er staat dat 'federale huisvestingsambtenaren een plan opzetten waarmee... de tot nog toe meest vergaande maatregelen tegen rassendiscriminatie bij huisvesting worden afgedwongen'.

Vraag je eens af waarom zulke maatregelen afgedwongen moeten worden?

We hebben een wet, de Fair Housing Act, waarin discriminatie bij huisvesting op grond van ras, huidskleur, godsdienst, sekse, etnische herkomst, handicaps of gezinssamenstelling verboden wordt. Toch hebben de lokale overheden weinig gedaan om dergelijke discriminatie te voorkomen. Er zijn in dit land veel mensen van mening dat je met je eigendom moet kunnen doen wat je wilt, ook kiezen aan wie je het wel en aan wie je het *niet* wilt verhuren.

Maar als iedereen die huurhuizen bezit, dat mag kiezen en als dan blijkt dat die keuzes een collectief bewustzijn reflecteren met een voorkeur voor bepaalde categorieën en groepen mensen, dan zouden hele delen van de bevolking systematisch uitgesloten kunnen worden van de mogelijkheid een behoorlijke woonruimte te vinden. En als er niet voldoende *betaalbare woonruimte* is, dan kunnen landeigenaren en huisjesmelkers de meest krankzinnige prijzen vragen voor vreselijke onderkomens, die ze nauwelijks of niet hoeven te onderhouden. En dan kunnen de rijken en de machtigen alweer de massa's uitbuiten, nu onder het mom van hun 'eigendomsrecht'.

Nou, eigenaren moeten wel *enige* rechten hebben.

Maar waar beginnen de rechten van enkelen de rechten van velen te schenden?
Dat is altijd al het probleem geweest waar iedere beschaafde samenleving mee te maken krijgt.
Komt er ooit een tijd waarin de individuele rechten vervangen worden door het belang van allen? Is de samenleving verantwoordelijk voor zichzelf?
Met jullie huisvestingswet zeggen jullie hier ja op.
Door die wet niet na te komen of af te dwingen zeggen de rijken en de machtigen: 'nee, het enige dat telt zijn *onze* rechten.'
Alweer is het jullie huidige president en zijn regering die deze maatregelen nemen. Niet alle Amerikaanse presidenten waren bereid de rijken en machtigen op nog een front tegen te werken.

Dat is me duidelijk. Er staat in het stuk dat de huisvestingsambtenaren van het bestuur van Clinton in de korte tijd dat zij aan de macht zijn, al meer zaken van discriminatie bij huisvesting onderzocht hebben *dan er in de tien jaren daaraan vooraf onderzocht zijn.* Een woordvoerder van de Fair Housing Alliance, een nationale adviesgroep in

Washington, zegt over de acties die de ambtenaren van Clinton nu ondernemen om de huisvestingswet uit te voeren, dat zij al jaren geprobeerd hebben om de voorgaande ambtenaren daartoe te bewegen.

En zo maakt de huidige president nog meer vijanden onder de rijken en de machthebbers: producenten en industriëlen, geneesmiddelenindustrieën en verzekeraars, doktoren en medische industrieën, en speculerende huiseigenaren. Allemaal mensen met geld en invloed.
Zoals we al zeiden, zal het Clinton moeilijk worden gemaakt in het Witte Huis te blijven zitten.

Op het moment dat dit geschreven wordt – april 1994 – wordt er al meer en meer druk op hem uitgeoefend.

Staat er in jouw krant van 9 april 1994 nog iets anders over het menselijk ras?

Nou, op pagina A-14 staat ook een foto van een Russisch politicus die met zijn vuisten staat te zwaaien. Onder de foto staat een nieuwsbericht met de kop: ZJIRINOVSKY VALT COLLEGA'S AAN IN HET PARLEMENT. In het artikel staat dat 'Zjirinovsky gisteren nogmaals in gevecht raakte, een politieke tegenstander in elkaar sloeg' en hem in zijn gezicht schreeuwde: 'ik smijt je de gevangenis in! Ik trek je baard er haar voor haar uit!'

En jij vraagt je nog af waarom *landen* met elkaar oorlogvoeren?
Hier zie je een leider van een politieke beweging, die zijn veronderstelde mannelijkheid in het parlement denkt te bewijzen door *zijn tegenstanders in elkaar te slaan.*
Jullie zijn een primitieve soort en het enige wat jullie begrijpen is kracht. Jullie planeet kent geen ware wet. De Ware Wet is de Natuurlijke Wet; die is niet uit te leggen en *hoeft* ook niet uitgelegd te worden. Hij is *waar te nemen.*
De Ware Wet is de wet waar mensen zich uit vrije wil aan onderwerpen omdat zij er *van nature* aan onderworpen *zijn.* Die onderwerping is dus eigenlijk geen onderwerping maar een erkenning van wat Zo is.
Die wetten hoeven niet uitgevoerd te worden. Zij *worden* al uitgevoerd, simpelweg door middel van het onontkenbare gevolg.

Ik zal je een voorbeeld geven. Hoogontwikkelde wezens slaan zichzelf niet met een hamer op hun hoofd, want dat doet pijn. Ook slaan ze niet iemand *anders* met een hamer op het hoofd, om dezelfde reden.

Ontwikkelde wezens hebben gemerkt dat als je iemand met een hamer op zijn hoofd slaat, die persoon dan pijn heeft. Als je doorgaat met slaan, wordt die persoon kwaad. Als je doorgaat hem kwaad te maken, zoekt hij zelf een hamer op en slaat hij je uiteindelijk terug. Zo weten ontwikkelde wezens dat als je iemand anders met een hamer slaat, je eigenlijk jezelf met een hamer slaat. Het maakt niet uit of jij meer hamers hebt of een grotere hamer. Vroeger of later lijdt iedereen pijn.

Dit gevolg kun je waarnemen.

Onontwikkelde wezens – *primitieve* wezens – nemen hetzelfde waar. Maar het kan ze niet schelen.

Ontwikkelde wezens spelen niet mee in het spelletje: 'degene met de grootste hamer is de winnaar.' Primitieve wezens doen niets anders.

Overigens is dit vooral een mannelijk spelletje. Er zijn maar weinig vrouwen onder jullie soort die bereid zijn Hamertje Tik te spelen. Zij spelen een nieuw spelletje. Zij zeggen: 'als ik een hamer in mijn hand nam, dan zou het de rechtvaardigheid zijn die ik eruit sloeg, het zou de vrijheid zijn waarop ik sloeg, de liefde tussen mijn broeders en zusters, overal in dit land.'

Wilt U zeggen dat vrouwen hoger ontwikkeld zijn dan mannen?

Ik spreek geen oordeel uit. Ik neem gewoon waar.

Want de waarheid is – net als de natuurlijke wet – waarneembaar. Iedere wet die niet de natuurlijke wet is, kan niet waargenomen worden en moet je dus uitgelegd worden. Er moet je *verteld* worden dat hij voor je eigen bestwil is. Hij moet je getoond worden. Dat is geen makkelijke taak want als iets voor je eigen bestwil is, *dan is dat vanzelfsprekend.*

Alleen wat niet vanzelfsprekend is, moet aan je uitgelegd worden.

Er is een heel speciaal en toegewijd persoon voor nodig om mensen ergens van te overtuigen dat niet vanzelfsprekend is. Hier hebben jullie de politici voor uitgevonden.

En de geestelijkheid.

Wetenschappers zeggen niet zoveel. Het zijn geen grote praters. Dat hoeven ze ook niet te zijn. Als zij een experiment uitvoeren en

succes hebben, hoeven ze je alleen maar te laten zien wat ze gedaan hebben. De resultaten spreken voor zich. Dus zijn wetenschappers over het algemeen rustige types, die niet graag praten. Dat is niet nodig. Hun werk spreekt voor zich, is vanzelfsprekend. En als ze iets proberen te doen en ze falen, dan hebben ze niets te zeggen.
Met politici zit dat anders. Zij praten zelfs als ze *falen*. In feite praten ze soms meer naarmate ze meer falen.
Dat geldt ook voor religies. Hoe meer ze falen, hoe meer ze praten.
Toch zal Ik je dit vertellen.
De waarheid en God worden op dezelfde plaats gevonden: in de stilte.
Als je God gevonden hebt en als je de waarheid gevonden hebt, is het niet nodig daarover te praten. Het spreekt voor zich.
Als je veel over God *praat*, dan is dat waarschijnlijk omdat je nog op zoek bent. Dat is goed. Dat is uitstekend. Als je maar weet waar je bent.

Maar leraren praten de hele tijd over God. In dit *boek* praten *wij* daar de hele tijd over.

Je leert aan anderen wat je zelf wilt leren. En ja, dit boek spreekt inderdaad over Mij, en over het leven, en dat maakt dat dit boek een goed voorbeeld is. Jij hebt je aan het schrijven van dit boek gewijd *omdat je nog steeds op zoek bent.*

Ja.

Inderdaad. En dat geldt ook voor degenen die het aan het lezen zijn.
Maar we hadden het over de schepping. Aan het begin van dit hoofdstuk vroeg je Mij, waarom ik niet veranderde wat Mij op Aarde tegenstond.
Ik oordeel niet over wat jullie doen. Ik neem het alleen waar en van tijd tot tijd beschrijf Ik wat Ik zie, zoals in dit boek.
Maar nu wil Ik je vragen – vergeet Mijn waarnemingen en Mijn beschrijvingen – wat vind *jij* van wat je hebt waargenomen van de scheppingen van jouw planeet? Je hebt de artikelen gelezen in de krant van vandaag en daarmee heb je blootgelegd:
– Landen weigeren fundamentele rechten voor arbeiders.

– De rijken worden rijker en de armen worden armer in de recessie in Duitsland.
– De regering van de Verenigde Staten moet dwang uitoefenen op huiseigenaren om de huisvestingswetten na te komen.
– Een Russische volksmenner zegt tegen zijn politieke tegenstanders: 'ik smijt je de gevangenis in! Ik trek je baard er haar voor haar uit!', terwijl hij ze in het gezicht stompt, ten overstaan van de wetgevende macht van Rusland.
Heeft deze krant nog meer te melden over jullie 'beschaving'?

Op pagina A-13 staat een artikel onder de kop: BURGERS LIJDEN HET MEEST IN ANGOLESE BURGEROORLOG. Daaronder staat: 'In de gebieden van de rebellen leven de hoge pieten in luxe terwijl duizenden mensen er verhongeren.'

Genoeg. Ik begin het te begrijpen. En dit staat allemaal in de krant van vandaag?

Een *katern* van de krant van vandaag. Het staat allemaal in deel A.

Ik zeg nogmaals dat de economische, politieke, sociale en religieuze systemen van jullie wereld *primitief* zijn. Ik zal er niets aan doen om dat te veranderen, om de redenen die Ik al gegeven heb. Jullie moeten in deze zaken *uit vrije wil vrije keuzes* kunnen maken opdat jullie Mijn hoogste doel voor jullie zullen bereiken, namelijk jezelf te kennen als Schepper.
En tot nu toe, na al die duizenden jaren, is dit hoever jullie je ontwikkeld hebben; dit is wat jullie geschapen hebben.
Verontwaardigt jou dat niet?
Toch heb je iets goeds gedaan. Je bent naar Mij gekomen voor advies.
Jullie 'beschaving' heeft zich regelmatig tot God gewend en gevraagd: 'wat hebben we verkeerd gedaan? Hoe kunnen we het beter doen?' Het feit dat jullie keer op keer Mijn advies systematisch *genegeerd* hebben, zal Mij er niet van weerhouden het nog een keer te geven. Ik ben als een goed ouder altijd bereid om, als daar om gevraagd wordt, te vertellen wat Ik waarneem. Ook ben Ik als een goed ouder bereid om lief te hebben, zelfs wanneer Ik genegeerd word.
Dus beschrijf Ik de dingen zoals ze werkelijk zijn. En Ik vertel jullie hoe je het beter kan doen. Ik doe dat op een manier die je veront-

waardiging doet voelen, omdat Ik je aandacht wil. Ik begrijp dat Mij dat gelukt is.

Wat zou de enorme bewustzijnsverandering, waar U het in dit boek steeds over gehad heeft, *op gang* kunnen brengen?

Langzaam splinteren er dingen af. Wij zijn langzaam bezig om van het grote blok graniet, de menselijke ervaring, de ongewenste uitwassen af te bikken, zoals een beeldhouwer stukken steen afbikt om de ware schoonheid van zijn schepping te voorschijn te halen.

'Wij?'

Jij en Ik, door aan dit boek te werken, en vele anderen, allemaal boodschappers. De schrijvers, de kunstenaars, televisie- en filmproducenten. De musici, de zangers, de acteurs, de dansers, de leraren, de sjamanen en de goeroes. De politici, de leiders (ja, er zijn een paar erg goede, erg integere politici), de doktoren, de juristen (ja, er zijn een paar erg goede, erg integere juristen!), de moeders en vaders en grootmoeders en grootvaders in huiskamers en keukens en achtertuinen in heel Amerika en heel de wereld.
Jullie zijn de voorvaders, de bodes.
En van veel mensen is het bewustzijn aan het veranderen.
Door jullie.

Moet er, zoals sommigen beweren, eerst een wereldwijde ramp, een enorme catastrofe plaatsvinden? Moet de aarde op zijn grondvesten schudden, door een meteoor geraakt worden, moeten de continenten overspoeld worden door de oceanen vóór de mensen gaan luisteren? Moeten we door buitenaardse wezens bezocht worden en ons dood schrikken voor we in staat zijn om te begrijpen dat we allemaal Een zijn? Moeten we de dood in ogen zien voor we gestimuleerd worden een nieuwe manier van leven te ontdekken?

Zulke drastische toestanden zijn niet noodzakelijk, maar ze kunnen gebeuren.

Zullen ze gebeuren?

Denk je dat je de toekomst kunt voorspellen, dat God dat zou kunnen? Ik zeg je: jullie toekomst is maakbaar. Maak hem zoals je hem wilt.

Maar U heeft eerder gezegd dat er in het ware wezen van de tijd geen 'toekomst' is; dat alles in het Huidige Moment plaatsvindt, het Eeuwige Moment Nu.

Dat is waar.

Nou, zijn er 'op dit moment' aardbevingen en overstromingen en inslagen van meteoren of niet? Zeg me nu niet dat U dat als God niet *weet*.

Wil je dat die dingen gebeuren?

Natuurlijk niet. Maar *U* heeft gezegd dat alles wat *gaat* gebeuren al gebeurd *is*, *nu* aan het gebeuren *is*.

Dat is waar. Maar ook het Eeuwigdurende Moment Nu is *voortdurend in verandering*. Het lijkt op een mozaïek, op een altijd aanwezig, steeds veranderend mozaïek. Je moet niet met je ogen knipperen want als je je ogen open doet, is het alweer anders. Let op! Kijk! *Zie je dat?* Daar gaat het weer!

IK BEN VOORTDUREND IN VERANDERING.

Wat maakt dat U verandert?

Jullie idee van Mij! Jullie *gedachten* over *alles* maakt dat Het verandert, *ogenblikkelijk*.
Soms is de verandering van het Al subtiel, praktisch niet op te merken, afhankelijk van de kracht van de *gedachte*. Maar als er een intensieve gedachte is – of een *collectieve gedachte* – dan heeft dat een enorme uitwerking, een ongelooflijk effect.
Alles verandert.

Zal de Aarde nu getroffen worden door zo'n grote catastrofe als waarover U spreekt?

Ik weet het niet. Zal dat gebeuren?

Het is *jouw* beslissing. Denk eraan dat je nu je eigen werkelijkheid kiest.

Ik kies er voor dat het niet gebeurt.

Dan zal het niet gebeuren. Behalve als het gebeurt.

Daar gaan we weer.

Ja. Je moet leren met tegenstrijdigheid te leven. En je moet de grootste waarheid begrijpen: niets Doet Er Toe.

Niets doet er toe?

Dat leg Ik in Boek 3 wel uit.

Nou... goed dan, maar ik houd er niet van op zulke dingen te moeten wachten.

Je hebt nu al zoveel te verwerken. Gun jezelf de tijd. Gun jezelf de ruimte.

Kunnen we nog even doorgaan? Ik heb het gevoel dat U zo gaat vertrekken. Als U gaat vertrekken, praat U altijd zo. Ik zou het graag nog over een paar dingen hebben... zoals bijvoorbeeld buitenaardse wezens: *bestaan* die?

Daar gaan we het in Boek 3 ook over hebben.

Kom op, vertel me er iets over, een heel klein beetje.

Je wil weten of er ergens intelligent leven is in het universum? Natuurlijk is dat er.

Zijn zij net zo primitief als wij?

Sommige vormen van leven zijn primitiever, andere zijn minder primitief. En sommige zijn veel verder ontwikkeld.

Hebben zulke buitenaardse wezens ons ooit bezocht?

Ja. Heel vaak.

Waarom?

Om informatie op te doen. Een paar keer om voorzichtig een handje te helpen.

Hoe helpen ze?

O, ze geven af een toe een duwtje in de goede richting. Om een voorbeeld te geven: je weet toch wel dat jullie de afgelopen vijf-enzeventig jaar meer technologische vooruitgang geboekt heb-ben dan *in de hele daaraan voorafgaande geschiedenis van de mensheid*?

Ja, ongeveer wel.

Denk je nu echt dat alles, van CAT-scans en supersonische vliegtui-gen tot aan de computerchips die jullie implanteren om je hart-slag te reguleren, uit het menselijk brein afkomstig is?

Eigenlijk wel, ja.

Waarom zijn ze dan niet duizenden jaren eerder uitgevonden?

Dat weet ik niet. Omdat de technologie niet voorhanden was, denk ik. Ik bedoel, van het een komt het ander. Maar het begin van de technologie was niet aanwezig, totdat het er was. Het heeft met evo-lutie te maken.

Dus jij vindt het niet vreemd dat er na een evolutieproces van een miljard jaar ongeveer vijfenzeventig of honderd jaar geleden opeens zo'n enorme 'explosie van inzicht' kwam?
Jij vindt het *normaal* dat er mensen op de planeet zijn die de hele ontwikkeling van radio tot de moderne communicatietechnieken *binnen hun eigen levensduur* hebben meegemaakt?
Begrijp je niet dat dat een enorme sprong voorwaarts is geweest?
Een sprong voorwaarts die zo groot is en zoveel groter dan wat er eerder is gebeurd, dat hij niet logisch verklaard kan worden?

Wat wilt U daarmee zeggen?

Wat Ik zeg is dat je aan de mogelijkheid moet denken dat jullie daar hulp bij hebben gehad.

Als we technologisch 'geholpen' worden, waarom worden we dan niet spiritueel geholpen? Waarom krijgen we geen duwtje in de rug bij die 'bewustzijnsverandering'?

Dat krijg je ook.

Krijg ik dat?

Wat dacht je dat dit boek is?

Hmmm.

Bovendien worden jullie elke dag met nieuwe ideeën, nieuwe gedachten, nieuwe concepten geconfronteerd.
Het proces van bewustzijnsverandering, het vergroten van het spirituele bewustzijn op een hele planeet, is een langzaam proces. Daar is tijd voor nodig en veel geduld. Mensenlevens. Generaties. Maar jullie komen er langzaam aan toe. Jullie zijn zachtjes aan het veranderen. Er is een rustige verandering gaande.

En U wil me vertellen dat we daarbij geholpen worden door ruimte-wezens?

Inderdaad. Ze zijn onder jullie, er zijn er veel onder jullie. Ze zijn al jaren aan het helpen.

Waarom maken ze zich niet bekend? Waarom laten ze zich niet zien? Zou dat hun effect niet verdubbelen?

Zij willen jullie helpen met de verandering die door de meesten van jullie gewenst wordt, ze willen het niet creëren; ze willen het koesteren, niet afdwingen.
Als ze zich zouden laten zien, dan zouden jullie gedwongen worden, gewoon door de kracht van hun aanwezigheid, om ze grote eer te bewijzen en veel waarde te hechten aan hun woorden. Wijsheid die van binnenuit komt, kan lang niet zo makkelijk opzij-gezet worden als wijsheid die van een ander komt. Jullie hebben

de neiging je meer te hechten aan wat jezelf geschapen hebt dan aan wat je verteld wordt.

Zullen we ze ooit zien, zullen we ooit deze buitenaardse bezoekers leren kennen als wie ze werkelijk zijn?

O, jawel. De tijd zal komen dat jullie een hoger bewustzijn ontwikkeld hebben en dat jullie angsten zullen afnemen, en dan zullen ze zich aan jullie bekendmaken.
Sommigen hebben dat al gedaan, bij een handjevol mensen.

Hoe zit dat met die steeds populairdere theorie dat sommige van die wezens kwade bedoelingen hebben? Zijn er wezens bij die kwaad willen?

Zijn er menselijke wezens die kwaad willen?

Ja, natuurlijk.

Het kan zijn dat je sommige van die wezens – de minder ontwikkelden – ook zo beoordeelt. Maar denk aan Mijn bevel. Oordeel niet. Iedereen doet alleen maar wat binnen zijn model van het universum past.
Sommige wezens hebben hun technologie ver ontwikkeld, maar hun denken niet. Jullie ras lijkt daar wel wat op.

Maar als die kwaadwillende wezens technologisch zo goed ontwikkeld zijn, dan zouden ze ons kunnen vernietigen. Wat houdt ze tegen?

Jullie worden beschermd.

Is dat zo?

Ja. Jullie krijgen de kans je eigen lot te bepalen. Jullie bewustzijn zal het resultaat bepalen.

Wat betekent dat?

Dat betekent dat jullie hier, net als met alles, krijgen waar jullie aan denken.

Wat jullie vrezen, trekken jullie naar je toe.
Waar jullie je tegen verzetten, houdt aan.
Waar jullie naar kijken, verdwijnt, waardoor jullie de kans krijgen alles nog eens precies zo te scheppen, als jullie dat willen, of het voor eeuwig uit jullie ervaring te bannen.
Wat jullie kiezen, zullen jullie ervaren.

Hmmm. Op de een of andere manier lijkt het in mijn leven niet zo te gaan.

Omdat je aan de kracht twijfelt. Omdat je aan *Mij* twijfelt.

Dat is waarschijnlijk niet zo goed.

Zeker niet.

20

Waarom twijfelen mensen aan U?

Omdat ze aan zichzelf twijfelen.

Waarom twijfelen ze aan zichzelf?

Omdat ze verteld is, geleerd is, aan zichzelf te twijfelen.

Door wie?

Door mensen die zeiden Mij te vertegenwoordigen.

Dat begrijp ik niet. Waarom?

Omdat het een manier was, de enige manier, om te overheersen. Je *moet* wel aan jezelf twijfelen, begrijp je, anders zou je van al je macht gebruik gaan maken. Dat was niet de bedoeling. Dat was helemaal niet de bedoeling. Niet voor de mensen die nu de macht in handen hebben. De macht die zij in handen hebben, behoort jullie toe, en dat weten ze. De enige manier om de macht te behouden, is door tegen te houden dat mensen over de hele wereld inzicht krijgen in de twee grootste problemen van de menselijke ervaring en die vervolgens gaan oplossen.

En dat zijn?

Daar heb Ik het het hele boek al over gehad. Laat Ik het nog eens samenvatten...

De meeste, zo niet alle problemen en conflicten in de wereld, en jullie persoonlijke problemen en conflicten, zouden opgelost zijn als jullie als samenleving:

1. Het concept van de Scheiding zouden loslaten.
2. Het concept van de Zichtbaarheid zouden omhelzen.

Beschouw jullie zelf nooit meer als van elkaar gescheiden en als van Mij gescheiden. Vertel een ander alleen nog de hele waarheid, accepteer nooit minder dan *jouw* diepste waarheid over Mij. De keuze voor het eerste zal het tweede vanzelf voortbrengen, want zodra je ziet en begrijpt dat je Een bent met Iedereen, *kun* je geen onwaarheid meer vertellen of belangrijke gegevens achterhouden of anders dan volledig zichtbaar zijn *omdat het je duidelijk zal zijn dat dat in je eigen belang is.*

Maar er zal veel wijsheid, veel moed en enorm veel toewijding nodig zijn om deze paradigmawisseling tot stand te brengen. Want de kern van deze concepten zullen bedreigd worden en vals genoemd worden door de Angst. De Angst zal vreten aan het hart van deze prachtige waarheden en ze hol doen lijken. De Angst zal verstoren, verachten, vernietigen. Dus de Angst zal jullie ergste vijand zijn.

Toch zullen jullie de samenleving waarnaar jullie altijd verlangd hebben, waarvan jullie altijd gedroomd hebben, niet krijgen, niet kunnen maken zolang jullie niet wijs genoeg zijn om de waarheid te zien: dat wat je anderen aandoet, doe je jezelf aan; de pijn van anderen is jouw pijn en de vreugde van anderen is jouw vreugde, en als je daar een deel van afwijst, dan wijs je een deel van jezelf af. Het is nu tijd *jezelf* weer te *aanvaarden.* Het is tijd om jezelf weer te gaan zien als Wie je werkelijk bent en je zo weer zichtbaar te maken. Want wanneer jij en jouw echte band met God zichtbaar worden, dan zijn Wij *ondeelbaar.* En niets zal Ons ooit nog scheiden.

En hoewel je weer in de illusie van de scheiding leven zult, gebruik je dat dan als gereedschap om opnieuw je Zelf te scheppen. Vanaf dat moment zul je verlicht je incarnaties doormaken, en zien dat het een illusie is die je speels en vrolijk gebruiken kunt om het aspect van Wie wij zijn, dat je uitgekozen hebt, te ervaren, maar je zult het nooit meer als werkelijkheid accepteren. Je zult nooit meer van de vergetelheid gebruik hoeven te maken om opnieuw je Zelf te scheppen, je zult integendeel *bewust* van de Scheiding gebruik maken, je *kiest* er eenvoudig voor om Dat wat afgescheiden is te manifesteren, om een bepaalde reden en met een bepaald doel.

En wanneer je zo volkomen verlicht bent – dat wil zeggen vervuld van licht – zou je zelfs kunnen kiezen terug te keren naar het fysieke leven met het speciale doel om anderen te her-inneren. Je kunt een terugkeer naar het fysieke leven uitkiezen, niet om een nieuw aspect van je Zelf te scheppen en te ervaren, maar om het licht van de waarheid naar deze plaats van illusie te brengen, opdat anderen kunnen zien. Dan zul je een 'brenger van het licht' zijn. Dan zul je deel uitmaken van het Ontwaken. Er zijn je al anderen voorgegaan.

Zij zijn hier gekomen om ons te helpen zien Wie wij zijn.

Juist. Het zijn verlichte zielen, ontwikkelde zielen. Zij zijn niet meer op zoek naar de volgende, hogere ervaring van zichzelf. Zij hebben het hoogste al ervaren. Nu wensen ze alleen nog jullie het nieuws van die ervaring te brengen. Zij brengen jullie 'het goede nieuws'. Zij zullen jullie de weg en het leven van God tonen. Ze zullen zeggen: 'ik ben de weg en het leven. Volg mij.' Dan zullen ze jullie laten zien wat het betekent om in de eeuwige glorie van de bewuste hereniging met God te leven, wat God-Bewustzijn wordt genoemd.

Jij en Ik zijn altijd verenigd. We kunnen dat niet *niet* zijn. Dat is gewoon onmogelijk. Onbewust ervaar jij nu die eenmaking. Maar het is ook mogelijk om in het fysieke lichaam te leven in bewustzijn van de eenheid met Alles dat leeft; in bewustzijn van de *ultieme waarheid*; als een bewuste uitdrukking van Wie jij werkelijk bent. Wanneer je dat doet, ben je een voorbeeld voor alle anderen, anderen die in vergetelheid leven. Je wordt een levende herinnering. En zo behoed je anderen ervoor voor altijd in hun vergetelheid te verdwalen.

Dat *is* de hel, voor altijd in vergetelheid verdwalen. Toch zal Ik dat niet toestaan. Ik zal niet toestaan dat er ook maar een schaap verdwaalt, dan stuur Ik... een herder.

Ik zal vele herders sturen, en jij kunt ervoor kiezen een van hen te zijn. En als jij zielen uit hun halfslaap doet ontwaken, ze her-innert aan Wie zij zijn, dan zullen alle engelen in de hemel zich verheugen om deze zielen. Want eens waren zij verdwaald, en nu zijn ze terecht.

Er zijn op dit moment zulke mensen, zulke heilige wezens op onze planeet, nietwaar? Niet alleen in het verleden, maar ook nu?

Ja. Er zijn er altijd geweest. Er zullen er altijd zijn. Ik laat jullie niet zonder leraren achter; Ik laat de kudde niet in de steek, Ik zal altijd Mijn herders sturen. En er zijn er op dit moment veel op jullie planeet en ook in andere delen van het universum. En in sommige delen van het universum leven deze zielen samen in voortdurende gemeenschap en als voortdurende uitdrukking van de hoogste waarheid. Zij zijn de verlichte samenlevingen waar ik over sprak. Ze bestaan, ze zijn echt en ze hebben jullie hun afgezanten gestuurd.

U bedoelt dat de Boeddha, Krishna en Jezus *ruimtewezens* waren?

Jij zegt het, niet Ik.

Is dat waar?

Is dit de eerste keer dat je van dit idee hoort?

Nee, maar is het *waar*?

Geloof je dat deze meesters ergens bestonden, voordat ze naar de Aarde kwamen en dat ze na hun zogenaamde dood weer naar die plek teruggekeerd zijn?

Ja.

En waar denk je dat die plaats is?

Ik dacht altijd dat dat was wat wij de 'hemel' noemen. Ik dacht dat ze uit de hemel kwamen.

En waar denk je dat die hemel is?

Dat weet ik niet. In een andere werkelijkheid, denk ik.

Een andere wereld?

Ja... o, juist. Maar ik zou het de *geestenwereld* noemen, niet een andere wereld zoals wij die kennen, niet een andere *planeet*.

Het *is* de geestenwereld. Maar hoe kom je erbij dat die geesten – die Heilige Geesten – niet ergens anders in het universum zouden kunnen of willen leven, *precies zoals ze deden toen ze naar jullie wereld kwamen*?

Ik denk dat ik er gewoon nog nooit op die manier over nagedacht heb. Het heeft nooit deel uitgemaakt van mijn ideeën hierover.

`Daar is meer in de hemel en op aarde, vriend Horatio, dan waarvan uw wijsheid droomt.'
Dat heeft die geweldige metafysicus van jullie, William Shakespeare, geschreven.

Dus Jezus *was* een ruimtewezen!

Dat heb Ik niet gezegd.

Maar was hij dat of was hij dat niet?

Heb geduld, Mijn zoon. Je wilt te veel ineens. Er is nog meer. Nog zo veel meer. We schrijven er nog een heel boek mee vol.

Bedoelt U dat ik op Boek 3 moet wachten?

Dat heb Ik je verteld, Ik heb je van het begin af aan beloofd dat er drie boeken zouden zijn. Het eerste zou over de waarheid en de uitdaging van het individuele leven gaan. Het tweede zou de waarheid van het samenleven op deze planeet behandelen. En het derde, heb Ik gezegd, zou over de grootste waarheid gaan, over de eeuwige vragen. Hierin zullen de geheimen van het universum worden onthuld.
Behalve als ze niet onthuld worden.

Help, ik weet niet hoeveel ik hier nog van verdragen kan. Ik bedoel, ik word er zo moe van 'in tegenstrijdigheid te leven,' zoals U dat altijd noemt. Ik wil dat wat zo is, ook *zo is.*

Dan zal het zo zijn.

Behalve als het niet zo zal zijn.

Precies! Precies! Je hebt het TE PAKKEN*! Nu begrijp je de Goddelijke Tweeheid. Nu heb je het hele plaatje voor ogen. Nu kun je inzicht krijgen in* het plan.
Alles – *alles –* wat ooit was, nu is en ooit zal zijn, bestaat nu. Dus

alles wat is... *is*. Toch is alles wat IS voortdurend in *verandering*, want het leven is *een voortdurend proces van schepping*. Daarom kun je letterlijk zeggen dat Dat Wat IS... NIET IS.

Dit ZIJN is NOOIT HETZELFDE. Wat betekent dat het ZIJN NIET IS. Ja, nou, sorry hoor, maar *goeie genade*. Hoe kan iets dan ooit nog iets betekenen?

Dat doet het niet. Maar je gaat alweer te snel! Alles op zijn tijd, Mijn zoon. Alles op zijn tijd. Na het lezen van Boek 3 zullen dit en andere grote mysteries helemaal duidelijk zijn. Behalve... allemaal...

BEHALVE ALS ZE DAT NIET ZULLEN ZIJN.

Precies.

Goed, goed... het is al goed. Maar tussen nu en dan – of eigenlijk ook voor de mensen die deze boeken misschien helemaal niet lezen – welke wegen kunnen er hier en nu bewandeld worden om de wijsheid terug te vinden, de helderheid terug te vinden, God terug te vinden? Moeten we weer religieus worden? Is dat de ontbrekende schakel?

Word weer spiritueel. Vergeet de godsdienst maar.

Die opmerking zal een boel mensen kwaad maken.

Mensen zullen kwaad worden om het hele *boek*... behalve als ze niet kwaad worden.

Waarom zegt U dat we de godsdienst maar moeten vergeten?

Omdat het niet goed voor je is. Je moet begrijpen dat de georganiseerde godsdienst alleen kan slagen als ze de mensen doet geloven dat zij het *nodig* hebben. Mensen kunnen alleen ergens in geloven als ze eerst niet meer in zichzelf geloven. Haar tweede taak is je te laten zien dat *zij* de antwoorden heeft die jij niet hebt. En de derde en belangrijkste taak is jou haar antwoorden te laten accepteren zonder er vragen bij te stellen.
Zodra je vragen stelt, begin je na te denken! Zodra je nadenkt,

begin je je weg terug naar de Innerlijke Bron. En dat kan godsdienst niet hebben want je zou wel eens op antwoorden kunnen
komen die verschillen van de hare. Dus heeft de godsdienst het
nodig dat jij aan je Zelf twijfelt, dat je eraan twijfelt of je wel
behoorlijk kunt nadenken.

Het probleem met godsdienst is dat ze zichzelf vaak tegenwerkt –
want als jij niet zonder twijfelen op je eigen gedachten kunt vertrouwen, hoe kun je dan de nieuwe ideeën over God die de godsdienst je biedt niet betwijfelen?

Je zult al snel zelfs aan Mijn *bestaan* twijfelen, hetgeen je, ironisch
genoeg, eerder nooit gedaan had. Als je alleen op je *intuïtieve
weten* was afgegaan, had je Mij misschien niet helemaal begrepen, maar je had beslist geweten dat Ik bestond!

De religie heeft de agnosten geschapen.

Iedere heldere geest die bekijkt wat godsdienst gedaan heeft,
moet wel aannemen dat godsdienst geen God heeft! Want het is
de godsdienst die de harten van de mensen vervuld heeft van
angst voor God, terwijl de mensen ooit Dat wat is in al zijn pracht
liefhadden.

Het is de godsdienst die de mensen gebood voor God te knielen,
terwijl de mensen ooit opstonden om Hem in vreugde te ontmoeten.

Het is de godsdienst die de mensen bezwaard heeft met zorgen
om Gods wraak, terwijl de mensen ooit God zochten om hun zorgen te *verlichten!*

Het is de godsdienst die de mensen heeft geleerd zich voor hun
lichaam en de meeste natuurlijke functies daarvan te schamen,
terwijl de mensen ooit die functies hoog in het vaandel hadden
als de grootste geschenken van het leven!

Het is de godsdienst die jullie geleerd heeft dat jullie een *tussen-
persoon* nodig hebben om God te kunnen bereiken, terwijl jullie
jezelf ooit leerden God te bereiken door in goedheid en waarheid
je leven te leven.

En het is de godsdienst die de mensen *opgedragen* heeft God te
aanbidden, terwijl de mensen ooit God aanbaden, omdat zij dat
onmogelijk konden *laten!*

Overal waar de godsdienst is doorgedrongen, heeft zij onenigheid
geschapen, en dat is het *tegengestelde* van God.

De georganiseerde godsdienst heeft de mens afgescheiden van
God, de mens van de mens, de man van de vrouw – sommige
godsdiensten hebben de man zelfs *verteld* dat hij *boven* de vrouw

staat, ook al zeggen ze dat God boven de man staat – waarmee ze de voorwaarde geschapen hebben voor het ergste wat deze helft van de mensheid kon overkomen.

Ik zeg je dit: God staat *niet* boven de mens, en de man staat *niet* boven de vrouw; dat is *niet* de natuurlijke ordening, maar *wel* de manier waarop de machthebbers (want dat zijn mannen) graag *wilden* dat het was toen ze hun mannelijke erediensten ontwierpen, waarbij ze systematisch de helft van het materiaal voor de uiteindelijke versies van hun heilige boeken buiten beschouwing lieten en de rest aanpasten aan hun mannelijke wereldbeeld.

Het is de godsdienst die *tot op de dag van vandaag* volhoudt dat vrouwen op de een of andere manier minder zijn, een soort tweedeklas spirituele burgers, op de een of andere manier niet 'geschikt' om het Woord van God uit te dragen, het Woord van God te prediken, of de mensen godsdienstig bij te staan.

Jullie zijn nog steeds als kinderen aan het kibbelen welk geslacht geschikt is om Mijn priester te worden!

Ik vertel je dit: jullie zijn *allemaal* priester. *Ieder van jullie.*

Geen enkele persoon of groep mensen is beter 'geschikt' om Mijn werk te doen dan een ander persoon of een andere groep.

Maar veel van jullie mannen zijn al net als jullie landen. Machtsbelust. Zij willen de macht niet *delen*, willen het alleen maar uitoefenen. En ze hebben ook zo'n God gemaakt. Een op macht beluste God. Een God die geen macht wil delen, maar alleen wil uitoefenen. Maar Ik vertel je dit: Gods mooiste gave is het delen van Gods macht.

Ik wil dat jullie zijn als Ik.

Maar wij kunnen niet als U zijn! Dat zou een godslastering zijn.

Dat jullie die dingen geleerd zijn, is een godslastering. Ik vertel je dit: *jullie zijn geschapen in het Beeld en de Gelijkenis van God; dat is het lot dat jullie moeten vervullen.*

Jullie zijn niet op aarde gekomen om te moeten worstelen en 'er' nooit te komen. En ook heb Ik jullie geen onmogelijke opdracht gegeven. Geloof in de goedheid van God en geloof in de goedheid van Gods schepping, in je heilige Zelf.

Eerder in dit boek zei U iets dat me intrigeerde. Nu we bijna aan het eind van dit deel zijn, wil ik er even op terugkomen. U zei: 'absolute macht verlangt niets.' Is dit het wezen van *God*?

Nu heb je het begrepen.

Ik zei: 'God is alles, en God *wordt* alles. Er is niets dat God niet is, en alles wat God van Zichzelf ervaart, ervaart God in, als, en door jou.' In Mijn zuiverste vorm ben Ik het Absolute. Ik ben Absoluut Alles, en daarom heb Ik absoluut niets nodig, wil Ik absoluut niets en eis Ik absoluut niets.

Vanuit deze absoluut zuivere vorm ben Ik zoals jij je Mij voorstelt. Alsof jij eindelijk God ziet en zegt: 'zozo, en wat stellen we ons hier bij voor?' Maar wat je je ook van Mij voorstelt, Ik kan Mijn Zuiverste Vorm niet vergeten en zal er altijd naar terugkeren. De rest is fictie. Iets dat jij je *verbeeldt*.

Er zijn mensen die een jaloerse God van Mij maken; maar hoe kan iemand die Alles heeft, en *is*, jaloers zijn?

Er zijn mensen die een toornige God van Mij maken; maar wat zou Mij kwaad kunnen maken als Ik op geen enkele manier gekwetst of beschadigd kan worden?

Er zijn mensen die een wraakzuchtige God van Mij maken; maar op wie kan Ik wraak nemen als Ik alles ben wat leeft?

En waarom zou Ik Mijzelf straffen voor de schepping? Of, als je ons alleen als gescheiden zien kunt, waarom zou Ik jou scheppen, *jou* scheppingskracht geven, je de keuzevrijheid geven te scheppen wat jij wilt ervaren, en je vervolgens eeuwig straffen omdat je de 'verkeerde' keuze gemaakt hebt?

Ik zeg je dit: Ik zal zoiets niet doen, en deze waarheid betekent jouw bescherming tegen de tirannie van God.

In feite *is* er geen tirannie, alleen in jouw verbeelding.

Je mag thuiskomen wanneer je wilt. Wij kunnen weer samen zijn wanneer je maar wilt. Het is nu weer aan jou de verrukking van de eenheid met God te kennen. Op het moment dat je dat wilt. Wanneer je de wind langs je gezicht voelt strijken. Wanneer je een krekel hoort onder een zomerse sterrenhemel.

Bij de eerste blik op een regenboog. Bij de eerste kreet van een pasgeborene. Bij de stralen van een glorieuze zonsondergang en de laatste ademtocht in een glorieus leven.

Ik ben altijd bij je, zelfs tot aan het einde der tijden. Jouw eenheid met Mij is volledig, dat is het altijd geweest, is het altijd en zal het altijd zijn.

Jij en Ik *zijn* Een, nu en voor altijd.

Ga nu heen, en leef je leven in deze waarheid.

Maak je dagen en nachten tot een weerspiegeling van het hoogste idee in jou. Laat je momenten van het Nu vervuld zijn van de glorieuze verrukking die God door jou manifesteert. Doe dat door uitdrukking te geven aan je eeuwige en onvoorwaardelijke Liefde voor iedereen wiens leven het jouwe raakt. Wees een licht in de duisternis, en vervloek het niet.

Wees de brenger van het licht.

Dat *ben* je.

Zo zal het zijn.

Besluit

Een van de meest gestelde vragen bij mijn lezingen en workshops over de trilogie *Een ongewoon gesprek met God* in het hele land is wat het voor mij betekend heeft. Mijn antwoord begint er altijd mee dat ik verbluft ben te zien wat het voor anderen betekend heeft. In de Inleiding van dit boek heb ik iets gezegd waarop ik hier kort terug wil komen. Binnen twee weken nadat het eerste boek van deze serie verschenen was, kwamen er brieven binnen. 'Dank je,' stond erin, 'dank je wel, dank je wel, *dank je wel!*' Ze kwamen met tientallen tegelijk binnen. Toen met honderden tegelijk. Toen zelfs duizenden. Een paar van de commentaren wil ik met jullie delen.

`Je hebt me een God laten zien op wie ik verliefd zou kunnen worden.'
`Ik heb altijd geweten dat God zo was! Nu kan ik weer lachen...'
`Deze boodschap van hoop en liefde die van God komt, dat weet ik zeker, heeft mijn leven veranderd – net toen ik zo wanhopig was dat ik er een eind aan wilde maken. Ik kniel in dankbaarheid.'
`Jouw boek heeft me aan het huilen gebracht. En aan het lachen gemaakt. En heeft opnieuw mijn bewondering gewekt voor de pracht van het leven... en van mezelf. Je hebt me mezelf teruggegeven. Ik kan je niet bedanken. Het cadeau is te groot. Ik kan het je alleen maar laten weten. In liefde.'

Als ik zulke brieven krijg, weet ik vaak niet wat ik met mijn emoties aan moet. Elke dag lezen Nancy en ik samen de post. Dan glimlachen we, en heel vaak huilen we, en altijd houden we elkaar stevig vast. Er is grote vreugde in onze omhelzing en een diepe dankbaarheid, en we zijn vastbesloten ons eigen groeiproces voort te zetten, opdat wij altijd weten dat we het geschenk van jullie bijdragen waard zijn.

Dit boek gaat over het voortdurende groeiproces van de hele wereld. Anders dan sommige anderen in dit Nieuwe Denken aan het einde van de eeuw, heb ik goede hoop voor de wereld. Ik geloof dat wij als mensheid voor een ongekende uitdaging staan om de dingen die ons zo lang gescheiden hebben gehouden van het waarmaken van onze grootste gaven te veranderen. Overal zie ik groei, niet alleen in individuele levens, maar ook – eindelijk – in een *collectief* bewustzijn. Ik weet dat dit collectieve bewustzijn de massa vormt en de energie wordt waarmee de motor van onze gezamenlijke ervaring op deze planeet gevoed wordt. En het niveau van ons collectieve bewustzijn is dus van wezenlijk belang.

Ik begrijp nu dat het het Goddelijke doel van *Een ongewoon gesprek met God* is om dit collectieve bewustzijn te verhogen. De woorden in dit boek zijn nooit alleen voor mij bestemd geweest, maar ze waren *via* mij aan de hele wereld gericht, precies zoals ze ook via jou aan de hele wereld gericht zijn. Sta je het toe dat de woorden uit deze boeken blijven liggen waar ze nu liggen, dat hun reis eindigt in jouw hoofd? Of wordt je net als ik een boodschapper en geef je ze door aan een groter publiek?

Ik besef dat ik, nu ik de woorden die me gegeven zijn gelezen heb, nooit meer dezelfde kan zijn. En dat kun jij ook niet. Want nu we ze gelezen hebben, staan we aan de afgrond; we worden hard met onze eigen vroegere veronderstellingen geconfronteerd.

Sommige dingen die hier geschreven staan, zullen ons beslist wat onrustig maken. Tenslotte hebben we onszelf voorgehouden dat we een prachtig ras vormen, een superieure soort, de verlichte mens. Dit boek kijkt naar de plek waar we zeggen te staan, en zegt: hoho, neem me niet kwalijk, maar zo is het niet helemaal. Het kijkt naar de richting die we op willen, en zegt: niet die kant op. Niet doen. Beter van niet.

Onrust is altijd een teken van groei. Het leven begint aan de rand van het rustige gebied.

Maar *zijn* we echt aan het groeien, als mensheid, als soort in zijn geheel? Dat geloof ik wel. We zijn aan het groeien, we zijn aan het veranderen, we zijn de mooiste versie van het prachtigste visioen dat we ooit van onszelf gehad hebben, aan het *worden*. En omdat dat een dynamisch proces is, moet er wel wat onrust zijn. En zelfs chaos.

Misschien juist chaos. Want chaos heeft altijd deel uitgemaakt van verandering; van de verheffing van de soort *door* de soort naar een hoger niveau. En dus is chaos, voor wie werkelijk inzicht heeft, niets anders dan rust. Het rustige gevoel te weten dat we ons aan het verheffen zijn. We zijn in beweging. We zijn aan het *groeien*.

Tijdens dit groeiproces zullen we natuurlijk niet alle ideeën die ons hier voorgelegd worden, zomaar accepteren, en het is beslist niet de bedoeling dat de ideeën uit deze trilogie als 'evangelie' ontvangen worden. Dat is zeker het laatste dat God van ons zou vragen. Want de schat ligt in de vraag, niet in het antwoord, zoals God zegt. Dit boek nodigt ons uit om niet zijn antwoorden over te nemen, maar om voortdurend en onophoudelijk de vragen die erin staan te stellen.

De vragen waarmee deze boeken ons confronteren, zullen ons tot aan de rand voeren. Niet alleen tot aan de rand van onze rust maar ook tot aan de rand van ons begrip, van onze veronderstellingen, van onze ervaring. Ze dagen ons uit tot een *nieuwe* ervaring. Als je mee wilt werken aan het gezamenlijke scheppingsproces van deze ervaring; als je jezelf in dit proces beschouwt als iemand die zelfstandig actief is en niet alleen maar reageert; als je jezelf kent als boodschapper – niet alleen als ontvanger van de boodschap maar ook als een brenger ervan – dan hoop je misschien verbonden te blijven met de energie van *Een ongewoon gesprek met God*. Er is een manier waarop dat kan.

Dat begint met de maandelijkse nieuwsbrief die aan iedereen die erom vraagt, wordt toegestuurd. (Sinds de publicatie van Boek 1 hebben er al duizenden mensen om gevraagd.) De volgende stap is een programma voor jezelf om de boodschap van deze boeken in je eigen omgeving uit te dragen. En het hoogtepunt is de kans om een ware brenger van verandering te zijn in de wereld om je heen, dus om de wereld te herscheppen, terwijl je ook je Zelf herschept.

Het hele leven is een herscheppend proces, en dat proces begint in je eigen ziel. Jouw ziel weet of dit het juiste moment is voor jou om op een hoger niveau deel te nemen aan het meest dynamische proces van het leven, dat van verandering en schepping. De nieuwsbrief waardoor je met ons in contact komt, bevat suggesties en raad over hoe je dat doen moet, in de vorm van antwoorden op vragen vanuit de hele wereld over de inhoud van de trilogie en over hoe dat in het leven toegepast kan worden. Verder staat er nieuws in over onze eigen activiteiten – van de lezingen, cursussen, workshops, retraites en gesprekken die we over de hele wereld organiseren – en informatie over hoe je in al deze activiteiten met ons mee kan doen, als je dat zou willen. Om de nieuwsbrief aan te vragen kun je schrijven naar:

ReCreation
The Foundation for Personal Growth and Spiritual Understanding
Postal Drawer 3475
Central Point, Oregon 97502

We vragen voor de nieuwsbrief een bijdrage van $ 25 per jaar, want het kost ons ruim $ 1 om je een nummer toe te sturen. Als deze bijdrage te hoog voor je is, kun je je tegen gereduceerd tarief abonneren. Dat hoef je dan alleen in je brief te vermelden. Als je meer kunt bijdragen, zodat deze goedkope abonnementen mogelijk blijven (en je dus *meteen al* mee werkt aan het uitdragen van deze boodschap!), dan zijn we daar erg blij mee.

Ik wil met een persoonlijke noot eindigen. Na het verschijnen van Boek 1 hebben velen van jullie me als reactie op mijn commentaar op mijn eigen leven brieven geschreven vol begrip, medeleven en liefde. Het is onmogelijk na te vertellen hoeveel dat voor me betekend heeft. Vaak werd me in die brieven gevraagd hoe mijn leven sinds de ontvangst van deze boeken veranderd is. Mijn antwoord hierop zou te lang zijn om hier uit te werken. Maar ik kan wel zeggen dat die veranderingen erg diepgaand waren. Ik voel me als een nieuw mens, van binnen en van buiten. Ik heb me met mijn kinderen verzoend. Ik ben de uitzonderlijkste vrouw die ik ooit ontmoet heb tegengekomen en ben met haar getrouwd, en zij heeft me gezegend met haar genadige leiding, op basis van haar ervaring, en met haar liefde. Ik heb mezelf mijn verleden vergeven, waarin ik, zoals ik verteld heb, steeds weer gedaan heb wat anderen onvergeeflijk zouden noemen. Ik heb me verzoend, niet alleen met wie ik was maar ook met Wie ik ben – en met Wie ik wil zijn. Eindelijk weet ik dat ik niet mijn verleden ben en dat ik me mijn mooiste toekomst kan scheppen als ik *nu* mijn prachtigste visioen naleef.

Omdat jullie dit met me hebben gedeeld en me met die honderden brieven zelfs geholpen hebben te genezen en te groeien, en omdat jullie nu samen met mij door dit tweede boek gereisd hebben, hoop ik dat jullie met mij de handen ineen slaan om dat prachtige visioen op te roepen. Dan wordt het *ons* visioen. En dan kunnen we werkelijk de wereld veranderen.

Dat kan veel van ons vragen. Maar van degene die veel ontvangen heeft, zal veel gevraagd worden. En we *zullen* tot aan de rand van onze rust geduwd worden. Want aan de rand liggen de nieuwe kansen. Aan de rand vindt de nieuwe schepping plaats. Daar gebeurt het.

En daar zullen we elkaar ontmoeten, jij en ik, wanneer we, in de prachtige woorden van Bobby Kennedy, *op zoek zijn naar een nieuwere wereld.*

En de Meester zei:
'Kom naar de rand.'
'Dat kunnen we niet. We zijn bang.'
'Kom naar de rand.'
'Dat kunnen we niet. We vallen er af!'
'Kom *naar de rand.*'

En ze kwamen.
En hij gaf ze een *duw*.

En ze vlogen.

Neale Donald Walsch

Register

7,50=

k.